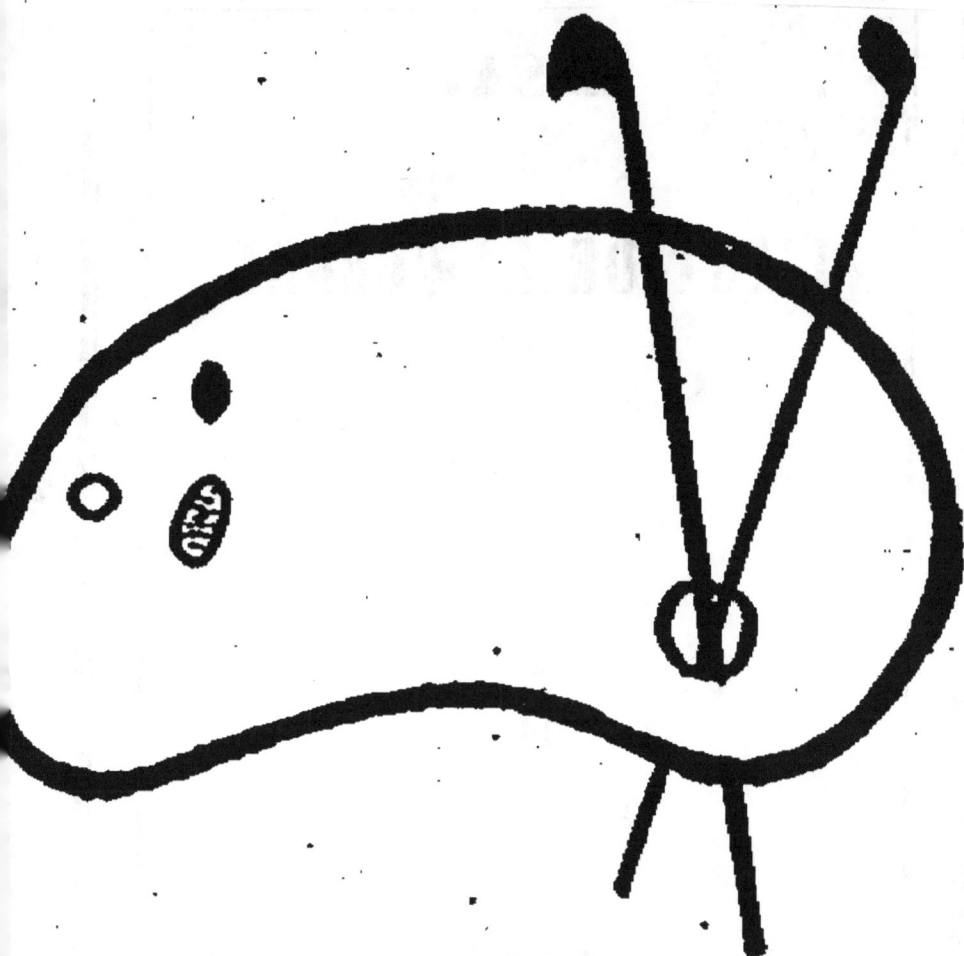

COUVERTURE SUPERIEURE ET INFERIEURE
EN COULEUR

ESSAI

SUR

L'ART DE LA GUERRE

PAR

ÉDOUARD DUSAERT

CAPITAINE D'ARTILLERIE

ANCIEN ÉLÈVE DE L'ÉCOLE POLYTECHNIQUE

TOME DEUXIÈME.

A ALGER

A LA LIBRAIRIE UNIVERSELLE DE BASTIDE

PLACE NATIONALE,

CHEZ DUBOS FRÈRES, RUE BAB-AZOUN.

A PARIS

Chez J. DUMAINE
A LA LIBRAIRIE MILITAIRE
Rue et passage Dauphine, 36.

Chez DUBOS FRÈRES,
r. St-Marguerite, 18, Faub. St-Germ.

Chez CHALLAMEL
COMMISSIONNAIRE EN LIBRAIRIE,
13, r. de la Harpe.

Chez L. HACHETTE ET COMPAGNIE,
Rue Pierre-Sarrasin, 12.

1849

ESSAI

sur

L'ART DE LA GUERRE.

TYPOGRAPHIE ET LITHOGRAPHIE BASTIDE,
PLACE NATIONALE, A ALGER

ESSAI

SUR

L'ART DE LA GUERRE

PAR

ÉDOUARD DUSAERT

CAPITAINE D'ARTILLERIE

ANCIEN ÉLÈVE DE L'ÉCOLE POLYTECHNIQUE

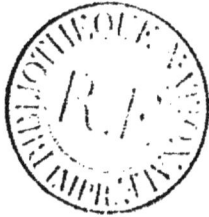

DEUXIÈME PARTIE.

EN VENTE

A ALGER

Librairie universelle de BASTIDE,
Place Nationale.

Chez DUBOS Frères,
Rue Bab-Azoun, près la pl. Nationale.

A PARIS

Chez L. HACHETTE et Compagnie,
Rue Pierre-Sarrasin, 12.

Chez DUBOS Frères,
r. S.te-Marguerite, 18, Faub. S.t-Germ.

Chez CHALLAMEL
Commissionnaire en Librairie,
13, r. de la Harpe.

1849

1852

CHAPITRE PREMIER.

---◆◆◆---

Développemens et applications des vérités les plus aptes à servir de règles directrices dans la conduite des opérations militaires (1).

---◆◆◆---

SECTION PREMIÈRE.

VÉRITÉ SPÉCIALE

Se rapportant au but général et mixte d'une guerre.

Nous ajouterons peu de mots aux développemens que nous avons donnés de cette vérité dans notre premier volume (2), lesquels suffisent pour établir son incontestabilité et les difficultés de son application.

Ces difficultés, comme nous l'avons vu, se réduisent en général à saisir le moment opportun où il

---

(1) Ces vérités ont été énoncées à la fin du premier volume.

(2) Pages 66 et suivantes.

convient de renoncer à un objectif d'armée, pour s'emparer d'un objectif géographique fixé à l'avance, et dont l'importance soit de nature à décider l'ennemi à la paix. Quelquefois aussi ces difficultés consistent dans la détermination même de l'objectif géographique; mais ces cas-là sont rares. Or, quelle que soit l'éventualité qui se présente, il est manifeste que les élémens les plus propres à aider, dans leur décision, les généraux en chef, sont la parfaite connaissance du nombre et du moral de l'ennemi, et celle du théâtre de la guerre, sous le rapport de son terrain, de ses ressources et de ses habitans. A cet égard il y a beaucoup à redire aux moyens usités jusqu'à ce jour. Jamais aucune armée n'a fait la guerre en pays étranger sans opérer plus ou moins à l'aventure, sans avoir à regretter l'insuffisance des renseignemens qui l'ont dirigée dans ses opérations.

Parmi les notions essentielles à posséder, il en est qui ne peuvent s'acquérir que dans le temps même de la lutte. Ce sont celles qui concernent la force matérielle et morale de l'armée opposée et qui doivent s'obtenir par de bonnes reconnaissances, par d'intelligentes déductions des rapports faits par les espions et les prisonniers de guerre. Quant aux autres, il faut, au contraire, se les procurer pendant la paix. Ainsi, c'est pendant les loisirs qu'elle donne, et en dehors des impressions et des exigences pressantes des champs de bataille, qu'il convient de recueillir les renseignemens les plus détaillés sur la géographie, les moyens de défense, la richesse, les

mœurs, etc., des pays avec lesquels on peut so trouver en guerre. Cette mission doit être confiée aux
agens de la diplomatie, et plus particulièrement encore à des officiers intelligents et capables, chargés
secrètement, si le secret est nécessaire, d'instructions spéciales et précises. Les soins que nous recommandons ici sont de la plus haute importance, et
cependant, il faut le dire, ils semblent partout assez
négligés. C'est qu'il est dans la nature des hommes,
de ceux qui gouvernent comme de ceux qui sont
gouvernés, de se préoccuper peu des intérêts de
l'avenir, surtout quand ils se rattachent à des événemens incertains, à des éventualités problématiques.
En outre, les esprits ordinaires qui sont les plus
nombreux, aiment mieux persister dans d'anciens
erremens que de s'exposer à la responsabilité d'inno-
vations dont ils ne voient pas bien les bénéfices. Or,
l'apathie et la crainte que nous signalons ici sont
particulièrement funestes dans les applications de
l'art de la guerre. Il existe, en effet, dans cet art, en
dehors des combinaisons ordinaires, en dehors des
procédés usités, des moyens possibles de réussite;
et ces moyens sont fondés, pour la plupart, sur des
soins à prendre longtemps à l'avance. Malheureusement c'est là une de ces vérités que ne comprennent
et ne pratiquent que les hommes supérieurs par
l'intelligence et par le caractère. Ceux-là les reconnais-
sent par une sorte d'instinct, bravent les préjugés, dé-
truisent les erreurs, et le font avec un succès d'autant
plus assuré qu'ils sont d'abord les seuls à le faire.

SECTION II.

Vérités relatives à la bonne conduite des opérations militaires.

PARAGRAPHE PREMIER.

VÉRITÉS CAPITALES, RÉSUMANT LES PRINCIPALES CONDITIONS A REMPLIR DANS TOUTE OPÉRATION STRATÉGIQUE OU TACTIQUE.

PREMIÈRE VÉRITÉ CAPITALE
Relative à la nécessité de l'accord entre les projets et les ressources.

Bien que cette vérité, en quelque sorte évidente d'elle-même, ait été assez longuement développée ailleurs (1), il convient d'ajouter quelques explications à celles que nous avons données déjà.

D'abord elle ne constitue pas une règle sans exceptions, mais seulement une règle applicable aux circonstances générales de la guerre. Dans les cas exceptionnels et presque désespérés, où il ne reste à un général en chef qu'un seul moyen de sauver son pays ou son armée, il est clair qu'il faut qu'il l'em-

---

(1) Première partie de l'ouvrage, pages 73 et suivantes.

ploie, lors même que son emploi ne serait pas en rapport avec ses ressources. Acceptant alors, avec une résignation courageuse et calme, la faiblesse de ses chances de réussite, ce général doit n'envisager que la grandeur des avantages qu'il peut recueillir si la fortune lui est favorable. C'est, moralité à part, et si l'on nous permet une comparaison vulgaire, le cas d'un joueur près de sa ruine, et risquant le peu qui lui reste pour tenter ses seules et faibles chances de salut.

Comme nous l'avons observé, la vérité dont nous nous occupons embrasse à la fois la politique et la guerre proprement dite. Son application doit être faite d'abord par les hommes qui ont entre leurs mains le gouvernement des États ; et ensuite par ceux qui dirigent leurs armées.

Pour les premiers, la question se compose de deux parties : elle consiste d'abord à se donner un but, et ensuite à organiser les moyens de l'atteindre. Pour les seconds, auxquels ces moyens sont souvent confiés sans qu'on les ait consultés sur leur fixation, elle se borne à arrêter, dans le cours des opérations, le but final qu'ils croient pouvoir se proposer, eu égard à leurs forces et à celles de l'adversaire.

Lorsqu'il s'agit d'une guerre défensive, le but est naturellement de défendre le territoire. Dans ce cas, si la guerre est soutenue pour un intérêt puissant, l'ennemi qui attaque étant ordinairement le plus fort et résigné à l'avance à de grands services, ce que les gouvernans ont de mieux à faire, c'est de prépa-

rer toutes les ressources dont ils peuvent disposer.
Si l'intérêt mis en jeu n'est que secondaire ; que, par
exemple, l'on ne combatte que pour une question
d'amour-propre, pour résister à une prétention injuste, mais dont les conséquences n'entraînent pas
un grand préjudice, il n'est pas indispensable de
développer intégralement tous ses moyens de défense. On peut borner ceux-ci à des dépenses en
rapport avec la situation du trésor et céder à l'ennemi s'il vient à les détruire. C'est au degré d'orgueil
national à régler alors la grandeur des sacrifices.
Toutefois, il est à observer qu'un système de résolutions restrictives est le plus souvent défectueux à la
guerre et ne doit être employé que dans des cas fort
rares. Lorsqu'on n'est pas décidé à pousser une lutte
aussi loin que possible, il vaut généralement mieux
ne pas l'entreprendre et laisser à la diplomatie le soin
de l'éviter honorablement.

Quoiqu'il en soit, reconnaissons ici ce qu'a d'admirable l'institution des gardes civiques et les ressources immenses que cette institution procure dans les
guerres défensives. Elle assure, en effet, aux États
une force des plus imposantes, force permanente et
gratuite, morale autant que matérielle, et qui, dans les
cas extrêmes comme dans ceux qui ne le sont pas, est
du plus puissant effet pour maintenir l'intégrité du
territoire ou sauvegarder l'honneur du drapeau.

Dans une guerre offensive, où l'on veut, en général,
imposer sa loi à un adversaire plus faible, le but est
de s'emparer d'une partie de son territoire. Celle-ci

doit être fixée d'après la nature et la grandeur de l'intérêt soulevé, d'après le caractère et les ressources de l'ennemi, d'après les ressources et la puissance de la nation pour laquelle on combat.

Si la guerre doit être acharnée, il convient d'organiser du premier coup des moyens supérieurs à ceux que peut déployer l'adversaire. Il convient, en outre, de le faire avec une grande rapidité, de manière à pouvoir entrer immédiatement en campagne. L'initiative a, en effet, un avantage immense : elle fait conquérir sans peine une portion du territoire que l'on convoite, et permet souvent de porter de grands coups, qui disposent fortement, s'ils ne décident pas l'ennemi à la paix. Sous ce rapport, il est important que les armées des puissances militaires soient organisées en corps permanens composés de toutes armes et toujours prêts à entrer en action. Ce système, adopté seulement chez quelques-unes, devrait l'être partout. Indépendamment des grands avantages qu'il présente en cas de guerre, il en a encore d'autres dont nous parlerons en temps et lieu.

Si la lutte n'est pas entreprise pour un intérêt du premier ordre, on peut dans la création de ses moyens d'attaque déployer moins de puissance que dans le cas précédent. Toutefois il convient d'éviter avec soin une parcimonie dangereuse. Le point essentiel est d'atteindre le but que l'on poursuit, et si l'on y parvient, l'ennemi paiera les frais de la guerre. Un gouvernement qui donnera, au besoin, l'exemple du désintéressement personnel, obtiendra toujours

d'une nation les sacrifices qu'exigera le soutien de
ses intérêts et de son honneur.

Relativement aux chefs investis du commandement des armées auxquels est assigné un but général, mais auxquels aussi est laissée une latitude
nécessaire dans la conduite de leurs opérations, ces
chefs ont ordinairement à leur début peu de difficultés à appliquer la vérité dont nous nous occupons.
Celles qui surviennent plus tard se rattachent à l'application de la vérité précédente. Comme il a été dit,
elles se bornent en général à opter convenablement
entre des objectifs d'armée et des objectifs géogra-
phiques, et enfin à s'emparer opportunément de
l'objectif géographique final dont la possession doit
décider l'ennemi à la paix.

A cet égard, il y a à faire une remarque importante. Il est manifeste que, dans une circonstance
quelconque, la principale cause des embarras qui
peuvent surgir, est dans l'appréciation exacte et com-
parative des forces intrinsèques des deux partis opposés. De là, surtout, dépendent la convenance ou le
danger qu'il peut y avoir à changer d'objectif. Si
donc il était possible de s'affranchir en partie de cette
appréciation, ou de rendre moins importantes les
différences qu'elle établit, le point essentiel de la
question se trouverait résolu. Or, cela peut se faire,
jusqu'à un certain degré, en développant plus complètement dans les armées, des qualités, telles que
l'agilité et la mobilité des troupes, qui ajoutent beaucoup, d'ailleurs, à leurs ressources. Il est constant,

en effet, que là où il y aurait péril à opérer avec des troupes lourdes et peu manœuvrières sur les communications de l'adversaire, en se découvrant soi-même, il n'y en aurait pas à le faire avec des soldats beaucoupplus mobiles que les siens, lors même qu'ils auraient moins de consistance. C'est ainsi qu'un corps de Cosaques, bien que médiocrement composé, épuise, en le harcelant sans cesse, un corps d'une composition excellente pour lequel ses cavaliers sont insaisissables.

S'il est impossible à une armée régulière et fortement constituée d'atteindre le degré de mobilité des Cosaques, elle peut du moins recevoir sous le point de vue que nous signalons des perfectionnemens notables. L'infanterie surtout est susceptible de devenir sensiblement plus mobile qu'elle ne l'est, au moins pour exécuter un mouvement de quelques lieues. Or, une amélioration de ce genre serait pour elle de la plus haute importance ; car elle lui assurerait de grands avantages, les jours de bataille, et lui permettrait, dans la plupart des circonstances de la guerre, d'échapper à l'ennemi, lors même que celui-ci se trouverait établi sur ses communications. Ajoutons que cette amélioration doit être particulièrement recherchée par des nations telles que la France, l'Espagne, etc., dont les soldats sont naturellement agiles. Celles-là, en effet, doivent en recueillir le plus de fruit, en conservant une supériorité favorable, lorsque les autres viendront à les imiter. Quant au mode à employer pour introduire dans les armées le

perfectionnement que nous recommandons, il est inhérent à leur organisation et à leur instruction, et ce
n'est pas ici le moment de nous en occuper.

DEUXIÈME VÉRITÉ CAPITALE

Relative aux conditions de succès contre une troupe dont les parties sont
réunies et inséparables.

Cette vérité, dont l'application constitue la base
de l'art de défaire les armées, est évidente d'elle-
même et n'a pas besoin de démonstration. Quant aux
développements qu'elle comporte, il n'est guère possible, sans tomber dans des redites, d'ajouter à ceux
que nous avons donnés déjà (1).

Il faut d'abord, avec toutes ses forces réunies, et en
ne s'exposant qu'à des dangers minimes, relativement
aux avantages qu'on peut recueillir, attaquer l'ennemi sur le point où l'on doit produire le plus grand
effet moral. Il faut ensuite savoir employer de la
manière la plus favorable les différentes espèces de
troupes dont on dispose.

Le premier point est du ressort de la stratégie ou
de la grande tactique, et les considérations à embrasser pour le bien résoudre sont souvent si nombreuses
et si délicates, qu'on ne saurait donner à cet égard
que des indications fort vagues. C'est au coup d'œil
et à la sagacité du chef à découvrir et à faire ce qui

---

(1) Premier volume, page 332.

convient. Quant au deuxième point, rentrant dans la tactique des trois armes, il est possible d'indiquer des moyens qui soient de bons guides pour les principales circonstances que l'on rencontre. Mais cette question a sa place marquée dans la troisième partie de l'ouvrage.

TROISIÈME VÉRITÉ CAPITALE (1)

Relative aux conditions de succès contre une armée quelconque dans les circonstances générales de la guerre.

Pour avoir le plus de chances de battre une armée opposée dans les circonstances générales de la guerre, et principalement dans les cas les plus difficiles et les plus importans où cette armée est numériquement supérieure à celle dont on dispose, il faut :

Premièrement, par d'habiles démonstrations, menaçant l'ennemi sur des points qu'il a intérêt à couvrir, trouver les moyens de lui faire diviser ses forces, s'il ne l'a fait préalablement de lui-même ;

Secondement, les troupes de l'ennemi se trouvant divisées, concentrer rapidement les siennes, assaillir successivement les uns après les autres, et avec assez de promptitude pour qu'il ne puisse s'y opposer, ses divers corps isolés, ou du moins les plus importans de ces corps, avec des forces supérieures à chacun d'eux, en le faisant dans l'ordre et suivant le mode

---

(1) Cette vérité, la plus importante de toutes, a été reproduite textuellement.

les plus avantageux pour atteindre le but général et mixte de la guerre;

Troisièmement, sur le champ de bataille comme sur le théâtre de la guerre, avoir en vue de battre son adversaire par l'emploi simultané et la combinaison la meilleure des moyens d'action matériels et moraux. A cet effet, chercher à découvrir le point de sa ligne où une grande attaque présente, tout considéré, le plus de chances favorables : réunir à proximité de ce point ; et le plus secrètement qu'on peut, une masse plus forte que la masse à combattre; contenir et paralyser momentanément celles des troupes ennemies qui sont réparties sur les autres points, avec des forces moins considérables ; choisir le moment opportun pour assaillir vigoureusement et, autant que possible, à l'improviste, le point principal, et ce point enlevé, les autres points, de façon à remplir le double objet d'attaquer l'adversaire partiellement et successivement avec des forces supérieures à celles qu'il peut opposer, et de donner aux attaques ce caractère de spontanéité, de surprise et de danger qui rend leur effet moral si efficace sur l'esprit des troupes qui les subissent ;

Quatrièmement, enfin mettre les différentes espèces de ses troupes, se composant d'artillerie, d'infanterie et de cavalerie, en action dans le combat, de la façon la plus habile et la plus avantageuse.

Les prescriptions qui précèdent, et que l'on a cherché à rendre aussi explicites que possible, n'ont pas toutes le même degré d'importance. En se conformant à la plus essentielle, à celle qui donne à la vérité sa valeur capitale, et enjoint d'attaquer l'ennemi partiellement et successivement, avec une force intrinsèque supérieure à la sienne, on peut assez souvent, sans qu'il en résulte de sérieux dommages, ne pas se préoccuper outre mesure du soin d'y satisfaire suivant le mode le plus avantageux, mode, en général, fort difficile à déterminer.

Cette vérité est une déduction logique de celles qui précèdent, et par conséquent n'a pas besoin d'être démontrée. Toutefois, comme son énoncé l'indique, ses prescriptions n'ont pas toutes le même degré d'importance. L'essentiel est d'assaillir l'ennemi partiellement et successivement avec des forces supérieures aux siennes, sans trop s'inquiéter si le point qu'il est préférable d'attaquer le premier est situé à son centre ou à l'une de ses ailes. Les conditions principales pour atteindre ce résultat, ainsi que pour satisfaire aux autres prescriptions, sont la grande mobilité des troupes et le déploiement d'une extrême activité de la part du chef. Partout se fait sentir le besoin impérieux de ces qualités dans la conduite des opérations militaires. L'organisation des armées, leur armement et leur instruction contribuent puissamment à procurer la première; mais il est donné aussi au général en chef d'en favoriser l'utile application, avec de l'habileté, du tact et de l'esprit d'expédiens. Il peut, par exemple, en répartissant, en employant avec discernement sa cavalerie, en déchargeant, dans des cir-

constances favorables et momentanément, une partie
de son infanterie de son bagage, il peut faire affluer
rapidement une masse de troupes sur un point donné.

Relativement à la première prescription, il faut
arriver à intimider l'ennemi ou à lui imposer, soit
en le trompant par des feintes, soit en le menaçant
réellement par des opérations de nature à le compromettre, s'il ne met obstacle à leur exécution.

A cet effet, il faut avant tout étudier et chercher
à connaître le caractère, les qualités et les défauts du
chef opposé. S'il est naturellement irrésolu et timide,
ou bien qu'il ait des vues étroites, il sera ordinairement facile de lui faire éparpiller ses forces en jetant des troupes sur ses flancs. Alors il ne sera pas
nécessaire d'exécuter des opérations complètes ; de
simples démonstrations pourront suffire pour atteindre le but désiré, et ce sera là un grand avantage.
Pendant qu'il fera affluer ses forces sur le point en
apparence menacé, on reviendra rapidement, avec
les siennes, sur celui qu'il aura dégarni, et on l'y
mettra en déroute.

Si l'on a affaire à un adversaire habile et résolu,
ayant du coup d'œil et du sang-froid, il faudra généralement, pour le décider à se disséminer, entreprendre des opérations sérieuses et les pousser jusqu'au bout, ou du moins se préparer à le faire. Il
faudra que ces opérations menacent bien positive-
ment son salut, et qu'il trouve dans leur exécution
complète plus de dangers que dans l'éparpillement de
ses troupes. Ici, à moins d'avoir sur lui une supério-

rité sensible, on ne pourra guère échapper aux chances de se compromettre plus ou moins soi-même. Pour rendre ces chances aussi minimes que possible, il sera essentiel d'agir avec beaucoup de discernement, d'adresse et, comme toujours, avec beaucoup d'activité et de promptitude. Toutes choses égales d'ailleurs, l'avantage resterait à celui qui aurait les troupes les plus mobiles. Il faudra que de nombreux officiers d'état-major, des partis de cavalerie légère, intelligents et parfaitement montés, se tiennent incessamment en contact avec l'ennemi, pour instruire de ses moindres mouvements, par le double mode des dépêches et des signaux. L'ordonnance convenable des marches, l'évaluation exacte des distances à parcourir, du temps nécessaire pour le faire; la précision, l'observation ponctuelle des ordres, l'emploi de petits moyens ajoutés les uns aux autres, et qu'on a trop souvent le tort de négliger; enfin toutes les ressources que pourra imaginer l'esprit d'expédiens, seront d'un utile secours pour créer de bonnes chances et écarter les mauvaises.

Un point essentiel dans les opérations ayant pour but d'amener la division des forces opposées, c'est de ne les menacer que d'un seul côté, de façon à pouvoir se réunir sans obstacle si elles fondent sur l'un ou l'autre des deux corps d'opérations. Si l'on agissait autrement, et que l'on se répandît à la fois sur la droite et sur la gauche, on pourrait avoir l'une au moins de ses ailes gravement compromise par un grand effort de l'adversaire sur le centre. Dans une

bataille, il est permis quelquefois de manquer à la
prescription indiquée, pour faire entreprendre à celui-ci un mouvement prévu et contre lequel on a pu
prendre toutes ses mesures; mais cela n'est guère
praticable sur la vaste étendue d'un théâtre de guerre.

Si, malgré toutes les tentatives, l'ennemi reste
réuni, soit dans sa position primitive, soit en marchant avec la totalité ou la majeure partie de son
armée, pour réprimer les insultes faites sur un de
ses flancs, il n'y a plus qu'à se décider à le combattre
tel qu'il se trouve; mais alors, et tout en profitant
aussi habilement que possible des dispositions déjà
prises contre lui, il faut au moins chercher à l'attirer
dans un terrain favorable. Il faut lancer sur ses ailes,
pour le harceler incessamment et l'épuiser en détail,
tout ce qu'on a de partisans de cavalerie légère,
manœuvrant en enfans perdus, à la manière des Cosaques.

Relativement à la deuxième prescription, il est
clair que le mode et la facilité de son exécution dépendent surtout de la manière dont a été exécutée la
première, à moins qu'on ne trouve l'ennemi dispersé
de son propre mouvement. Dans ce dernier cas, on
a à choisir, d'après toutes les considérations propres
à le déterminer, l'objectif principal, c'est-à-dire le
point sur lequel il convient de chercher à écraser
d'abord l'adversaire, avec des forces supérieures aux
siennes.

Si le point en question est au centre de son front
d'opérations, les conditions essentielles à remplir

consistent à l'y atteindre et à l'y défaire, sans que ses ailes puissent s'y opposer. A cet égard, il faut d'abord que la distance de ce centre au point de réunion des troupes destinées à l'assaillir, puisse être parcourue en moins de temps que celle qui le sépare desdites ailes. Il faut ensuite que, pendant qu'on l'écrase, celles-ci soient contenues à distances respectueuses. Pour satisfaire à cette dernière condition, on doit faire à droite et à gauche des détachemens suffisamment solides et en même temps très-mobiles; mais il importe de se montrer ici très-circonspect. Il est essentiel de ne pas faire partir ces corps d'un point trop éloigné du front d'opérations de l'ennemi, de peur que ses ailes ne leur échappent en se jetant entre leurs directions divergentes, et que le corps central n'ait à soutenir un effort général. Il convient, au contraire, de faire suivre à toute l'armée une même direction jusqu'à proximité de celle qui lui est opposée.

En outre, pour que la vitesse de la marche ne soit pas retardée par cette mesure, on doit adopter un nombre de cheminemens suffisant, placer sur les plus larges, les plus commodes, mais de préférence au centre, le gros des troupes ainsi que les équipages, et faire suivre les voies les plus difficiles par des corps rendus aussi légers que possible.

Si le point choisi pour exercer le premier effort est à l'une des ailes de l'adversaire, l'essentiel est d'aborder cette aile de manière à l'isoler, et, pour cela, il faut le faire après s'être placé entre elle et le centre.

Si on néglige ce soin, on lui laisse la faculté de rejoindre celui-ci, en arrière du front d'opérations, et
le but se trouve manqué. C'est là, en effet, ce qui est
arrivé fréquemment dans des circonstances de guerre
où les premières et principales attaques ont été dirigées contre les extrémités de l'ennemi. L'habitude
trop suivie de faire cheminer les corps sur des routes
larges et commodes, a borné souvent les résultats au
simple refoulement de ces extrémités, et a empêché
de les isoler et de les détruire. Ainsi, il convient,
dans le cas qui nous occupe, de suivre une direction
qui mène entre le centre et l'objectif d'attaque, et de
contenir le premier, pendant qu'on agit vigoureusement contre le second. Or, pour faire cela, il faut
être affranchi de l'obligation de cheminer toujours
sur les grandes voies de communication, sans préjudice d'ailleurs pour la vitesse des marches. Il importe donc d'avoir des armées aussi légères, aussi
mobiles que possible, et des matériels d'artillerie et
autres qui puissent passer partout. En outre, le besoin de corps d'une composition spéciale, possédant
une mobilité supérieure, soit pour surpasser l'adversaire en vitesse et lui porter des coups rapides et décisifs, soit pour surmonter sans peine les obstacles
les plus difficiles qu'on rencontre dans les mouvemens, ce besoin se fait constamment sentir dans les
opérations militaires. L'organisation convenable des
armées peut contribuer puissamment à y satisfaire.
Une répartition et une disposition bien réglées des
différentes troupes dans les marches, sont suscepti-

bles aussi d'apporter un secours utile ; mais ce sont
là des questions dont les développemens ne sauraient
prendre place ici, et que nous chercherons à résoudre
ultérieurement avec le soin que mérite leur importance.

Examinons maintenant le cas où l'ennemi ne se
disperse que par suite des démonstrations faites contre lui. Il est manifeste que le résultat de sa dispersion étant obtenu, il faudra concentrer ses propres
forces le plus rapidement possible sur le point où elles
devront exercer leur premier effort. Or, de cette condition découle la conduite à tenir dans les principales éventualités qui se présentent.

En effet, si l'on a affaire à un adversaire timide, à
esprit étroit, voulant tout garder et tout couvrir, et
que l'on puisse décider facilement à se diviser, le
point le plus avantageux à considérer comme premier et principal objectif, sera celui qu'il s'empres-
sera de dégarnir. C'est sur lui qu'il faudra faire refluer rapidement, aussitôt qu'elles auront produit
leur effet, les forces momentanément employées à la
démonstration. Il conviendra donc de diriger le gros
de l'armée avec les équipages sur la position même
de l'ennemi, et de le menacer à l'aide d'un corps fort
mobile, dont une partie reviendra rapidement dès
que le mouvement de dispersion sera prononcé.

Si, au contraire, l'adversaire est résolu, tenace,
d'un caractère à ne céder qu'à la dernière extrémité,
devant des opérations sérieuses, il faudra chercher à
le tromper, en exécutant de semblables opérations,

et lui faisant croire, par des ruses habiles, qu'elles ne
le sont pas. Dans ce cas, le coup à frapper ne sera pas
sur le front de sa position même, mais sur le point
vers lequel sera faite la démonstration. En conséquence, et en vue de la concentration rapide des forces
du côté de la première masse agissante, il conviendra
de diriger vers ledit point le gros des troupes avec
les équipages. En même temps on cuverra contenir
les forces opposées par un corps respectable et très-
mobile semblant destiné à exercer le principal effort,
mais dont la mission sera de se dérober opportunément, et de rejoindre l'armée assez vite pour empêcher l'ennemi de prévenir l'événement qui le menace.

Dans l'hypothèse actuellement admise où celui-ci
est réuni, et où il convient, pour le décider à se disperser, de ne se diviser soi-même qu'en deux parties, il est clair que les difficultés que présente la succession des différentes attaques se bornent à celles
qui résultent du choix de la première.

Si l'ennemi est divisé en plusieurs corps, et que
l'on attaque d'abord une de ses ailes, il est manifeste
encore que la partie à attaquer après avoir battu
l'aile en question sera le centre et ensuite l'aile opposée. Si la première et principale attaque a été dirigée sur le centre, on pourra, après l'avoir défait,
être embarrassé de savoir s'il convient de se jeter à
droite ou à gauche ; mais ces embarras, il faut en
convenir, ne seront pas très-fréquens, par la raison,
qu'après un premier et notable succès, il sera souvent
permis d'écarter les considérations de prudence, et

de ne plus chercher dans la seconde attaque que les moyens d'obtenir les résultats les plus complets. Pour la plupart des cas, il est admissible que les difficultés de fixer l'ordre des attaques à diriger contre une armée ennemie, se réduisent à la détermination de la première.

Des observations analogues à celles qui concernent les deux premières prescriptions de la troisième vérité capitale peuvent être faites sur la troisième, relative aux opérations du champ de bataille.

Si l'on arrive sur un adversaire en position, et que l'on puisse avant de l'aborder choisir son premier point d'attaque, il convient de diriger sur celui-ci les troupes qui, en raison de la marche effectuée, sont dans les meilleures conditions de mobilité, et d'envoyer les autres, suivies des équipages, contenir l'ennemi sur les points voisins. Il convient d'agir de la sorte par une double raison. D'abord il faut opérer sur l'objectif principal avec vigueur, avec promptitude et sans s'exposer à être embarrassé dans ses mouvemens, si l'on éprouve un échec; ensuite les forces employées sur ce premier point doivent, après y avoir vaincu les forces opposées, se rabattre rapidement ailleurs pour y produire les mêmes résultats.

Si l'on ne peut à l'avance préparer son attaque, soit parce qu'il est impossible de reconnaître à distance les positions de l'adversaire, soit pour tout autre motif, il convient, au contraire, de ne pas faire combattre immédiatement les corps les plus dispos, surtout si celui de la réserve, qui doit être plus particulièrement mobile, est encore éloigné. Il importe de les conserver pour parer aux éventualités de la lutte, et pour les jeter plus tard sur les points où l'on voudra produire de grands effets.

Quant aux difficultés de fixer l'ordre des attaques successives, elles doivent, en tactique comme en stratégie, se borner le plus souvent à celles de la fixation du premier et principal objectif. Cependant il est à remarquer, qu'à cause de l'étendue beaucoup moins grande du terrain sur lequel on opère, ces difficultés sont susceptibles d'occasioner plus d'embarras sur un champ de bataille que sur un théâtre de guerre.

Ce n'est pas ici le lieu de nous occuper de la tactique particulière ou combinée des trois armes. Comme nous l'avons déjà dit, cette question sera traitée dans la troisième partie de notre livre.

PARAGRAPHE II.

VÉRITÉS AUXILIAIRES DONT LES PRESCRIPTIONS SONT LES PLUS IMPORTANTES ET LES PLUS UTILES A OBSERVER POUR FAVORISER L'APPLICATION DES VÉRITÉS CAPITALES.

PREMIÈRE VÉRITÉ

Relative à l'importance et aux conditions de la bonté d'une armée.

Une bonne armée fait de grandes choses, tandis

qu'une mauvaise n'en saurait faire. Pour qu'une armée ait toutes les qualités désirables, il faut qu'il en
soit de même des deux élémens principaux qui en
constituent la valeur, c'est-à-dire du chef qui commande et des soldats qui obéissent, de la tête qui
pense et qui dirige, et du bras qui agit. Si de braves
troupes sont mal commandées, les entreprises qu'elles exécutent ne peuvent jamais répondre aux ressources qu'elles renferment en elles, et leurs qualités
ne font souvent que racheter, sans grand profit, les
fautes du chef qui les conduit. D'un autre côté, si un
bon général se trouve placé à la tête de troupes
mauvaises ou médiocres, il ne peut entreprendre,
parce qu'il ne saurait les mener à bonne fin, les
belles opérations que lui suggèrent son habileté et
son propre courage. Toutefois (il convient d'en faire
la remarque), ce dernier des deux cas, où l'harmo-
nie manque entre celui qui conçoit et coordonne les
projets et ceux qui les exécutent, présente, sinon
moins d'inconvéniens que l'autre, du moins plus de
chances d'arriver, avec le temps, au degré d'accord
et de perfection qu'il est essentiel d'atteindre.

En effet, un mauvais général restera ordinairement tel qu'il est, par la raison que les qualités qui
constituent les chefs habiles, sont presque exclusivement des dons de la nature. Il en est, au contraire,
tout différemment des soldats. Ces derniers possèdent bien aussi des qualités natives ; mais, dans la
masse, ces qualités ne sont pas assez saillantes pour
se développer d'elles-mêmes et sont essentiellement

variables aux épreuves de la guerre. Leur énergie
physique et morale, leur aptitude à exécuter les entreprises augmentent ou diminuent avec les succès
ou les revers, suivant le caractère et les talens de
celui qui les commande. En un mot, ils subissent
d'une manière puissante l'influence de leur chef et
se façonnent en quelque sorte à son image. C'est
ainsi que toutes les nations de l'Europe ont possédé
tour à tour les meilleures armées, quand elles ont
compté parmi leurs hommes de guerre des généraux
éminens, de grands capitaines.

Il résulte de ce qui précède que la bonté d'une
armée dépend d'abord et avant tout des qualités de
son chef et ensuite de celles de ses troupes.

Les qualités essentielles du bon soldat sont manifestement la discipline, sûre garantie de son obéissance; la bravoure, qui lui fait surmonter les dangers; la vigueur physique, qui le soutient contre les
fatigues, les privations, les maladies; l'adresse, qui
l'aide à se tirer d'embarras quand il est abandonné
à lui-même; enfin la mobilité, qui lui permet de
combattre et de vaincre successivement des ennemis
différens. Cette dernière qualité, étendue à tous les
élémens d'une armée est, on ne saurait trop le répé-
ter, de la plus haute importance. De son extension
dépend, en majeure partie, le perfectionnement de
l'art moderne.

Quant aux qualités des chefs d'armée, qui contribuent si puissamment à développer celles des soldats,
les principales consistent dans un courage personnel

à toute épreuve, dans un caractère résolu, calme, dévoué, supérieur aux événemens et commandant à la fois le respect, l'abnégation et la confiance; dans une imagination vaste et en même temps positive, qui crée, qui éclaire, mais sans égarer; dans une grande activité, qui utilise les ressources; dans un esprit juste et pénétrant, qui sache le faire à propos. A ces qualités morales il faut ajouter la santé, qui est indispensable à la guerre et que rien ne saurait remplacer.

DEUXIÈME VÉRITÉ

relative à la conduite générale des opérations militaires, suivant qu'elles s'exécutent avec de bonnes ou de mauvaises armées.

Une bonne armée renfermant en elle plus de ressources de toute espèce qu'une armée médiocre ou mauvaise, on peut avec la première être beaucoup plus entreprenant qu'avec la seconde, et mener heureusement à fin des opérations qu'on ne pourrait tenter avec celle-ci, sans se compromettre d'une manière fort sérieuse.

Il faut entendre par armée médiocre ou mauvaise une armée peu aguerrie, peu habituée aux marches, aux fatigues, ou à laquelle de funestes revers ont enlevé à la fois son énergie morale et physique. Quand une semblable armée est coupée de sa ligne de retraite, elle se trouve dans le cas le plus critique, et pour peu qu'elle ait affaire à un adversaire habile,

actif et entreprenant, sa position devient désespérée.
Cela est évident de soi-même et n'a pas besoin de
démonstration.

Il n'en est pas ainsi d'une armée brave, mobile,
bien commandée, surtout si elle possède l'ascendant
des armes. Pour une pareille armée, le fait d'être
coupée de ses communications est, en général, un
inconvénient peu grave et peu dangereux, lorsque
les forces numériques sont peu inégales. Elle trouve,
en effet, dans l'habileté de son chef, dans son
propre courage et dans sa mobilité, des moyens assurés, soit de surmonter les obstacles qui se présentent à elle les armes à la main, soit de les éviter par
des expédiens ingénieux ou des mouvemens rapides.

Il résulte de ce qui précède que lorsqu'une bonne
armée se trouve opposée à une mauvaise, elle doit
faire tous ses efforts pour s'emparer de ses communications, sans s'inquiéter des siennes propres. En
agissant ainsi, elle peut occasioner la perte de l'ennemi, sans s'exposer elle-même à des dangers sérieux.

※

TROISIÈME VÉRITÉ

Relative aux moyens moraux d'ébranler le courage de l'ennemi.

Ainsi qu'il a été établi dans la première partie de
notre ouvrage, une armée quelconque reçoit de tout
événement qui menace son salut une atteinte morale
d'autant plus grave, que ses troupes sont moins

aguerries, et que les conséquences de l'événement paraissent plus immédiates et plus désastreuses.

La position la plus critique dans laquelle puisse se trouver une armée, consiste manifestement à n'avoir pas les moyens de s'échapper, après avoir été complètement battue. L'événement le plus susceptible de menacer son salut et d'ébranler son moral est donc une attaque faite sur ses principales communications et ayant de grandes chances de réussite.

En dehors de ces sortes d'attaque, qui s'exécutent ordinairement sur un flanc de l'ennemi, ou plus difficilement et plus rarement sur ses derrières, il n'existe que les attaques de front effectuées, soit contre une de ses ailes, soit contre son centre.

Une attaque principale dirigée contre une aile de l'adversaire, et qui lui laisse jusqu'au dernier moment la disposition de ses forces réunies et de toutes ses ressources, n'est pas de nature à porter à son courage une atteinte qui puisse exercer sur les résultats de la lutte une notable influence. Il n'en est pas de même d'une attaque principale, opérée contre son centre. La conséquence de cette dernière peut être, en effet, de couper son armée en deux dès le début de l'action; d'intercepter les communications entre ses deux parties; de réduire chacune d'elles à ses propres forces, de telle sorte que, ne pouvant plus compter sur le concours de l'autre, elle perde naturellement sa confiance par le sentiment de son isolement et de sa faiblesse.

Il résulte de là qu'après l'enlèvement de la ligne

de retraite , celle des opérations de guerre qui paraît la plus susceptible de menacer l'existence d'une armée, et par suite d'affaiblir son moral , consiste à la séparer en deux , à l'aide d'une vigoureuse attaque , et d'intercepter les communications entre ses parties isolées.

Enfin, de quelque côté qu'elle vienne, une attaque faite par surprise et à laquelle on n'est pas en mesure de résister, occasionne toujours dans une armée un trouble et une perte de force morale d'autant plus grands qu'elle est exécutée avec plus de rapidité, de vigueur, et qu'elle a plus de portée.

Quant au choix des moyens les plus propres à produire les événemens dont nous venons de parler , il n'est généralement pas facile, Dans les considérations à embrasser, il faut avoir principalement égard au caractère et à l'habileté de l'adversaire , à sa force intrinsèque, comparée à celle qu'on possède soi-même et à la position qu'il occupe.

Si l'on a affaire à une armée brave et aguerrie, sur laquelle on n'a pas l'ascendant moral, on ne peut songer à l'attaquer sur ses communications que, si on lui est fort supérieur en nombre, ou qu'on puisse le faire sans compromettre sa propre ligne de retraite, ce qui est fort rare. En dehors de ces cas exceptionnels, il est plus sûr et préférable de chercher à ébranler le moral de l'ennemi avant l'engagement sérieux de la lutte finale , en pénétrant entre ses corps et le coupant en deux masses qui ne puissent ni se secourir ni communiquer entre elles.

Lorsqu'on a affaire à un adversaire peu redoutable, soit qu'il manque des qualités militaires, soit
qu'il ait été démoralisé par des revers antérieurs, on
peut, en général, opérer, sans danger, de face contre
son front d'opérations, ou par derrière contre sa ligne de retraite. Dans ce cas, le but auquel on doit
viser n'est pas tant de produire, en commençant, un
grand effet moral qui facilite la victoire, que de recueillir les plus grands fruits de celle-ci, qui est presque assurée à l'avance. Le point essentiel est d'agir,
avec une extrême activité, et de ne pas entreprendre
des mouvemens dont la longueur puisse compromettre les avantages qu'on convoite. Si l'on est sûr
de pouvoir s'emparer à temps des communications
de l'ennemi, il convient de le faire. Dans le cas contraire, il faut s'en abstenir et rechercher les moyens
de combattre la plus grande partie possible de ses
troupes.

Relativement aux attaques imprévues qui jettent
le trouble dans les rangs d'une armée en la prenant
au dépourvu, elles sont, ainsi qu'il a été observé
ailleurs, fort difficiles à exécuter par les mouvemens
étendus qui s'opèrent sur un théâtre stratégique.
Pour qu'elles aient des chances de réussite, il faut
qu'on ait affaire à un chef peu habile, manquant de
discernement, de vigilance, et mettant une coupable
négligence à s'éclairer. Du reste, les moyens qui nous
semblent les meilleurs à employer, les conditions
qui nous paraissent les plus essentielles à remplir
dans les circonstances générales, sont les suivans :

Embrasser un projet d'une exécution difficile, que beaucoup même considèrent comme impraticable, mais qui peut cependant se réaliser. Appeler à son aide toute son imagination, tout son esprit d'expédiens pour le faire réussir et surmonter les obstacles qu'il présente. Cacher ses desseins jusqu'au moment où il n'est plus possible de s'opposer à leur exécution, et à cet effet employer un de ces deux systèmes :

Ou bien tromper, à la manière ordinaire, c'est-à-dire détourner habilement l'attention du point principal où l'on veut exercer le premier effort, pour l'attirer sur un autre point où on fait ostensiblement de grandes démonstrations qui aient autant que possible le caractère de la vérité ; ou bien tromper en agissant ouvertement et sans détour, mais en mettant dans ses opérations une sorte d'affectation qui fasse croire qu'elles ne sont pas sérieuses ; en faisant apparaître, en laissant deviner, pour l'exécution, des impossibilités qui n'existent pas ; en présentant, en un mot, sur le point choisi comme objectif des préparatifs sérieux, sous un jour qui les fasse prendre pour des stratagèmes. Ces sortes de ruses, habilement combinées, réussissent souvent, surtout auprès d'un adversaire qui a beaucoup d'amour-propre et de grandes prétentions à la perspicacité et à la finesse. Un des meilleurs exemples qu'on en puisse citer, exemple qu'on ne saurait trop recommander à la méditation des hommes de guerre, est celui que donna Bonaparte dans la campagne de Marengo, quand il voulut cacher aux Autrichiens le rassemblement de l'armée de réserve et son passage par le Saint-Bernard.

Il résulte de l'analyse des conditions à remplir pour leur réussite, que des attaques imprévues sur un théâtre de guerre ne peuvent guère être menées à bonne fin que par des hommes de génie et d'audace, trouvant dans leur imagination et dans leur confiance les moyens de surmonter des obstacles qui seraient insurmontables pour des hommes d'une trempe et d'un esprit ordinaires. Ajoutons que lorsqu'on est parvenu à exécuter avec succès un mouvement stratégique qui compromet le salut de l'ennemi et ébranle son courage, on doit profiter sans retard de sa démoralisation pour l'attaquer et le détruire avant qu'il ait eu le temps de se reconnaître. Sous ce rapport, la conduite de Bonaparte, après son passage du Saint-Bernard, ne fut pas exempte de blâme.

Sur un champ de bataille, il n'est pas possible de surprendre, dans sa totalité, une armée opposée, puisqu'elle doit s'attendre naturellement à être attaquée, si elle ne prend pas elle-même l'initiative des attaques. Mais on peut, en l'assaillant vigoureusement et inopinément sur un point où elle compte être ménagée, produire une surprise partielle d'un effet moral fort recommandable et qui ait une grande influence sur le résultat de la bataille.

Quant aux moyens d'effectuer ces surprises partielles, ils sont basés sur les mêmes données à connaître, les mêmes conditions à remplir, les mêmes ruses et les mêmes expédiens à employer qu'en stratégie. Seulement ils sont plus faciles, et en voici le

motif. Les mouvemens, en raison de la petitesse des
distances, s'effectuent bien plus rapidement et peuvent souvent se masquer, soit par les ondulations du
terrain, soit par la disposition de la ligne de bataille en
arrière de laquelle ils sont en grande partie exécutés.
En outre, l'extrême mobilité des troupes doit y jouer
un grand rôle, et la condition de cette mobilité est ici
plus facile à réaliser que sur un théâtre de guerre.
En effet, ces troupes n'ayant à manœuvrer que pendant un temps de courte durée, peuvent le faire sans
être accompagnées de leurs équipages et même, au
besoin, débarrassées d'une partie de leur équipe-
ment; celles d'infanterie, par exemple, de leurs havresacs. Disons enfin que l'arme la plus propre à être
utilement employée dans les attaques imprévues du
champ de bataille est incontestablement l'artillerie, à
cause de sa grande mobilité, de la puissance destruc-
tive de ses effets et de la facilité qu'on a de dérober
à l'ennemi le mouvement d'une cinquantaine de pièces
et d'autant de caissons.

Une surprise qui réussit sur le centre d'une armée,
procure l'avantage de la couper en deux et par conséquent de produire sur ses deux parties isolées un
grand effet moral, qui influe puissamment sur l'issue
de la bataille.

Une surprise qui réussit sur une aile, n'est pas aussi
fertile en résultats, si le front de l'ennemi est un peu
étendu. En effet, les troupes du centre et de l'aile opposée peuvent alors trouver le temps de se réunir,
de recueillir et de rallier les débris de l'aile battue.

Mais si la ligne ennemie est resserrée, cette sorte de surprise, d'ailleurs plus facile à exécuter que la précédente, est susceptible, au contraire, de produire un grand effet, par la raison que les troupes que l'on attaque brusquement, rejetées sur celles du centre, puis sur celles de l'autre aile, peuvent entraîner dans leur déroute les unes et les autres.

Enfin, dans certains cas, il est possible d'obtenir dans une bataille des résultats immenses, à l'aide d'un moyen fondé à la fois sur les effets d'une surprise et sur ceux d'une attaque de revers, moyen qui n'est pas exempt de dangers mais qui peut avoir pour conséquence de forcer l'ennemi à mettre bas les armes.

Ce moyen, praticable lorsque l'adversaire n'a qu'une seule ligne de retraite, qu'on peut atteindre en faisant un détour de quelques lieues, consiste à jeter sur cette ligne, avant ou pendant l'engagement, un corps de troupes excessivement mobiles qui s'en emparent.

On comprend à la fois la portée de cette opération, ainsi que ses dangers et les conditions qu'exige sa réussite.

Pour que ces conditions soient remplies le mieux possible, il faut que, sans la participation des forces du détachement, l'on batte l'ennemi de front; et en outre, que lesdites forces arrivent sur les communications de celui-ci, avant qu'il se soit échappé.

Si la victoire est disputée, l'arrivée opportune du détachement peut la décider et assurer en même temps la perte de l'adversaire; mais si ce dernier la remporte, le premier nécessairement se trouve fort compromis.

Il suit de là que, pour employer le moyen en question, il convient d'avoir sur l'armée opposée l'ascendant des armes ou une notable supériorité de nombre, qui assure à peu près le succès à l'avance. Il convient en outre, que le détachement chargé d'attaquer de revers soit d'une mobilité telle qu'il puisse s'échapper en cas de malheur et rejoindre le gros de l'armée dont il a été momentanément séparé.

Dans ces conditions-là, le moyen indiqué présente les plus belles chances de réussite, et l'histoire militaire offre maints exemples où son emploi a été couronné du succès le plus brillant et le plus complet.

Nous n'en rappellerons qu'un seul, témoignant à la fois de ses avantages en cas de victoire et de ses dangers en cas de revers. C'est celui de Rivoli, où Murat, dirigé la veille de la bataille sur la ligne de retraite des Autrichiens, força, avec une simple brigade, des corps entiers à mettre bas les armes; tandis que le général Lusignan, qui s'était jeté avec 4,000 hommes sur les communications des Français, perdit au contraire son détachement par suite de la défaite de l'armée impériale.

QUATRIÈME VÉRITÉ

Relative aux conditions que doivent remplir les principaux objectifs.

Cette vérité, telle qu'elle se trouve énoncée à la fin

de notre premier volume, n'est qu'une déduction logique de tout ce qui a été dit et prouvé au sujet des
principaux objectifs, dans l'analyse des difficultés que
présente une campagne. Il n'est donc besoin pour
l'établir ni de démonstrations ni de développemens
nouveaux.

Quant à ses applications, qui constituent une partie
fort importante de l'art militaire, elles sont, comme
on a pu en juger, fort délicates et fort difficiles à faire
de la manière la plus avantageuse. L'on ne peut
guères s'étendre sur ce sujet sans tomber dans des
redites, dans des généralités vagues et d'un intérêt
peu saillant. Il faut chercher à observer le mieux, dans
leur ensemble, les prescriptions des vérités capitales
et des vérités auxiliaires. Il faut sacrifier, autant
qu'on peut le faire raisonnablement, à son caractère,
à ses penchans, à ses inspirations du moment, et surtout éviter de perdre un temps précieux en hésitations
et en lenteurs.

Un fait qui mérite d'être remarqué, c'est que l'ordre successif des objectifs à adopter, est à la fois plus
difficile et moins important à fixer dans les opérations
de la tactique que dans celles de la stratégie. Dans
les premières, en effet, les conditions à observer sont
plus nombreuses et plus embarrassées de détails; en
outre, le terrain de la lutte étant beaucoup plus resserré, et l'ennemi se trouvant, pour ainsi dire, sous
la main, les différences entre les résultats d'une détermination ou d'une autre sont moins grandes et plus
délicates à saisir dans une appréciation préalable.

CINQUIÈME VÉRITÉ
relative aux avantages des attaques sur le centre ou sur une aile, suivant que l'ennemi occupe un espace étendu ou resserré.

Lorsque l'ennemi occupe sur un théâtre de guerre ou sur un champ de bataille un espace fort étendu, il existe nécessairement en arrière de cet espace un certain nombre de lignes ou de routes de communications différentes, et on ne peut avoir la prétention de le couper entièrement de sa retraite en gagnant ses derrières. D'un autre côté, il n'est guère possible non plus de songer à le surprendre, avec des forces concentrées, sur une de ses ailes, parce qu'il faut pour y arriver exécuter des mouvemens trop étendus.

Le point qui présente le plus d'avantages pour l'emploi simultané des moyens d'action matériels et moraux, est donc, en général, le centre de son armée. C'est donc ce point qu'il convient de choisir comme principal objectif, et sur lequel il faut porter d'abord des forces supérieures, pour couper cette armée en deux.

Nous ne voyons guère que deux cas qui puissent faire exception à cette règle de convenance. Le premier, quand au début d'une campagne il est possible de cacher ses premiers mouvemens stratégiques, en les exécutant en dedans de sa propre base d'opérations ; le second, quand on livre bataille dans un terrain fort accidenté et particulièrement propre à masquer des manœuvres.

Lorsque l'espace occupé par l'adversaire est resserré, son centre peut être promptement renforcé de deux côtés à la fois, tandis qu'il n'en est pas de même de ses ailes. En outre, il est possible d'atteindre rapidement une de celles-ci, de la surprendre, de la culbuter, de gagner les communications de toute l'armée opposée et d'ébranler son moral par la perspective des dangers auxquels elle se trouve exposée.

L'objectif le plus favorable est donc généralement dans ce cas une des ailes du front d'opérations ou de la ligne de bataille.

SIXIÈME VÉRITÉ

Relative aux avantages d'attaquer l'ennemi sur plusieurs points à la fois, quand on a sur lui une grande supériorité numérique.

Il est manifeste qu'en attaquant l'ennemi sur plusieurs points à la fois avec des forces supérieures aux siennes, on divise son attention, on augmente ses embarras, ses inquiétudes, ses dangers, et on se procure des chances plus nombreuses d'un succès décisif.

Il ne faut pas toutefois agir sans discernement dans l'exécution de deux attaques faites de concert. Ces attaques doivent être assez voisines l'une de l'autre et assez bien liées entre elles, pour que l'adversaire ne puisse, en se dérobant à l'une, venir opposer à l'autre la grande majorité de ses forces, et y obtenir un succès qui rétablisse l'équilibre. C'est là une condition essentielle à remplir, et de laquelle découlent naturellement les conséquences suivantes :

Si l'ennemi occupe une ligne étendue, des attaques simultanées ne peuvent raisonnablement être dirigées que sur son centre et sur une de ses ailes.

S'il occupe au contraire un espace resserré, il est possible de satisfaire à la condition précitée, en l'attaquant à la fois sur ses deux extrémités. En opérant ainsi, on a l'avantage de pouvoir gagner ses flancs et ses derrières soit pour couper ses différens corps de leur ligne de retraite, soit pour les refouler les uns sur les autres, les envelopper et les détruire.

⚫━◆◆◆◆━⚫

SEPTIÈME VÉRITÉ

Relative à la nécessité d'une grande activité et aux inconvéniens des lenteurs dans les opérations de la guerre.

C'est en déployant beaucoup de vigilance et d'activité qu'au début d'une campagne on se trouve prêt avant son adversaire, et qu'on jouit du double avantage de porter la guerre sur son territoire, et de frapper les premiers coups sur des objectifs où il n'est pas en mesure de résister. C'est par l'emploi des mêmes moyens que, dans le cours des opérations et lorsque l'ennemi est préparé, on le trompe par des stratagèmes, on le prévient, on le surprend, on le bat avec les mêmes troupes sur divers points importans. C'est encore ainsi que dans la défensive on fait avorter ses projets, en renforçant opportunément des points qu'il croyait trouver dégarnis, et l'accablant lui-même sur des points où il est faible.

Sur un champ de bataille, l'initiative des mouve-

mens, malgré la confiance et la force morale qu'elle
donne aux armées, n'a pas les mêmes avantages ca-
pitaux que sur un théâtre de guerre. La préférence à
accorder à l'offensive absolue ou à la défensive offensive, est subordonnée aux circonstances, à la nature
du terrain et au caractère des troupes. C'est néan
moins encore en déployant une grande vigilance et
une grande rapidité, dans l'exécution des manœuvres,
qu'on parvient à réunir, opportunément, des forces
supérieures à celles de l'ennemi, sur les objectifs importans où il convient de l'écraser.

Aussitôt qu'on est prêt à agir, il importe de le faire
et, quelles que soient les difficultés que présente le
choix du premier et meilleur objectif, il convient de
ne pas s'y arrêter trop long-temps et de prendre un
parti, à cet égard, sans hésitations et sans lenteur.

L'activité et la prompte exécution des entreprises
entretiennent la vigueur physique du soldat, lui ins-
pirent de la confiance et exaltent son courage. La
succession rapide des crises qu'elles amènent décon-
certe et démoralise l'ennemi, en ne lui laissant pas le
temps de se reconnaître et de prendre des mesures
contre les coups imprévus qui lui sont portés. Ce
sont là des avantages qui sont bien de nature à racheter, dans l'occasion, quelques défauts de conception
dans les plans que l'on a adoptés.

Les hésitations et les lenteurs, au contraire, font
souvent perdre à une armée sa confiance et son énergie physique et morale. Elles laissent à l'adversaire
des occasions, des moyens de supériorité, des chan-

ces de succès, que ne peuvent contrebalancer l'habileté et le choix judicieux mais trop tardif des déterminations prises.

D'ailleurs, il est à remarquer que l'idée qui vient la première est généralement celle qu'on embrasse le mieux, qui convient le plus au caractère et qu'on est le plus apte à bien exécuter. Or, la manière d'exécuter les projets, a sur le succès une influence si grande, que le chef qui adopte le plan qu'il est le plus capable de mener à bonne fin, agit le plus souvent pour le mieux, c'est-à-dire choisit par le fait, les objectifs importans qui lui sont le plus avantageux.

Que l'on n'aille pas conclure de ce que nous disons que nous voulons faire ici le procès aux Fabius Maximus. Il ne faut pas confondre les hésitations et les lenteurs avec les temporisations, qui sont choses toutes différentes. Les premières sont ordinairement le résultat du manque de talent, de résolution et de perspicacité de la part de celui qui commande, tandis que les secondes peuvent être la conséquence d'une détermination très-fermement arrêtée et prise avec habileté et sagesse. Les dernières sont souvent dans la défensive un excellent système pour épuiser l'ennemi par des marches, des contremarches et des combats partiels. Le terrible exemple de la campagne de Russie suffit pour démontrer la vérité de cette assertion.

HUITIÈME VÉRITÉ

Relative aux avantages de la réunion et aux dangers de la dispersion des forces
d'une armée.

Quand une armée est réunie, elle a sous la main
toutes ses ressources, et se trouve, en général, dans
les meilleures conditions possibles pour battre l'ennemi, par l'emploi des moyens reconnus les plus favorables. Quand, au contraire, elle est disséminée, ses
parties, faibles par elles-mêmes, agissent sans ensemble, avec hésitation et avec crainte. Elle laisse à l'adversaire la faculté de pénétrer, avec une masse compacte, entre ses divers corps séparés, et s'expose par
conséquent, à la chance d'être battue en détail, par
portions successives.

Il suit delà, qu'une armée doit éviter d'éparpiller
ses forces et les tenir au contraire, autant qu'elle peut,
réunies et bien liées entre elles. Toutefois, il importe
d'en faire la remarque, la règle de convenance que
nous établissons ici n'est pas entièrement absolue.
D'abord, elle donne lieu à une exception, lorsqu'on
possède sur l'ennemi une grande supériorité numérique ou morale ; ensuite, elle perd de sa portée et de
sa force avec le chiffre croissant des troupes. On peut
même dire qu'au delà d'une certaine limite, il est préférable de ne pas l'appliquer, c'est-à-dire, d'opérer
avec deux masses séparées qu'avec ces deux masses
réunies et formant un seul tout. Ce fait tient à deux
causes qu'il est facile de déduire. La première, c'est

que plus des corps d'armée sont nombreux, plus ils sont susceptibles de se défendre par eux-mêmes contre des masses supérieures, et plus aussi ils ont de confiance dans leurs propres forces, et, par suite, de décision et d'activité dans leurs entreprises. La seconde, c'est que, plus une armée réunie est considérable, moins elle est mobile ; moins elle a de facilités de battre successivement des corps plus faibles et isolés ; moins enfin elle peut, sur un champ de bataille, utiliser toutes ses ressources, tous ses élémens d'action.

Quant à la limite à partir de laquelle, toutes choses égales de part et d'autre, il est préférable de se partager en deux que d'opérer avec la masse compacte de ses troupes, il n'existe rien de précis à cet égard. Il nous semble toutefois que, pour aider à la fixer, on pourrait raisonnablement partir de cette base, qu'il ne convient pas, en général, de former des armées de plus de 100,000 hommes réunis et qu'il ne faut pas dépasser le chiffre de 120,000. Au delà de ce nombre, en effet, comprenant trois corps d'armée et une réserve de 30,000 hommes, le commandement d'un seul chef ne peut pas s'exercer d'une manière convenable : les subsistances sont trop difficiles ; les cheminemens occasionnent trop d'embarras et de lenteurs ; enfin, dans la durée d'une grande bataille, le tacticien le plus habile ne parviendra pas à faire manœuvrer et à employer utilement plus de 100,000 hommes.

Ceci se trouvant établi, voyons de quelle manière

on fera l'application de la huitième vérité dans les circonstances générales de la guerre, et comment on se comportera dans les cas exceptionnels où il ne sera pas opportun de l'appliquer.

Dans les premières, il conviendra, sur un théâtre de guerre, d'adopter le moins possible de lignes d'opérations, de les lier entre elles, par des communications sûres et faciles, et de les diriger intérieurement, à celles de l'ennemi, de manière à pouvoir se concentrer avant lui. Il conviendra, sur le champ de bataille, de présenter un front qui ne soit ni morcelé ni trop étendu, qui ait une profondeur raisonnable et de la consistance ; qui puisse, en un point quelconque, être opportunément et efficacement renforcé.

Dans les seconds, si l'on a sur l'adversaire une supériorité notable, et qu'il n'ait qu'une seule ligne d'opérations, on pourra en adopter deux, dirigées sur les flancs de celle-là. Les conditions et les convenances auxquelles il y aura à satisfaire alors seront les suivantes :

Il faudra que les deux lignes n'aient pas entre elles une trop grande distances ; qu'elles puissent communiquer sûrement et facilement, au moins par messages, et mieux encore par signaux. Il faudra que l'adversaire, s'il se jette sur l'une d'elles avec le gros de ses forces, ne puisse pas écraser le corps qui l'occupe en moins de temps que l'autre corps n'en mettra à gagner son flanc ou ses derrières, à empêcher ainsi l'effet de son mouvement, et à le rendre fort dangereux pour lui.

Il sera essentiellement important, et même indispensable, si la supériorité n'est pas excessive, d'a-
voir, à la tête des deux corps d'armée, des généraux
d'un grand caractère, incapables de se laisser intimider par la pensée de leur isolement, de devenir inactifs par le manque de nouvelles ; attaquant
franchement l'ennemi sans le compter et exécutant
le plan des opérations combinées avec toute la vigueur et la vigilance possibles. Il faudra aussi avoir un
but parfaitement défini et des instructions très-pré-
cises et très-claires pour toutes les éventualités.

Enfin, il conviendra que les deux corps indépendans n'aient pas de trop longs trajets à parcourir
avant d'entrer en opérations ; que leur marche
soit réglée de façon qu'ils puissent le faire en même
temps, ou à peu près, et empêcher l'adversaire de
profiter de la concentration de ses forces.

Si dans les conditions que nous venons d'indiquer, on sait à l'avance que l'ennemi se jettera avec
le gros de ses forces sur une ligne d'opérations, on
pourra y placer, avec les équipages, une masse de
troupes assez forte pour lui résister efficacement, et
former, avec le reste, un grand détachement, excessivement mobile, qu'on lancera sur ses flancs et ses
derrières. Une semblable diversion sera de nature à
donner les plus grands résultats, et ses dangers ne
seront pas considérables, avec des troupes solides,
auxquelles on aura su donner une mobilité convenable.

Dans le cas où il s'agit de diriger une armée de

plus de 120,000 hommes, par exemple de 180,000,
contre une armée que nous supposerons d'égale
force, il convient, avons-nous dit, de former deux
grands corps et d'adopter deux lignes d'opérations.
Les conditions à remplir dans l'emploi de ce système,
sont les mêmes que dans les cas précédemment exa-
minés.

Si l'adversaire a lui-même deux lignes d'opérations, il conviendra de placer, entre elles, celles qu'on
choisit, afin de pouvoir se concentrer avant lui : mais
on évitera, dans la concentration, de réunir sur un
même point plus de 120,000 hommes.

Si l'ennemi est compact et n'a qu'une seule ligne
d'opérations, on en prendra deux, dirigées sur les
flancs de la sienne. Dans l'observation des conditions
à remplir, et qui ont été à l'instant énoncées, on
aura surtout le soin de mettre à la tête des troupes,
des chefs d'un grand caractère, habiles, actifs et
résolus. La répartition des forces dans les deux lignes
sera nécessairement dépendante des circonstances,
du but précis que l'on voudra remplir, et variera,
pour chacune d'elles, dans les limites de 60,000 à
120,000 hommes.

Si l'on n'a aucun motif pour être plus fort d'un
côté que d'un autre, il sera naturel, et nous prouve-
rons bientôt (1) qu'il sera avantageux d'occuper
chacune des deux lignes d'opérations avec une armée
de 90,000 hommes. Cherchons à analyser de quelle

_____

(1) Vérité 11.

manière les choses se passeront dans ce cas, et bien que nous ne voulions pas faire d'une question d'art militaire la solution d'un problème de mathématiques, essayons de parler en chiffres et de bien préciser les faits, pour rendre plus saillantes nos idées et la justesse de nos observations.

Supposons que l'adversaire, au nombre de 180,000 hommes, occupe, dans un pays de plaine, une seule ligne d'opérations de vingt lieues de largeur, et, qu'aux extrémités de celle-ci aboutissent deux lignes, larges de dix lieues, ayant entre elles vingt lieues de distance, et que l'on occupe chacune avec 90,000 hommes :

L'ennemi, voulant profiter de sa concentration, pour défaire successivement les forces qui lui sont opposées, ne pourra guère envoyer moins de 120,000 hommes, contre le corps qu'il aura projeté d'écraser d'abord. Admettons qu'il adopte ce chiffre, le plus favorable à ses vues, d'après la base établie ci-dessus, et que, par suite, il laisse 60,000 hommes pour contenir les 90,000 restans. Voici alors, suivant les probabilités, ce qui arrivera, ou à peu près :

Les 120,000 hommes rassemblés aussi promptement que possible, et dirigés sur le premier corps de 90,000, l'atteindront et lui présenteront une première bataille, que celui-ci pourra accepter ; mais en se retirant à temps, pour ne pas en laisser l'issue devenir décisive. La bataille terminée, l'ennemi poursuivra le corps vaincu, qui battra en retraite lentement et honorablement, en profitant de toutes les bonnes occasions pour résister avec avantage. Pendant ce temps, le second corps de 90,000 hommes abordera et attaquera franchement le grand détachement de 60,000 qu'il aura devant lui; et il se passera entre eux une suite d'opérations analogues à celles que nous venons d'indiquer pour les autres. Seulement ces opérations s'effectueront plus rapidement, par le double motif que les partis aux prises seront plus mobiles, et que 60,000 hommes auront plus de peine à résister à 90,000, que 90,000 hommes n'en auront à le faire à une armée de 120,000.

Il suit de là que, tout en se battant, et en suivant la même direction, les corps opposés les plus faibles se rapprocheront successivement des plus forts, et finiront par les rejoindre sur un même champ de bataille. A ce moment qui, eu égard à la faible distance admise entre les lignes d'opérations extérieures, pourra se présenter, au bout de sept ou huit jours, les pertes éprouvées par le corps de 90,000 hommes, opposé à l'armée de 120,000, seront, selon les probabilités, moins considérables que celles essuyées par le corps de 60,000, opposé à celui de 90,000. Ces pertes, en effet, seront les résultats des crises finale des engagemens, crises qui auront été moins nombreuses et moins graves pour le premier corps que pour le second. Supposons les premières de 20,000 hommes, les secondes de 30,000, et admettons, en outre, que les corps vainqueurs, pour les faire subir, aient perdu chacun 15,000 hommes. Il résultera de ces hypothèses raisonnables, que l'on

aura, sur un même champ de bataille, une armée con-
centrée de 135,000 hommes, et en présence d'elle
une armée de 145,000, disposée en deux masses de
75,000 et de 70,000 sur ses extrémités. Or, dans
ces conditions, la dernière pouvant, sans être gênée
dans ses mouvemens, employer librement la totalité
de ses forces, aura un avantage manifeste sur l'autre,
qui ne jouira pas de la même faculté. Le résultat final
de la campagne sera donc favorable à celle des deux
armées de 180,000 hommes qui aura adopté deux
lignes d'opérations extérieures, pour opérer à la fois
sur les flancs de la ligne unique de l'adversaire.

Les raisonnemens et les exemples qui précèdent
nous semblent suffisans pour montrer les cas favorables à l'application de la huitième vérité, et les circonstances exceptionnelles où il ne convient pas de
l'appliquer. Ces dernières sont rares, mais pourtant
réelles. Ce serait une erreur de croire que l'on trouve
des argumens contre cette assertion dans les opérations combinées qui ont si mal réussi à nos ennemis
dans les guerres de la Révolution, et principalement
dans la célèbre campagne de 1796, en Italie. L'adoption des doubles bases d'opérations impose, en effet,
impérieusement des conditions, qui ne furent jamais
remplies alors. Il faut d'abord, à la tête des deux
armées, des chefs habiles, actifs et très-résolus, qui
les mènent vigoureusement et sans hésitations. Il faut
ensuite avoir entre ces armées de faibles distances,
des moyens de communications assurés ; il faut enfin
pouvoir resserrer entre elles, à la suite d'une série

d'engagemens, l'armée ennemie sur un même champ
de bataille.

<hr>

NEUVIÈME VÉRITÉ

Relative à l'influence majeure de l'habile emploi des ruses de guerre, sur les
succès des opérations militaires.

On doit entendre par ruses de guerre, les moyens
employés pour tromper l'ennemi d'une façon qui permette de recueillir des avantages. Ces moyens consistent, en général, à lui faire croire que l'on est fort
sur un point faible dont on veut l'éloigner, ou faible
sur un point fort où l'on veut attirer ses forces.

Pour qu'un stratagème puisse bien réussir, il faut
que jusqu'au dernier moment, il cache la vérité sous
l'apparence d'un projet sérieux. Il suit de là que son
exécution consiste généralement dans un revire-
ment opportun et très-rapide de troupes d'un point
sur un autre, et, que son résultat ordinaire, quand il
n'est pas déjoué, est de faire aboutir heureusement une
attaque vigoureuse et subite à laquelle l'adversaire
n'est pas en mesure de résister. Or, on le sait, rien
n'est plus propre à procurer le succès qu'une semblable
attaque, venant au milieu d'une campagne ou d'une
bataille, faire un événement imprévu; jeter d'abord
l'embarras et l'indécision dans l'esprit des chefs, et
bientôt après, le trouble, la mort et le désordre dans
les rangs des soldats.

Quant aux préceptes à donner sur l'emploi des
ruses de guerre, il en existe peu. Nous n'avons

II   4

guère à ajouter à ce que nous avons dit, dans les développements de la troisième vérité, des moyens et
des chances de victoire que présentent les attaques
rapides et imprévues.

La principale source de succès est dans l'esprit,
le tact du chef, dans sa sagacité à reconnaître et à
bien apprécier le caractère de son antagoniste. Rien
ne peut remplacer à cet égard les qualités naturelles,
l'imagination qui crée et le bon jugement qui fait
appliquer à propos. Toutefois, il faut le reconnaître,
les chefs d'armée peuvent puiser des inspirations et
de bons exemples dans les relations d'opérations
habiles, dans les ouvrages spéciaux qui ont traité de
la matière, et parmi lesquels nous citerons ceux de
Végèce, de Frontin, de l'empereur Léon, etc.

En thèse générale, pour qu'une ruse de guerre
puisse être couronnée d'un plein succès dans l'offensive, il importe que l'on prenne l'initiative des
mouvemens, et que ceux que l'on exécute soient
en dehors des combinaisons prévues par l'ennemi.
Plus ces mouvemens seront difficiles et audacieux,
plus il paraîtra invraisemblable qu'on ait osé les
tenter, et plus ils offriront de probabilités de réussite.

Dans la défensive, il faut arriver à faire entreprendre à l'adversaire des mouvemens importans et
prévus, contre lesquels on a pris des mesures sûres
et décisives. Toutes les ruses que, suivant les ressources de l'imagination, on peut inventer dans ce
but, ont de grandes chances d'aboutir à bien.

Un stratagème, pour être entrepris dans des con-

ditions favorables, est toujours plus ou moins hasardeux, expose toujours à plus ou moins de dangers.
Il convient donc d'être très circonspect dans l'emploi
de semblables moyens, quand on a affaire à un
ennemi habile et rusé lui-même. Les précautions sont
moins nécessaires avec un ennemi sans méfiance, sans
grande portée d'esprit et un peu vaniteux. Les ruses
les plus ordinaires produisent souvent alors les plus
grands résultats. Nous en citerons deux principales :
l'une consiste tout simplement à simuler la crainte
et à effectuer un mouvement rétrograde pour attirer
l'adversaire sur un terrain choisi et préparé à l'avance.
L'autre consiste à le favoriser, en apparence, dans
l'exécution d'un projet qu'il démasque, tandis qu'on
lui crée, à son insu, des obstacles insurmontables et
qu'on se prépare à le battre, après l'avoir laissé s'engager dans un mouvement compromettant.

Moreau à Hohenlinden et Napoléon à Austerlitz,
donnèrent de beaux exemples du premier stratagème.
Napoléon, à la bataille de Wagram, employa le second avec succès, mais non sans dangers, en laissant
entre sa gauche et le Danube un intervalle d'une
lieue, par lequel les Autrichiens pouvaient arriver à
ses ponts et lui couper la retraite.

De même que les attaques imprévues qui n'en sont
qu'un cas particulier, les ruses de guerre sont plus
difficiles à mener à bonne fin dans les grandes et
longues opérations de la stratégie, que dans les
manœuvres qui s'exécutent sur le terrain restreint
d'un champ bataille.

Sur un théâtre de guerre, comme sur ce dernier, il faut parvenir à subordonner les mouvemens de l'ennemi aux siens, soit par la crainte de dangers, soit par l'appas de grands avantages. Les conséquences naturelles de ces conditions sont que dans l'offensive, en stratégie, il faut, comme nous l'avons dit à l'instant, prendre l'initiative des mouvemens et tromper l'adversaire sur le vrai point d'attaque; et que, dans la défensive, il faut simuler habilement une retraite.

Or, pour que l'emploi de ces moyens ait des chances bien réelles de procurer de grands résultats, il nous semble nécessaire que dans le premier cas, on puisse effectuer ses mouvemens derrière une ligne de frontière, ou une base d'opérations d'une forme particulière et favorable, et que dans le second, on ait, outre un terrain propice, un antagoniste confiant, peu perspicace et peu habile.

Sur un champ de bataille, on trompe encore l'ennemi, et on subordonne ses mouvemens à ceux qu'on exécute soi-même, soit en l'assaillant brusquement et vigoureusement sur un point dégarni, soit en attirant habilement le gros de ses forces dans une partie où il croit qu'on est faible, tandis qu'on s'y est, au contraire, ménagé des ressources supérieures aux siennes.

Les premières ruses rentrent dans la catégorie des grandes attaques formant des événemens imprévus. Pour les faire réussir, dans des terrains qui ne sont pas assez accidentés pour dérober les mouvemens, il importe d'avoir un ordre de bataille d'une certaine profondeur, afin qu'on puisse masquer, en arrière de son front, les manœuvres rapides qui doivent être exécutées.

Les secondes exigent la connaissance parfaite du caractère de l'ennemi, de sa force, de ses intérêts et des lieux. Si ses intérêts stratégiques ou tactiques le poussent, d'une manière bien marquée, à faire son principal effort sur un point déterminé, on n'aura guère de chances de faire réussir, sur un autre point, l'un des stratagèmes dont nous nous occupons. Ce sera là une circonstance défavorable au succès, par la raison qu'on ne pourra pas choisir son terrain, et qu'il faudra l'employer tel qu'il se trouve. Si l'adversaire n'a pas d'intérêt prononcé à diriger sa principale attaque sur un point plutôt que sur un autre, et qu'il soit indécis à cet égard, on pourra alors adopter, pour l'exécution de la ruse, le terrain qui sera le plus propice. Cette ruse d'ailleurs consistera à l'attirer d'abord sur une partie de la ligne de bataille en apparence dégarnie: de là, et par une retraite simulée, on l'amènera dans une position où l'on se sera assuré les moyens de briser tous ses efforts, et de l'arrêter en tête, en même temps qu'on l'assaillira de flanc.

Un semblable moyen sera manifestement le plus susceptible de consterner et de démoraliser une armée ennemie, par le contraste subit et frappant entre une grande espérance, qu'elle croyait fondée, et une forte et légitime perplexité. Mais il est à remar-

quer que son emploi exigera des conditions dont la
réalisation ne sera pas toujours facile. En effet, il
faudra que le projet de se défendre d'abord, et de
prendre, ensuite, une opportune et vigoureuse
offensive sur le terrain choisi, s'accorde avec l'attitude qu'il conviendra de prendre sur les autres points,
eu égard aux intérêts divers qui seront mis en jeu.
Il faudra aussi que les obstacles des lieux et les
moyens préparés pour arrêter, à point nommé, l'adversaire, soient formidables ; car celui-ci ayant le
courage exalté par la persuasion de son triomphe,
surmontera de plus grandes difficultés et fera de plus
grandes choses que s'il était calme et de sang-froid.
Enfin, les troupes employées à l'exécution de la
ruse devront être fort aguerries, pour que le mouvement de retraite qu'elles effectueront n'exerce pas
une influence fâcheuse sur leur moral.

L'effet décisif qu'on attend du stratagème précité,
devant être rapide et pour ainsi dire instantané, le
mode le plus naturel et le meilleur de le produire,
sera généralement le suivant : Arrêter et ébranler, en
tête, les colonnes ennemies par les feux d'une forte
batterie, inopinément démasquée ; assaillir ensuite
leurs flancs avec une forte masse de cavalerie ; enfin,
lancer en même temps, et directement sur elles, des
troupes à pied pour compléter les ravages de l'artillerie. C'est ainsi qu'à Marengo, fut produit l'événement
inopiné qui arrêta et détruisit la fameuse colonne
autrichienne, en marche sur la route de Tortone,
pour couper la retraite aux Français.

Lorsqu'il sera impossible d'employer la ruse et les moyens que nous venons d'indiquer, ce qu'il y aura de mieux à faire, en général, pour ébranler l'ennemi sur un point, sera d'y porter au galop une forte batterie d'artillerie, et, si l'on peut, une grande masse de cavalerie, qu'on mettra en action avec discernement et opportunité. Ce système était un de ceux qu'employait de préférence Napoléon, surtout pour ce qui concerne l'artillerie. C'est en faisant agir cette arme en grandes masses et à l'improviste, qu'il obtint sur les champs de bataille les plus grands résultats, notamment à Eylau, à Wagram, à Smolensk, à la Moskowa et à Lutzen.

DIXIÈME VÉRITÉ

Relative à une bonne organisation des corps éclaireurs, et de l'espionage

Il est incontestable que les opérations de la guerre sont souvent entravées et déplorablement compromises, parce qu'on ignore les projets exacts de l'ennemi, la position et la force de ses divers corps ; et aussi, parce que les différentes parties d'une même armée sont insuffisamment éclairées sur les mouvemens qu'elles exécutent les unes et les autres, dans un but commun.

L'emploi d'habiles et agiles éclaireurs, celui de bons espions, l'usage de signaux convenus, lorsque les distances sont rapprochées, sont les seuls moyens d'obtenir tous les renseignemens qu'il importe de connaître à la guerre, et ce sont aussi les moyens les plus efficaces d'éviter les mauvaises chances du hasard, qui joue toujours un rôle plus ou moins influent.

Tout le monde convient de ces faits, que l'expérience atteste, et si, malgré cela, les inconvéniens que nous avons signalés subsistent, c'est que l'organisation des mesures qui peuvent y remédier est imparfaite, en raison des difficultés qu'elle présente, et, disons-le aussi, en raison de la négligence qu'y mettent parfois les généraux en chef.

Sans discuter longuement les conditions auxquelles doivent satisfaire l'organisation de bons corps d'éclaireurs, et celle d'un bon espionnage, nous croyons pouvoir établir les principales, de la manière suivante :

Les espions doivent avoir une intelligence, une adresse, un esprit d'expédiens et de ruse bien dûment reconnus. Il faut aussi qu'ils aient quelque connaissance du métier de la guerre, afin de pouvoir juger sainement les choses, autant par ce qu'ils voient que par ce qu'ils entendent. Il faut qu'ils parlent parfaitement la langue de l'ennemi, et cependant il convient qu'ils soient de la nation qui les emploie, parce que, par amour-propre, sinon par dévouement, ils serviront toujours mieux leur patrie qu'un pays étranger. Enfin, il est essentiel de les rétribuer avec beaucoup de largesse, afin qu'ils n'aient pas l'envie de vendre leurs services à un prix plus élevé que celui qu'on leur donne.

Relativement aux troupes chargées d'éclairer les

armées, elles doivent être très-mobiles, très-actives
et infatigables, ce qui exige qu'elles soient compo-
sées de cavalerie équipée à la légère et fort bien
montée. Leur destination étant d'être lancées, en
enfans perdus, dans toutes les directions, sur le
front, les flancs, les derrières de l'ennemi, pour
intercepter ses dépêches, instruire de sa force, de sa
position, de ses mouvemens, de tout ce qui le concerne; il faut qu'elles aient à leur tête des officiers
intrépides, adroits et capables, habitués à juger
promptement le terrain, à faire toute espèce de reconnaissances, parmi lesquels un bon nombre d'officiers d'état-major. Il faut, en outre, que chaque
homme qui peut, dans une circonstance donnée,
être employé isolément, soit naturellement brave,
audacieux même, et ait une part convenable d'intelligence, d'adresse et de ruse. Enfin, il importe que,
dans les corps éclaireurs, officiers et soldats sachent
parler la langue des pays avec lesquels on peut se
trouver en guerre.

Dans les armées européennes, les mesures prises
pour s'éclairer sont fort imparfaites et beaucoup trop
négligées. Les Russes seuls possèdent, dans leurs
Cosaques, des troupes convenablement montées,
suffisamment mobiles, et auxquelles les habitudes de
la vie nomade donnent l'audace et la ruse indispensables dans la guerre de partisans. Mais ces troupes,
essentiellement propres à faire des coups de main, à
enlever des convois, à intercepter des dépêches, à
épuiser l'adversaire en le harcelant sans cesse, n'ont

pas l'intelligence et les connaissances nécessaires pour bien faire, par elles-mêmes, les reconnaissances militaires.

Indépendamment des moyens précités de savoir, à la guerre, ce qu'il importe de savoir, il en est un autre, applicable dans les circonstances où des armées combinées opèrent à de faibles distances les unes des autres, ou sont reliées sûrement par des détachemens n'ayant entre eux que des intervalles de quelques lieues. Nous voulons parler de signaux convenus, faits à l'aide de fusées, lesquels se communiqueraient d'un corps au corps voisin, et auraient pour but d'instruire des choses les plus importantes, de la position qu'on occupe, de celle de l'ennemi, de son nombre, du moment des attaques, etc.

Ce moyen, dont on néglige de tirer parti, peut incontestablement donner d'excellents résultats, en permettant de transmettre les nouvelles, par une espèce de télégraphe, sur une partie restreinte d'un théâtre de guerre.

ONZIÈME VÉRITÉ

Relative aux inconvéniens des projets basés sur des calculs qui exigent une grande précision

Il convient, à la guerre, de ne former, qu'avec une extrême réserve, des projets dont la réussite soit fondée sur la précision mathématique d'un calcul de temps, sur l'évaluation rigoureuse d'une distance, sur l'arrivée exacte d'un corps absent.

Il existe, en effet, dans les opérations militaires, tant de causes ayant de l'influence sur leurs résultats, que la réalisation des conjectures que l'on peut former est toujours plus ou moins soumise aux chances du hasard.

L'évaluation d'une distance entre deux points peut être erronée, parce qu'on ne connaît pas les circuits, les pentes des chemins qui les joignent. Il est possible de se tromper sur le temps nécessaire pour parcourir cette distance, parce qu'on ignore l'état des routes, les empêchemens, les obstacles qu'elles présentent, la résistance plus ou moins grande que l'ennemi est capable d'y opposer, etc. Enfin, un corps absent peut être retardé dans sa marche par mille causes imprévues.

C'est donc sacrifier plus ou moins au hasard, que de baser l'exécution et le succès d'une entreprise sur les élémens incertains que nous venons de signaler. Toutefois, quand les chances d'une erreur sont minimes, quand les conséquences de celle-ci ne peuvent pas être bien funestes, on conçoit qu'on doive s'y exposer, si l'on a l'espoir fondé de recueillir de grands avantages.

Pour se placer, à cet égard, dans les conditions les plus favorables, il faut restreindre, le plus possible, les chances des mauvaises appréciations. Le meilleur moyen d'y arriver, c'est, d'une part, d'adjoindre aux corps éclaireurs, et d'employer dans

toutes les reconnaissances, d'excellens officiers d'é-
tat-major ; d'autre part , de pousser, aussi loin qu'on
le peut, la science des marches.

Sous ce dernier rapport , il y a à faire d'utiles
observations. Il existe , pour un corps d'armée ,
quelle que soit sa composition, quel que soit le terrain sur lequel il se trouve, un mode, un ordre plus
avantageux que tous les autres, pour se rendre
promptement et avec le moins de fatigue, d'un point
à un autre point. Ce mode est basé :

1° Sur la science qui consiste à régler la marche
d'une colonne de troupes, d'une espèce donnée, de
façon que cette marche s'effectue dans les conditions
les plus favorables;

2° Sur la comparaison des vitesses respectives
qu'ont généralement les différentes troupes composant le corps d'armée , et sur l'estimation des étendues que doivent occuper leurs colonnes partielles
dans la colonne générale;

3° Enfin , sur le choix de la combinaison la plus
favorable qui puisse être adoptée pour la répartition
des troupes, dans le cas particulier qui se présente.

Il suit de là, que les marches des armées, au lieu
d'être livrées, sans principes établis, au libre arbitre
des chefs qui les règlent, avec plus ou moins d'habileté et d'avantages, devraient être subordonnées à
une espèce de théorie d'ordonnance, et réglées d'une
manière uniforme, pour tous les cas semblables.

Il est manifeste que , de cette façon, l'évaluation
du temps nécessaire pour parcourir une distance,

dans des conditions données, deviendrait, sinon facile et sûre, du moins beaucoup moins vague, moins incertaine, qu'elle ne l'est maintenant.

Pour notre part, nous avons appris, dans les terrains accidentés de l'Afrique, à apprécier toute l'importance qu'il y a à ordonner convenablement la marche des troupes.

Maintes fois nous avons vu des colonnes, ayant identiquement la même composition, parcourir les mêmes distances dans des temps très-différens, suivant qu'elles étaient conduites par des chefs plus ou moins expérimentés, mettant dans leurs dispositions plus ou moins de sagacité, d'ordre et de méthode.

Quant aux moyens de régler la marche des armées de la manière la plus favorable pour les circonstances générales de la guerre, ce n'est pas ici le lieu de nous en occuper en détail. Nous nous bornerons à indiquer succinctement les données sur lesquelles on doit se baser pour la marche d'une seule espèce de troupes. Il faut avoir principalement égard :

1° A la force physique et à la mobilité de ces troupes; au trajet qu'elles sont capables de parcourir, dans un temps donné, et à la vitesse avec laquelle elles sont susceptibles de le faire, suivant la nature du terrain;

2° Au nombre, à la durée, à l'heure des haltes nécessaires pour prendre de la nourriture ou se reposer;

3° Enfin, à l'allongement naturel que prend la colonne en marche, et à la nécessité, aux moyens de la restreindre dans des limites raisonnables.

Disons, en terminant, qu'on satisfait, en général, à cette dernière condition, en fractionnant ladite colonne en plusieurs colonnes partielles marchant pour leur propre compte, partant et s'arrêtant toutes en même temps, puis se ralliant, à chaque halte, sur leur propre tête, et non sur celle de la colonne générale.

DOUZIÈME VÉRITÉ
Relative à la probabilité de battre l'ennemi.

La chance probable qu'a une troupe d'en battre, dans un temps donné, une autre, inférieure à elle d'un nombre d'hommes déterminé et fixe, est d'autant plus grande, que ces troupes sont moins considérables.

Ainsi, de même que deux hommes ont plus de chances de lutter victorieusement contre un seul, que trois contre deux, et ceux-ci plus que quatre contre trois; de même une armée de 40,000 hommes a plus de chances d'en battre une de 30,000, qu'une armée de 60,000 hommes n'en a d'en battre une de 50,000.

Cette vérité est évidente d'elle-même, et n'a pas besoin de démonstration. Ses conséquences, comme nous allons le voir, ont beaucoup d'importance et de portée.

TREIZIÈME VÉRITÉ

Relative aux chances probables de succès ou de revers qu'ont deux armées numériquement égales, dont chacune est divisée en deux parties, opposées aux deux parties de l'autre.

Lorsque deux corps également nombreux et divisés chacun en deux parties, momentanément destinées à combattre séparément, en viennent aux mains; la plus faible des quatre troupes aux prises, doit, toutes choses égales d'ailleurs, être complètement battue en moins de temps que la plus forte appartenant au même corps, n'en mettra à battre complètement celle qui lui est opposée.

Ainsi soient deux armées de 30,000 hommes, dont l'une est divisée en deux corps, de 20,000 et de 10,000, et l'autre en deux corps de 15,000 hommes chacun. Le corps de 10,000 hommes sera, toutes choses égales d'ailleurs, complètement battu par celui de 15,000 qui lui sera opposé, en moins de temps que le second corps de 15,000 hommes ne le sera par celui de 20,000.

La vérité qui vient d'être énoncée est un corollaire immédiat de celle qui précède, et n'a pas besoin non plus de démonstrations : toutes deux sont incontestables, et leurs applications faites avec habileté et discernement, sont de nature à procurer de fort grands avantages. En elles surtout, réside en grande partie l'art de gagner les batailles. Les conséquences les plus importantes qui en découlent, sont énumérées dans les vérités qui suivent.

QUATORZIÈME VÉRITÉ (1)

Relative aux convenances à observer par une armée offensive dans les attaques simultanées qu'elle dirige contre une armée divisée en deux corps, ou contre une armée réunie.

Lorsqu'avec des troupes concentrées, on se propose d'attaquer deux corps ennemis momentanément séparés, et que l'on n'est pas assez fort pour les assaillir simultanément, avec supériorité et avantage, il convient, en général, dans le projet de les battre séparément l'un après l'autre, d'écraser d'abord, à l'aide de forces suffisantes, le corps le plus voisin, et d'employer, pendant cette opération, le reste de ses troupes à observer et à contenir le plus éloigné, de manière qu'il ne puisse venir faire échouer l'attaque principale. Mais si les deux corps opposés se trouvent sensiblement à une même distance, qui ne soit pas considérable, et qu'aucune raison morale, aucun motif en dehors du but de les défaire tous les deux, ne porte à assaillir l'un plus promptement que l'autre, il y a avantage, pour la rapidité de l'opération, et l'importance de son résultat final, à s'attaquer d'abord, avec des forces supérieures, au corps le plus faible ; à contenir, pendant ce temps, à un petit nombre de marches de celui-ci, le corps le plus fort, sans s'engager sérieusement avec lui ; enfin, le premier, battu et dispersé, à se tourner contre l'autre avec toutes ses troupes rendues disponibles.

---

(1) On a cru devoir reproduire textuellement les énoncés des cinq vérités qui suivent.

Quand, dans une circonstance qui rend nécessaire la division des forces, une armée se partage en deux corps, pour attaquer, sur deux points à la fois, un adversaire réuni , et qu'elle n'a aucun motif prépondérant pour faire un plus grand effort d'un côté que d'un autre, il est avantageux pour elle, sous le rapport du succès de sa double opération , de composer chacune de ses attaques partielles du même nombre de troupes.

Cette vérité est assez explicative pour que nous ayons peu de développemens à ajouter à son énoncé général.

Au sujet de sa première partie, nous nous bornerons à faire les observations suivantes:

Quand, avec des troupes concentrées, et aussi nombreuses que celles de l'ennemi, on se trouve, par exemple, à dix lieues de l'un de ses corps, et à trente lieues de l'autre, il y a généralement avantage à s'attaquer d'abord, en forces, au premier.

En effet, en agissant ainsi, on atteint promptement ce corps; on évite l'inconvénient de le voir s'échapper ; on a toutes chances d'obtenir, dans le plus bref délai possible, un succès contre lui, et d'arriver opportunément à l'autre, pour le défaire à son tour. Si, au contraire, on dirige sa première et plus importante attaque contre le corps le plus éloigné, il faut perdre cinq ou six jours pour l'atteindre avant d'entrer en action. Pendant ce temps, le corps le plus

voisin peut battre le détachement laissé pour le contenir, suivre de près les forces employées au principal objectif, et les mettre dans une position critique, en les plaçant entre deux feux.

Quand, avec une armée réunie, que nous supposerons de 60,000 hommes, on se trouve à égale
distance (20 lieues) de deux corps opposés de 40,000
et de 20,000, et que l'on a exclusivement en vue de
les battre l'un après l'autre, il est, en général, avantageux d'attaquer, en premier lieu et avec des forces
supérieures (30,000 hommes), le corps le plus faible.
Cette conséquence découle, en effet, des deux faits
suivans :

D'abord, le corps chargé de contenir la principale
masse de l'adversaire peut, sans inconvénient, battre
en retraite du côté de celui qui lui est adjoint, en n'acceptant pas d'engagement sérieux ; tandis qu'il n'en
est pas de même du corps ennemi le plus faible, lequel,
en se retirant, s'éloigne de celui dont il attend des
secours. Ensuite le corps assaillant, devant, d'après la
treizième vérité, triompher en moins de temps que
celui d'observation ne sera vaincu, peut généralement,
après sa victoire, venir renforcer opportunément ce
dernier, et concourir à un succès complet et décisif.

Si, au contraire, on attaquait primitivement, avec
50,000 hommes, le corps opposé de 40,000, et
qu'on laissât, pour contenir l'autre, un détachement
de 10,000 seulement, ce détachement pourrait être
écrasé par un adversaire résolu, avant que le corps
de 50,000 hommes ait obtenu un avantage décisif.

On s'exposerait donc à avoir sur les derrières de celui-ci une diversion fort compromettante.

Comme il est aisé d'en juger, les applications de la treizième vérité sont susceptibles de procurer des avantages réels dans les cas que nous considérons : mais il n'est pas toujours facile de les faire judicieusement. Elles exigent, en stratégie surtout, beaucoup de discernement et de circonspection ; et il est essentiel de bien se pénétrer des conditions qu'elles imposent.

Avant tout, il faut avoir la certitude de pouvoir rejoindre et renforcer opportunément les forces chargées de contenir la principale masse ennemie. Or, pour que cette condition puisse être sûrement remplie, il faut d'abord que les deux corps que l'on veut battre séparément ne soient pas trop éloignés l'un de l'autre, et qu'il existe entr'eux des chemins de communication qui ne soient pas trop difficiles. Il faut, en outre, que les troupes chargées de contenir le corps le plus considérable n'aient pas la perspective de rencontrer, dans leur mouvement de retraite, un défilé, un passage de rivière, un mauvais terrain qui les oblige à accepter un engagement décisif.

S'il en est autrement, tout devient vague et incertain, et les applications de la treizième vérité n'offrent plus les garanties de sûreté et d'avantages désirables. En effet, on ne peut plus répondre que le corps chargé de contenir les principales forces de l'ennemi, et qui cherchera à battre en retraite, sans s'engager sérieusement, on ne peut plus répondre que ce corps ne sera pas obligé, à la longue, d'accepter la bataille, et ne sera pas défait avant d'avoir été rejoint et renforcé. Ce qu'il y aura de mieux à faire alors, si l'on veut se conformer à l'esprit de ladite vérité, ce sera d'envoyer contre la plus forte masse de l'adversaire, pour l'observer plutôt que pour la contenir, un détachement de troupes excessivement légères, et de se jeter rapidement, avec tout le reste de l'armée, sur le corps qu'on aura projeté d'écraser le premier.

On doit encore, dans l'application présente de la treizième vérité, éviter d'opposer au corps ennemi le plus faible, beaucoup plus de troupes qu'il n'en faut réellement pour le défaire et le disperser. Sans cela, on pourrait compromettre celles qu'on emploie à contenir le corps le plus nombreux. Ce soin est surtout nécessaire, lorsque les deux corps qu'on veut battre sont très-disproportionnés, par exemple, de 50,000 hommes et de 10,000. On comprend, en effet, que si, dans un cas semblable, on attaquait, avec 30,000 hommes, le corps opposé de 10,000, les 30,000 autres, chargés de contenir celui de 50,000, pourraient, en raison de leur grande infériorité, être promptement battus et éprouver un échec, que ne préviendrait ni ne compenserait le succès obtenu ailleurs. Il va sans dire que, dans aucun cas, on ne doit employer, contre le corps le plus faible de l'adversaire, des forces égales à son corps le plus fort. Autrement, on lui laisserait autant de bonnes chances qu'on en aurait soi-même.

La condition générale à remplir, c'est d'avoir entre les deux parties de son armée une différence moindre que celle qui existe entre les parties de l'armée opposée, et de combattre respectivement avec la plus forte et la plus faible, la plus forte et la plus faible de cette dernière.

Enfin, comme l'indique l'énoncé de la vérité que nous considérons, il faut, pour que la treizième soit applicable, que le corps ennemi le plus nombreux n'ait pas, par sa position, par ses projets, par ses opérations, une influence prédominante et essentielle à combattre sans délai, et, qu'en le battant, on ne puisse pas produire sur le plus faible un effet moral qui facilite beaucoup sa défaite.

Sur un théâtre de guerre, nous estimons que les conditions à remplir seront remplies, pour la plupart, dans le concours des circonstances suivantes :

Lorsque les deux corps de l'adversaire ne seront séparés que par une distance de 30 à 40 lieues : lorsqu'avec ses forces concentrées, on sera parvenu à se placer à proximité de leur ligne de communications, et à des distances sensiblement égales de chacun d'eux : lorsque le seul but à atteindre, pour le moment, consistera à défaire, l'un après l'autre, et dans le plus bref délai, les deux corps en question : lorsqu'enfin, les opérations s'exécuteront dans un pays peu accidenté, n'opposant pas des obstacles sérieux à la jonction des troupes employées, soit à combattre, soit à contenir.

Un des exemples les plus remarquables et les plus

heureux de l'application présente de la treizième
vérité, fut donné par Napoléon dans la [première période de la campagne de 1809 : nous voulons parler
des opérations qui précédèrent la bataille d'Eckmülh.

L'armée autrichienne était divisée en deux parties
qu'on pouvait regarder comme isolées, car elles ne
communiquaient entr'elles que par un faible détachement. L'une d'elles formant la droite, sous les
ordres de l'archiduc Charles, contenait plus de
100,000 combattans ; l'autre, sous le commandement du général Hiller, n'en avait que 45,000 et
occupait la gauche.

L'empereur, laissant Davoust avec moins de 30,000
hommes en observation devant l'archiduc, se jetta
avec 50,000 sur le général Hiller, le coupa, le battit,
le mit en déroute et vint rapidement, ensuite, rejoindre Davoust pour livrer et gagner la bataille décisive
d'Eckmülh.

Pourquoi une détermination semblable ne fut-elle
pas prise, ou du moins suivie jusqu'au bout, dans la
malheureuse campagne de Waterloo ? Pourquoi
Napoléon n'assura-t-il pas les conséquences de sa
victoire de Fleurus, en se chargeant lui-même d'achever les Prussiens ? Pourquoi, après cette victoire,
ne contint-il pas les Anglais par un détachement sur
lequel il se serait rabattu bientôt, soit pour les détruire entre deux feux, soit, au moins, pour terminer
la campagne, par la défaite de leur armée ? Cette
résolution l'eût sauvé de sa perte, et aurait changé
vraisemblablement les destinées du monde !

Si nous en venons maintenant à la partie de la quatorzième vérité, relative aux attaques simultanées contre une armée réunie, nous dirons d'abord que le fait qu'elle énonce, au sujet de la répartition convenable des forces dans les deux attaques, n'est qu'une déduction logique de la vérité précédente.

Ce n'est en effet, qu'en l'assaillant des deux côtés, avec le même nombre de troupes, qu'on peut, toutes choses étant égales, empêcher l'ennemi de répartir ses forces, de manière à avoir la chance probable d'être vainqueur sur un point, avant d'avoir été battu sur l'autre.

Quant aux applications, elles peuvent s'effectuer dans des cas assez fréquens, et d'abord dans ceux mentionnés plus haut, où, l'adversaire n'ayant qu'une ligne d'opérations, il convient d'en former deux, soit parce qu'on lui est sensiblement supérieur, soit parce que l'armée est trop considérable pour pouvoir subsister, être bien dirigée et utiliser convenablement ses forces, sur une même ligne. Elles peuvent se faire encore dans d'autres circonstances et par des considérations d'un autre genre ; par exemple, quand une armée se partage en deux corps indépendants, pour se porter, suivant des directions convergentes, sur un objectif qu'elle veut atteindre simultanément de deux côtés ; ainsi, pour débloquer une place dont la possession est très importante et qui peut être secourue par deux points à la fois.

Ces dernières applications sont généralement dangereuses. Aussi convient-il de ne les faire qu'avec

beaucoup de réserve et de discernement. Il importe
à leur réussite, que l'ennemi soit trompé, surpris, et
surtout que les deux corps séparés soient dirigés par
des chefs habiles et d'une très grande résolution.

QUINZIÈME VÉRITÉ

Relative aux convenances avantageuses à observer par une armée défensive dans
les résistances qu'elle oppose à deux attaques simultanées dirigées contre elle.

Lorsqu'une armée, sensiblement égale à celle qui
lui est opposée, et gardant la défensive sur un terrain qu'elle ne peut abandonner, se trouve assaillie
à la fois sur deux points différens, mais peu éloignés
l'un de l'autre, il est, toutes choses égales d'ailleurs,
avantageux pour elle, de battre l'assaillant sur le
point où il a dirigé le moins de troupes; de résister
efficacement pendant ce temps, avec des forces inférieures, sur le point où il a exercé son principal
effort, et de venir rapidement ensuite, avec les
troupes victorieuses sur le premier point, décider le
succès sur le second.

S'il n'a pas été possible à l'armée défensive de reconnaître d'une manière précise, les intentions de
l'ennemi et l'importance respective des deux attaques
qu'il projette, ce qu'elle a généralement de mieux
à faire, c'est de préparer provisoirement, sur les
points menacés, des résistances d'égale force et
d'égale énergie, et de tenir à portée de chacun d'eux,
une réserve respectable de troupes aguerries et
excessivement mobiles, prêtes à réaliser l'emploi

avantageux des moyens indiqués, aussitôt que l'adversaire aura dévoilé ses desseins.

Supposons une armée de 70,000 hommes réunis,
postée derrière une rivière, et voulant en disputer le
passage à un adversaire d'égale force, de façon à
lui faire éprouver le plus de pertes et à avoir le plus
de chances d'un avantage décisif. Supposons la rivière
guéable en deux points distants de six à huit lieues,
et que l'ennemi se soit divisé en deux corps pour
opérer sur ces points, des attaques simultanées.

Si l'armée sur la défensive peut acquérir la connaissance exacte et certaine de la répartition des
forces opposées, et que par exemple 50,000 hommes
de celle-ci soient dirigés sur un point de passage,
tandis que 20,000 seulement le sont sur l'autre, elle
profitera de cette connaissance pour répartir elle-
même ses troupes, de la façon la plus avantageuse.
Ce qu'elle aura généralement de mieux à faire à cet
égard, ce sera d'appliquer la treizième vérité, c'est-
à-dire d'opposer des forces supérieures (30,000
hommes, par exemple), au corps ennemi le plus faible;
de contenir, pendant ce temps, le plus nombreux avec
les forces restantes; enfin, de renforcer rapidement
celles-ci avec les premières devenues victorieuses,
pour qu'elles puissent, à leur tour, prendre l'offensive
et décider complètement la victoire.

Mais si l'armée en question ignore les projets de
l'adversaire et la répartition de ses troupes, si d'ailleurs, les passages qu'elle doit disputer offrent par

la nature du terrain, par l'importance de leur situation stratégique, des ressources et des chances d'avantages sensiblement égales, elle agira sagement et convenablement en se divisant, provisoirement au moins, en deux corps de même force. Cette répartition, en effet, sera la seule qui offrira, dans toutes les circonstances possibles, des chances favorables pour le résultat final des engagements.

Indépendamment de la circonstance particulière que nous venons de considérer, il en est d'autres, analogues à celle-là, qui se prêtent également à l'application de la quinzième vérité. Ainsi, tout ce que nous venons de dire s'appliquerait, par exemple, au cas où une armée employée au blocus d'une place importante, serait menacée par une armée de secours, également nombreuse, et arrivant pour faire lever le siège par deux routes convergentes.

En résumé, les douzième et treizième vérités dont les deux suivantes ne sont que des corollaires, peuvent s'appliquer utilement dans les opérations stratégiques; mais leurs bonnes applications y sont délicates et assez rares. La raison en est qu'outre le nombre restreint de circonstances qui s'y prêtent, ces dernières exigent des conditions qui ne peuvent être sûrement remplies que par des chefs joignant à la connaissance indispensable d'un assez grand nombre de données, un jugement sain et beaucoup de discernement et de tact.

C'est particulièrement sur le champ de bataille que lesdites applications sont importantes à faire et présentent un but d'utilité éminent. Elles y sont à la fois moins épineuses qu'en stratégie, moins sujettes à exception et d'un effet plus immédiat et plus frappant. Nous allons signaler les principales et chercher à en faire ressortir les avantages.

SEIZIÈME VÉRITÉ

Relative aux avantages qu'il y a, toutes choses égales d'ailleurs, pour le succès final sur deux parties d'un même champ de bataille, à être le plus fort sur le point où l'ennemi est le plus faible.

Lorsque sur deux parties d'un champ de bataille et principalement sur des parties voisines, le centre et une aile, des armées opposées ont réparti la même quantité de forces, celle de ces armées qui est supérieure à l'autre sur la partie où celle-ci est la plus faible, a, toutes choses égales d'ailleurs, l'avantage pour le succès final sur les deux parties en question. De plus, son avantage est d'autant plus marqué que la pénurie de ressources de l'ennemi sur le point faible est plus grande.

Cette vérité est une conséquence immédiate des vérités 12 et 13.

Supposons qu'une armée de 65,000 hommes ait placé 15,000 hommes à son aile droite, 30,000 à son centre et 20,000 à son aile gauche : admettons qu'une armée d'égale force ait opposé respectivement aux parties désignées de la première, 25,000, 20,000 et 20,000 hommes.

Toutes choses étant égales de part et d'autre, il arrivera, suivant les probabilités, que la seconde armée combattra avec des chances balancées les 20,000 hommes qui seront opposés à son aile droite, aura le désavantage au centre, et remportera un succès à sa gauche. Or, ce succès devant, d'après la treizième vérité, être rendu complet et décisif avant le désavantage, il en résultera, qu'avant que la lutte soit terminée au centre, l'armée en question pourra faire refluer, sur le flanc découvert et les derrières de l'ennemi, une partie notable de ses forces victorieuses, qui changeront les affaires et décideront la bataille en sa faveur.

En outre, il est à remarquer que plus la première armée sera faible à sa droite et plus, à différence égale de nombre, elle y sera facilement battue (1); plus aussi, par conséquent, la seconde aura d'avantages pour la rapidité de sa diversion décisive au centre, et par suite pour le gain de la journée.

Quant aux applications de la seizième vérité, à égalité de forces de part et d'autre, elles s'effectueront avec avantage toutes les fois qu'on pourra reconnaître, d'une manière positive, que de lui-même ou parce qu'on aura su l'y décider par ruse, l'adversaire se propose de faire un grand effort sur un point déterminé.

Il arrivera alors de deux choses l'une : ou bien on aura soi-même le plus d'intérêt à être d'abord

---

(1) Vérité auxiliaire 12.

vainqueur sur le point dont il s'agit ; ou bien l'intérêt majeur se rattachant au premier succès, sera fixé sur un point différent.

Dans le premier cas, on répartira ses forces sur la partie importante et sur la partie voisine, de façon qu'étant égales dans leur totalité à celles de l'ennemi, elles soient plus faibles sur la première, et plus puissantes sur la seconde. Si le point important est situé au centre, on choisira entre les deux points voisins qui ne seront autres que les ailes, celui qui satisfera le mieux à la double condition d'être faible et de communiquer avec le centre par des abords faciles.

Dans le second cas, on agira comme il vient d'être dit, en contenant l'adversaire sur son principal objectif pendant qu'on cherchera à le battre sur celui qu'on aura adopté soi-même.

Pour faire ressortir l'évidence de la vérité seize et de celles qui la précèdent, de même que pour faire comprendre les chances générales de leur application, nous avons supposé que les armées opposées se trouvaient dans les mêmes conditions de force numérique et morale, et combattaient dans des terrains qui leur offraient à l'une et à l'autre les mêmes avantages.

Cette hypothèse ne se réalise pas dans la pratique : mais l'esprit des règles, ci-dessus établies, n'en subsiste pas moins, comme un guide directeur, utile et secourable, comme un jalon montrant la bonne voie dans les diverses circonstances qui se présentent. Seulement, il résulte de la différence existante entre nos suppositions et la réalité, que les applica-

tions desdites règles se ressentent d'une difficulté sérieuse dont on ne peut jamais s'affranchir dans la
conduite des opérations militaires ; nous voulons
parler de l'appréciation des forces morales des armées,
et de la valeur intrinsèque des positions de terrain à
défendre ou à enlever.

Quoi qu'il en soit, il serait injuste de prétendre
que les vérités qui précèdent sont sans utilité et sans
importance.

L'art pratique de la guerre est en effet si difficile et
si variable dans l'emploi convenable de ses ressources,
qu'on est bien heureux de savoir, d'une manière précise, ce qu'il convient de faire dans une circonstance
bien définie, prise pour type, et de laquelle se rap-
prochent plus ou moins les circonstances générales.
La difficulté, en effet, ne consiste plus alors à enfanter
des moyens dont la valeur peut être douteuse, dont on
n'apprécie pas bien l'efficacité, et dans lesquels on n'a
pas cette confiance si utile au succès des entreprises.
Elle se borne à employer convenablement, en les mo-
difiant au besoin, des moyens indiqués et reconnus
efficaces, d'après une juste appréciation du rapport
existant entre les cas pris pour type et le cas présent.
Or, les erreurs commises à cet égard, par un chef doué
d'intelligence, de perspicacité et de jugement ne peuvent être ni bien graves ni bien compromettantes.

Si l'on est inférieur à l'ennemi par le nombre,
mais supérieur à lui par les qualités morales, et que
la force intrinsèque des deux armées soit sensiblement la même, il convient de répartir ses troupes,

proportionnellement à leur nombre et à celui des troupes opposées, de manière à satisfaire aux conditions énoncées ci-dessus, savoir :

Résister efficacement sur le point important de l'adversaire, sur celui où il a accumulé le plus de moyens d'action ; l'attaquer sur le point faible voisin qui présente le plus d'avantages, de manière à l'y battre avant que la résistance sur le premier ne soit à bout et devenue impossible ; enfin, tenir tête sur la troisième partie du champ de bataille, de façon à y balancer les chances.

Si l'on est numériquement inférieur à l'ennemi, et que l'on n'ait pas sur lui la prééminence des qualités morales, il n'existe qu'un moyen de lutter avec des chances de succès : c'est de multiplier, pour ainsi dire, ses forces, en leur imprimant beaucoup d'activité et de mobilité.

Dans ce cas, il sera de la plus haute importance d'employer judicieusement la cavalerie, et surtout l'artillerie, à cause de la puissance de ses effets. Il sera fort avantageux aussi d'avoir de l'infanterie assez légèrement équipée, assez exercée aux mouvements rapides pour pouvoir parcourir deux ou trois lieues au pas de course, ce que l'expérience a démontré possible.

Quant à l'application de la seizième vérité, il sera rarement loisible de la faire en cette circonstance ; mais on se conformera à l'esprit de la vérité douze, dont elle dérive, de la manière suivante, ou d'une manière analogue.

En dehors de la partie où l'adversaire aura accumulé ses plus grands moyens d'action, on en cherchera une où l'on puisse le combattre jusqu'à la fin avec des chances balancées, quoiqu'avec un nombre inférieur au sien, et, autant que possible, avec moins de cavalerie et d'artillerie. L'existence d'un petit ruisseau, d'un ravin, d'un hameau, de quelques enclos, dont on tirera habilement parti, permettra souvent de réaliser cet avantage.

Cela posé, avant d'en finir avec l'ennemi sur le point que nous venons de désigner, on se proposera de le battre sur les deux points restants du champ de bataille. A cet effet, on y répartira ses forces disponibles de manière à résister sur le plus fort et à vaincre promptement sur le plus faible. On retardera, autant qu'on le pourra, l'action sur le premier point, en laissant venir l'adversaire à soi, en profitant, pour l'arrêter dans sa marche, de tous les accidens de terrain. Sur le second, au contraire, on la brusquera, en y employant des troupes excessivement mobiles, de l'infanterie légère fort exercée, et, au besoin, manœuvrant sans havresacs, et surtout une grande masse de cavalerie et d'artillerie. A l'aide de ces dernières troupes, on cherchera à exécuter une attaque rapide, impétueuse, qui produise un de ces événemens imprévus, décidant si souvent les succès à la guerre. Enfin, si la résistance sur le point fort de l'ennemi venait à faiblir, de manière à inspirer des craintes, on emploierait une partie de la cavalerie et de l'artillerie à y porter un secours prompt et efficace.

En résumé, lorsqu'avec des forces inférieures, il s'agit de battre un adversaire, fort sur un point et plus faible sur un autre, on ne peut pas appliquer, à la lettre, la seizième vérité, et l'on doit se borner à se conformer à l'esprit de la vérité douze. Les avantages qu'on retire de ce soin sont réels, mais dépendent essentiellement de l'habileté à se départir du mode d'engagemens habituellement usité dans les batailles, et à utiliser plus complètement ses ressources qu'on ne le fait en général.

Au lieu d'entamer l'action de loin, de la faire progresser lentement, de laisser, en quelque sorte, dormir, dans sa première période, les moyens puissans que présentent la cavalerie et l'artillerie, il faut, sur le point où l'on veut triompher, brusquer les préliminaires, se rapprocher rapidement et inopinément de l'ennemi, et employer lesdits moyens de manière à jeter dans ses rangs l'étonnement, l'épouvante et le désordre, en même temps que la mort.

Enfin, quand on opère dans un terrain accidenté, et que les troupes opposées, ou celles dont on dispose, peuvent tirer un accroissement sensible de force, de la nature de leurs positions, il faut tenir compte de ce fait, dans les déterminations que l'on prend pour l'attaque et pour la défense. Les applications des vérités douze et seize deviennent alors plus difficiles et plus incertaines que dans les cas précédens. Cependant il ne faut jamais en perdre de vue l'esprit et la portée. La règle de conduite qui en découle, pour l'attaque de deux points, dont l'un est plus fort que l'autre, règle consistant à résister sur le premier pendant qu'on s'efforce d'enlever le second, reste toujours bonne à observer dans la généralité des circonstances.

Ainsi, supposons, par exemple, que l'adversaire occupe deux fortes positions, chacune avec 10,000 hommes. Si, pour enlever l'une d'elles, il faut plus de monde que pour enlever l'autre, soit 20,000 hommes, au lieu de 15,000, on dirigera son premier et principal effort contre celle-ci ; tandis qu'on se bornera ailleurs à résister d'une manière efficace. Les motifs et les avantages de cette façon d'agir sont semblables à ceux que nous avons signalés dans les applications ponctuelles des vérités qui nous occupent, et encore plus puissans. En effet, en gardant la défensive vis-à-vis de la position la plus forte, on y tiendra l'ennemi en échec avec 10,000 hommes, et, par conséquent, il suffira de 25,000, pour le battre successivement des deux côtés. Si, au contraire, on opérait d'une manière inverse, il en faudrait 30,000 pour obtenir le même résultat. Que si l'on possède assez de ressources pour sacrifier à l'enlèvement des positions, plus de monde qu'il n'est strictement nécessaire, il y aura toujours avantage à attaquer de la façon prescrite, pour arriver promptement au but que l'on veut atteindre.

Il est à remarquer que, sous le rapport de l'application de la seizième vérité, l'avantage, dans les engagemens, est à la défensive, parce qu'en laissant venir l'adversaire à soi, on n'a pas à tenir compte

de la nature de son terrain. En outre, on peut faire
du nombre de ses troupes une évaluation beaucoup
plus facile et plus exacte que si on était allé les chercher dans leurs positions.

Rappelons, enfin, en terminant cet article, que le
système de battre d'abord l'ennemi sur ses points
faibles, pendant qu'on lui résiste sur ses points forts,
était généralement celui de la tactique de Napoléon,
du moins dans la première et la plus brillante période
de sa carrière.

Toutes les opérations de sa campagne de 1796, en
Italie, de celle qui jeta le plus vif éclat et lui acquit le
plus de titres à la renommée, sont empreintes de cet
esprit. Ainsi, sur le théâtre de la guerre, où l'ennemi
occupe, en général, des espaces trop étendus, a ses
différens corps mal liés entre eux, il coupe son armée, en la perçant par le centre qui n'offre pas de
résistance, puis accable séparément chacune de ses
parties extrêmes.

Sur le champ de bataille, le mode pour lequel il
semble avoir de la prédilection, consiste à laisser
l'adversaire s'étendre à droite et à gauche, soit de
lui-même, soit parce qu'il a su adroitement l'y décider ; à enfoncer ensuite son centre dégarni, et, enfin,
à l'achever, en écrasant ses ailes isolées l'une de l'autre. C'est de cette façon qu'il opère à Lonato, à Cas-
tiglióne ; puis, plus tard, à Austerlitz ; puis, plus tard
encore, mais moins parfaitement, et par une sorte
de réminiscence, à Wagram.

Quand l'habitude du commandement absolu, et

celle de voir tout céder à sa volonté; quand une sollicitude moins grande pour la vie des hommes, et, peut-être aussi, l'âge qui éteint et dénature toutes les croyances, eurent modifié ses idées, il modifia aussi son système. On le vit alors, dans les batailles, moins soucieux des convenances raisonnées, moins occupé des combinaisons de l'esprit, moins confiant, peut-être, dans les règles; on le vit recourir davantage aux moyens matériels, et chercher à écraser l'ennemi, si fort qu'il fût sur un point, par l'irrésistible puissance de ses masses valeureuses. Aussi, les batailles qu'il livra dans ce système, furent-elles ou malheureuses, ou beaucoup plus sanglantes et moins décisives que les autres. Eylau, la Moskowa, Leipzig, Waterloo, sont là pour attester la vérité de cette assertion.

DIX-SEPTIÈME VÉRITÉ

Relative aux avantages et aux inconvénients majeurs qu'une armée offensive doit prendre en considération dans une bataille.

Une armée, qui, dans une bataille, prend l'offensive, doit chercher, autant que possible, à faire concorder ses projets avec la convenance de fixer le choix de son premier objectif sur le point le plus faible, ou, du moins, sur un point faible de la ligne ennemie.

Elle doit éviter, au contraire, de diriger d'abord ses efforts sur les points où son adversaire a le plus de ressources ; d'engager le gros de ses forces contre celui des forces opposées, parce que c'est là une prétention qui produit toujours, dans les deux partis, des pertes énormes, le plus souvent mortelles pour le plus faible, et, au moins, inutiles pour le succès du plus fort.

Dans l'exécution des projets de détail, aussi bien que dans celle des projets d'ensemble, une armée offensive doit chercher à réaliser l'avantage signalé dans la vérité seize : ne pas s'acharner, à moins de nécessité absolue, à enlever de front une position trop difficile, dont il importerait de s'emparer, et attendre que la ligne ennemie ait été percée sur un point voisin et plus faible, pour l'attaquer alors vigoureusement par le flanc et par derrière, en même temps que de front.

D'un autre côté, pour que l'adversaire ne prenne pas, par ses dispositions, un avantage qu'elle cherche à se donner sur lui, elle doit éviter de l'aborder, sur différens points, avec des masses trop disproportionnées.

Cependant, comme les stratagèmes heureux sont d'un grand effet à la guerre, elle peut se soustraire parfois à la prescription susdite, dans le but de tromper l'ennemi, et de lui faire entreprendre de faux mouvemens qui le compromettent ; mais il faut alors que sa ruse ait de grandes chances de réussite, et qu'il lui soit, d'ailleurs, loisible de changer promptement ses dispositions primitives, si sa sûreté l'exige.

Elle doit également, dans la crainte d'être abusée

par des apparences trompeuses, se garder d'arrêter irrévocablement qu'elle fera son premier effort sur un point jugé facile, et prendre ses dispositions pour pouvoir, en cas de convenances ultérieurement reconnues, percer d'abord l'adversaire sur un point voisin, pendant qu'elle se bornera à le contenir efficacement sur celui-là.

Enfin, pour satisfaire le mieux à toutes les conditions désirables, dans les circonstances générales, où le terrain occupé par l'ennemi, les dispositions qu'il y a prises, et les points faibles de sa ligne, ne sont à l'avance qu'imparfaitement connus, une armée offensive doit, autant que possible, composer ses premières attaques de forces sensiblement égales et soigneusement ménagées, et les alimenter, les renforcer d'abord graduellement, et peu à peu, à l'aide de troupes solides et très-mobiles, tenues en arrière. Cela fait, pour prendre un parti décisif, il convient qu'elle attende que la marche des événemens, attentivement suivie, les mouvemens de l'adversaire, les résultats produits par les premières attaques et par l'envoi des premiers renforts; enfin, toutes les découvertes successivement amenées par les progrès de l'action, lui aient permis de faire une reconnaissance exacte de la position ennemie. Si, alors, elle peut découvrir, dans cette reconnaissance, un point faible et un point fort, voisins, ce qu'elle a de mieux à faire, pour triompher sur ces deux points, c'est de rendre promptement décisive l'attaque du premier, et de se borner à entretenir celle du second, de manière qu'elle ne soit pas repoussée, et qu'elle contienne efficacement l'ennemi, jusqu'au moment où elle pourra l'y accabler, avec ses forces rendues disponibles, par un dernier et grand effort.

Cette vérité est une conséquence naturelle et logique de celles qui précèdent, et son énoncé est assez explicatif pour faire comprendre, d'une manière générale, quelle est la conduite à tenir par une armée offensive, dans une bataille. Quoiqu'il en soit, nous allons lui donner encore quelques développemens, que nous croyons utiles, pour montrer les bonnes chances de son application, dans les diverses circonstances qui se présentent.

Quand une armée prend l'offensive sur un champ de bataille, elle a, le plus souvent, pour but et pour intérêt de battre l'ennemi par les moyens qui promettent les plus grands résultats. Ces moyens, comme nous l'avons vu, consistent, soit à le couper en deux, en enfonçant d'abord son centre, soit à défaire primitivement celle de ses ailes qui couvre sa principale ligne de retraite.

Il suit de là, qu'en général, la partie du champ de bataille, comprenant les deux points désignés, est celle où il est le plus important de triompher pour une armée offensive. Or, comme l'application de la seizième vérité doit, toutes choses égales d'ailleurs, y procurer le succès le plus prompt et le plus sûr, il est évident qu'il faut chercher à la faire toutes les fois

que des circonstances exceptionnelles, des considérations d'un ordre particulier n'y mettent pas empêchement.

Expliquons, par quelques exemples, la condition
restrictive que nous posons ici.

Admettons qu'une armée ait été obligée, par la
nature d'un terrain sans étendue, d'accumuler ses
forces sur une grande profondeur, en une partie
étroite d'un champ de bataille. Il est manifeste qu'il y
aura avantage à l'y attaquer d'abord, parce que, si
l'on échoue, on se retirera sans grandes pertes, et si
l'on réussit, on obtiendra les résultats les plus brillans, en culbutant ses troupes les unes sur les autres.
L'hypothèse que nous faisons ici se réalise fréquemment dans les guerres de montagnes, et quelquefois
aussi en dehors d'elles. Ainsi, les succès de Bonaparte, sur les digues d'Arcole, offrent un exemple
remarquable de ce dernier cas.

Supposons encore qu'une armée ait sa principale
ligne de retraite située en arrière de son centre ; elle
y accumulera, en général, ses plus puissans moyens
de résistance, et, par conséquent, procurera une
occasion favorable d'appliquer contre elle la vérité
seize, qui précède. Néanmoins, il est à observer que
si, par le moyen d'un grand et brusque effort, on
parvenait à enfoncer directement ledit centre, en
moins de temps qu'il n'en faudrait pour enlever
d'abord un point faible, et puis ensuite ce point fort,
il y aurait à cela un grand avantage. En effet, on aurait évidemment bon marché des ailes, après les

avoir isolées et coupées de leur ligne de retraite, et on se trouverait dans les conditions les plus favorables pour détruire la plus grande partie de l'armée opposée. On comprend donc encore, par ce second exemple, que, quand on dispose de puissans moyens d'action, de troupes fort aguerries et remplies d'élan, on peut parfois se départir avec fruit de la règle, communément bonne, d'attaquer d'abord l'ennemi sur un point faible.

Enfin, il est manifeste qu'il n'y a plus à tenir compte de cette règle, lorsqu'on a affaire à un adversaire sans consistance, ou entièrement démoralisé par des revers antérieurs. Plus on attaque alors de troupes dans le premier moment, et mieux cela vaut. Il suffit d'obtenir le succès sur un point, pour déterminer la déroute sur tous les autres ; et, pour les résultats de la poursuite, il y a avantage à avoir sous la main le plus grand nombre possible de fuyards.

Quoi qu'il en soit de ce qui précède, les cas dans lesquels il convient de lutter, dans une bataille, fort contre fort, et de front, sont rares, et c'est à la sagacité des chefs à savoir les découvrir. On conçoit, en effet, que lorsqu'une semblable lutte s'établit entre des troupes aguerries, les dommages doivent être considérables pour les unes et pour les autres. Or, c'est là un résultat, qu'en général, les deux partis doivent également éviter.

Il convient, dans une bataille, de ne pas attaquer l'ennemi sur deux points contigus avec des forces trop disproportionnées. Si on néglige ce soin, on

lui laisse l'avantage de l'application de la vérité seize.
Toutefois, il est à remarquer que les inconvéniens
de la disproportion des corps employés à deux attaques contiguës, diminuent dans le cas suivant : lorsque le plus faible est destiné, uniquement, à contenir
un adversaire tirant sa force de celle de sa position,
et ne pouvant en sortir sans grand désavantage.

Quand on porte une grande masse de troupes sur
un point d'un champ de bataille, pour tromper l'ennemi sur ses intentions, et l'y attirer, il convient
d'employer à la démonstration beaucoup d'artillerie,
de cavalerie et d'infanterie fort mobile. En agissant
ainsi, on se place dans les conditions les plus favorables pour renforcer promptement les points dégarnis, aussitôt qu'on aura produit l'effet désiré. Du reste,
nous nous sommes assez étendus sur les stratagèmes
de guerre, dans les développemens de la neuvième
vérité, pour n'avoir pas à y revenir ici.

Ce qui est dit relativement à la convenance de
s'engager avec mesure, progressivement et d'abord
d'une manière uniforme, lorsqu'on ne connaît qu'imparfaitement le terrain et les dispositions de l'adversaire, ne doit pas empêcher de déployer beaucoup de
vigilance et d'activité, pour recueillir des renseignemens et exécuter les résolutions prises. Si on lui est
sensiblement inférieur en valeur intrinsèque, on ne
peut, comme nous venons de l'indiquer, dans les développemens de la vérité précédente, on ne peut lutter
avec des chances de succès, qu'en multipliant ses
forces par une extrême rapidité de mouvemens, en

brusquant les attaques, en produisant des événemens imprévus, en dehors des combinaisons ordinaires.

Quant à l'avantage offert par l'application de la vérité seize, il faut, comme il a été dit, en profiter dans toutes les occasions favorables, c'est-à-dire, en général, lorsque la ligne ennemie présente deux parties importantes et contiguës, dont l'une est sensiblement plus forte que l'autre, qui ont entre elles de courtes distances et sont reliées par des communications faciles.

<hr />

DIX-HUITIÈME VÉRITÉ

Relative aux avantages et aux inconvéniens majeurs qu'une armée défensive doit prendre en considération dans une bataille.

Une armée, qui, dans une bataille, se tient sur la défensive, et laisse prendre à son adversaire l'initiative des mouvemens, doit chercher à reconnaître d'abord, par les directions que suivent ses troupes, et les probabilités naissant des circonstances, et particulièrement du terrain, quel est le point du champ de bataille où il accumule le plus de forces, et où il compte exercer son principal effort. Cette découverte faite, il est de son intérêt de se borner à résister efficacement sur ce point, avec des ressources inférieures; de chercher, à l'aide de moyens supérieurs, à obtenir primitivement l'avantage sur un point faible et voisin du point fort; enfin, de n'attaquer sérieusement celui-ci qu'en dernier lieu, avec la plus grande partie de ses ressources alors réunies, et,

autant que possible, de plusieurs côtés à la fois.
Elle doit se garder soigneusement d'avoir, sur le développement de sa ligne de bataille, des parties abordables qui soient beaucoup plus faibles que d'autres,
et susceptibles d'être rapidement enlevées; et ce
qu'elle a, en général, de mieux à faire à cet égard,
c'est de se tenir, pour les premiers chocs, également
préparée sur tous les points, et de se réserver de les
renforcer opportunément, et suivant les besoins et
les convenances nés des événemens, à l'aide de bonnes réserves, très-mobiles, convenablement disposées en arrière.

Elle peut, toutefois, lorsqu'en arrière d'une partie
apparente de son front, se trouve un terrain très-
favorable à la défensive, et propre à cacher des dispositions prises d'avance, dégarnir cette partie, dans le
but d'y attirer l'ennemi, et de lui faire exécuter un
mouvement prévu et compromettant. Mais il faut alors
qu'elle ait pris des mesures énergiques et sûres, pour
arrêter, à point nommé, les progrès de l'assaillant,
et empêcher que l'effet de la ruse ne tourne contre
elle.

Cette vérité est, comme la dix-septième, une espèce de corollaire explicatif de celles qui précèdent,
et nous n'ajouterons également que peu de développemens à son énoncé, qui est convenablement
détaillé.

Lorsqu'une armée se tient sur la défensive, dans

une bataille, elle doit chercher, en général, à remporter la victoire par des moyens prudents, qui garantissent le mieux des chances d'un grand désastre, en cas d'échec. Or, il est manifeste que ce qu'elle a de mieux à faire à cet égard, c'est de se maintenir en forces supérieures à celles de l'ennemi, sur la partie du champ de bataille qui couvre sa principale ligne de retraite, ou, tout au moins, d'y avoir un nombre de troupes suffisant pour opposer une résistance efficace et sûre.

De cette convenance, qui atteint presque l'importance d'une nécessité, découlent les moyens de faire avantageusement, suivant les circonstances, l'application de la vérité seize. En effet, sauf les cas exceptionnels, le plus grand intérêt de la bataille est dans le succès sur le point dont nous venons de parler et sur celui où l'adversaire exerce son plus considérable effort. Or, les combinaisons qui peuvent exister relativement au placement de ces deux points, se réduisent aux suivantes :

La ligne de retraite au centre, et la plus grande attaque de l'ennemi sur une aile, ou réciproquement,

La ligne de retraite à une aile, et la plus grande attaque à l'aile opposée;

Enfin, la ligne de retraite et la plus grande attaque au même point, soit à une aile, soit au centre.

Dans la première combinaison, tout est pour le mieux. On cherche à battre l'adversaire sur le premier point, pendant qu'on résiste efficacement sur le second, et qu'on combat à chances égales sur la troisième partie du champ de bataille.

Dans la seconde, qui est la moins favorable à l'application de la vérité seize, mais, il faut le dire aussi, qui est rare, on peut agir comme dans la précédente, si la partie où l'ennemi fait son plus puissant effort offre, pour la défensive, un avantage de terrain tel qu'il soit possible d'y combattre longtemps et sans désavantage, avec des forces moindres que les siennes. Dans le cas contraire, il convient de résister efficacement sur cette partie, pendant qu'on cherche à obtenir le premier succès sur le centre, et qu'on combat à chances égales sur l'aile qui couvre la ligne de retraite. Il est à remarquer, en effet, que cette dernière ne saurait être sérieusement menacée, tant que le gros des forces opposées se trouve employé à l'autre bout du champ de bataille.

Dans la troisième combinaison, la détermination à prendre est délicate ; car si l'application de la seizième vérité est très-susceptible de donner de bons résultats, il faut, pour la faire sans imprudence, être sûr de pouvoir résister efficacement, avec des forces moindres, sur le point où l'adversaire exerce son plus grand effort. Sans cette garantie, on s'exposerait à la chance d'éprouver, par la perte de la ligne de retraite, un désastre irréparable. C'est au discernement, au tact du général en chef, à décider s'il a des troupes assez solides pour tenter une épreuve, qui offre à la fois des dangers et la perspective d'avantages réels.

Il faut éviter de présenter sur le front de sa ligne de bataille, des parties abordables qui soient beaucoup plus faibles que d'autres, parce que l'ennemi, en les enlevant, se procure le grand avantage de pouvoir assaillir simultanément les parties voisines de face, de flanc, et souvent de revers.

Si on néglige ce soin, par ruse et dans le but de provoquer une attaque, il faut avoir tout prévu, tout préparé, pour assurer le succès. Un manque de prévoyance, pourrait devenir ici une faute bien funeste.

Enfin, ce qui a été dit dans les développemens de la vérité précédente, relativement aux cas exceptionnels, où il convient de chercher à battre d'abord l'adversaire sur ses points forts, est généralement applicable à celle qui nous occupe.

DIX-NEUVIÈME VÉRITÉ.

Relative à l'importance des réserves, aux convenances de leur composition et de leur placement.

Il importe, dans une bataille, de tenir en réserve pour l'alimentation progressive des corps engagés, pour les crises partielles qui se succèdent dans le courant de l'action, et surtout pour la crise finale, où le succès se décide, le plus grand nombre possible de troupes fraîches, douées d'une grande bravoure et d'une grande mobilité.

En effet, il existe généralement dans une bataille, trois périodes distinctes.

Dans la première, les armées pleines d'émulation et d'ardeur, combattent avec un égal courage, un égal acharnement, et les pertes se compensent sensiblement de part et d'autre, sans qu'il y ait sur aucun point un succès décidé.

Dans la seconde, les forces diminuent et s'épuisent par parties ; les ardeurs se ralentissent, les courages se lassent ou chancellent, en raison des fatigues et des pertes éprouvées. Au commencement de cette période, des succès partiels se dessinent sur différens points, et à la fin, la victoire se décide par l'importance et l'ensemble des succès partiels.

Enfin, dans la troisième, l'une des deux armées, vaincue, plus ou moins démoralisée, ayant perdu en partie, son énergie physique avec son moral, bat en retraite devant celle qui l'a défaite et qui la poursuit, et éprouve le plus souvent des pertes énormes, comparativement à celles de l'armée victorieuse.

La première et la moins importante période de la bataille, est, pour ainsi dire, un moment de transition obligé. Il faut y ménager ses troupes, autant qu'on le peut, tout en cherchant à causer le plus de dommages possibles à celles de l'ennemi. Il faut, surtout, se servir habilement de son artillerie, et se soustraire avec art et prévoyance aux effets de l'artillerie opposée.

La deuxième, dont la fin est l'instant de l'action qu'il est le plus difficile et le plus important de bien saisir, exige, pour rendre décisifs les succès partiels que l'on a obtenus, et arrêter à tems ceux de l'adversaire, que l'on ait sous la main des troupes solides, mobiles et fraîches, prêtes à se porter promptement sur les points convenables. Elle nécessite donc l'existence de bonnes réserves, et l'on peut dire que l'armée qui, la dernière, en conserve et peut en faire agir, a un immense avantage pour le gain de la bataille.

Enfin, des forces, tenues en réserve et bien reposées, sont également indispensables dans la troisième et dernière période de la bataille; ainsi que cela sera développé dans la vérité suivante.

Relativement à la composition des réserves, il est évident qu'elles doivent être formées, en majorité, des troupes les plus mobiles, et, par conséquent, autant que possible, de cavalerie et d'artillerie légère.

L'infanterie qui en fait partie doit être composée d'hommes vigoureux, agiles, légèrement équipés, fréquemment exercés aux manœuvres et aux marches rapides, et capables de faire, au besoin, trois ou quatre lieues au pas de course. Dans les circonstances où un succès dépendra d'une rapidité de mouvemens extrême, ces hommes pourront s'alléger, en quittant, pour un temps limité, leurs havresacs, qui seront gardés par un petit détachement, ou chargés sur des voitures.

Quant au placement des forces en question, en arrière de la ligne de bataille, il doit s'effectuer de manière qu'elles soient à portée des points qui ont besoin d'être renforcés. Or, il est à remarquer que les renforts sont de deux espèces. D'abord, il en faut, dès le début de l'engagement, pour l'alimentation progressive des attaques et des résistances sur les trois parties du champ de bataille : il en faut ensuite, et ceux-là sont impérieusement nécessaires, soit pour décider un succès qui se balance, soit pour rétablir les affaires sur un point important qui faiblit.

De là, la convenance de distinguer deux espèces de réserves : les réserves particulières et les réserves générales.

Les premières, au nombre de trois, comme les corps de la ligne de bataille dont elles sont tirées, sont destinées à entretenir graduellement les opérations du centre et des deux ailes, et placées naturellement en arrière de ces parties, autant que possible, vers leur milieu. Les secondes, dont le nombre varie de une a trois, et qu'il convient de former avec le corps de réserve de l'armée, convenablement subdivisé, s'il y a lieu, sont généralement placées en arrière du centre de la ligne de bataille, ou de l'intervalle qui sépare ce centre des extrémités. Voici les considérations qui déterminent, d'une manière précise, et leur quantité et leur position :

Ainsi que nous l'avons reconnu, il existe, en général, pour une armée quelconque, sur un champ de bataille, un point faible où elle doit chercher à battre d'abord l'ennemi avec des forces supérieures aux siennes ; un second point fort sur lequel il convient qu'elle résiste efficacement pendant tout le temps de la première opération ; et enfin, un troisième point, sur lequel il importe qu'elle lutte aussi sans désavantage, jusqu'à ce que le succès sur les deux autres ait été rendu définitif.

Cela posé, les trois points, à l'instant désignés, peuvent avoir besoin d'être promptement et vigoureusement secourus dans le courant de l'action, après l'épuisement de leurs réserves particulières. Il faut, par conséquent que les troupes des renforts généraux soient placées à leur portée.

Or, si le champ de bataille n'a pas une trop vaste étendue, une seule et grande réserve, située en arrière du centre, pourra remplir d'une manière satisfaisante la condition exigée, et ce sera là un avantage. De cette façon, on ne détournera pas plus de troupes qu'il n'en faut pour suffire convenablement aux renforts. Ceux-ci, n'ayant pas à parcourir des distances trop considérables, arriveront opportunément aux points où ils doivent être mis en action ; et enfin, on aura sous la main une masse nombreuse et compacte, pour frapper, au besoin, un grand coup.

La réserve unique et imposante, dont nous venons de parler, formera un corps à part, composé de toutes armes, lequel, ainsi qu'il a été dit, sera, autant que possible, le corps entier de la réserve de l'armée.

Si le développement de la ligne de bataille est considérable, de cinq à six lieues, il ne suffit plus alors d'avoir une seule réserve en arrière du centre, et voici ce qu'il nous semble convenable de faire, en général. C'est de placer, en arrière des intervalles séparant les ailes du centre, deux réserves partielles, formées des trois armes et proportionnées aux besoins présumés ; c'est d'établir, en arrière du centre, une réserve générale, exclusivement composée, ou à

peu près, d'artillerie et de cavalerie, c'est-à-dire des
troupes les plus mobiles, et les plus susceptibles de
produire, par de rapides attaques, des événemens
imprévus et décisifs.

Si la nature du terrain s'oppose à la formation
d'une grande réserve centrale, pouvant alimenter
toute la ligne, il faut n'adopter que des réserves partielles, placées, autant que possible, en arrière et
vers le milieu des intervalles séparant le centre des
ailes. Enfin, si des obstacles empêchent également
l'emploi de ces dernières, il faut renforcer les réserves particulières des trois parties de la ligne de bataille, des troupes appartenant à la réserve de l'armée.

Les circonstances, auxquelles nous venons de faire
allusion en dernier lieu, sont assez communes dans
les guerres de montagnes. Il arrive aussi, dans ces
sortes de guerre, que l'emploi de la cavalerie et de
l'artillerie de campagne est souvent difficile, et parfois impossible. Il va sans dire que, dans les premières éventualités, la répartition des trois armes,
dans les réserves, se fera de manière que chacune
puisse être utilisée le mieux possible; et que, dans
les secondes, on n'emploiera exclusivement, comme
troupes de réserve, que de l'infanterie très mobile
et de l'artillerie de montagne.

VINGTIÈME VÉRITÉ

Relative à l'importance de la poursuite après la victoire, et à la convenance de livrer bataille avec des troupes reposées.

Une armée victorieuse doit profiter immédiatement et sans attendre le lendemain, de l'ascendant moral de la victoire, pour poursuivre l'ennemi à toute outrance et achever de le détruire.

En effet, elle a affaire alors à des troupes momentanément démoralisées et en désordre, qui fuyent ou se retirent sans opposer de résistance sérieuse, souvent même sans se défendre : il lui est donc possible d'obtenir d'immenses résultats, sans pertes, et parfois avec de faibles moyens, tels que quelques régiments de cavalerie, d'infanterie légère, et quelques batteries d'artillerie, envoyés en avant-garde à la poursuite des vaincus.

L'arrivée de la nuit ne doit être qu'exceptionnellement, par exemple, quand on ignore la direction de la retraite ou qu'il existe des obstacles insurmontables, un empêchement à poursuivre l'adversaire, de manière à se retrouver en sa présence, dans la journée du lendemain. De cette façon, l'armée vaincue la veille ne peut, en raison de ses fatigues, gagner de l'avance dans sa retraite : elle est obligée, soit d'accepter une seconde bataille, dans des circonstances physiques et morales entièrement désavantageuses pour elle; soit de sacrifier son arrière-garde, pour sauver l'avant-garde et le centre, en leur donnant le temps de se remettre et de s'échapper.

En dehors des impossibilités matérielles, la seule considération qui puisse mettre une limite à l'activité de la poursuite, c'est la nécessité de ne pas exténuer ses propres troupes. Il est clair qu'il ne faut pas s'exposer à combattre, avec des soldats harassés, un ennemi qui peut se trouver considérablement renforcé à l'improviste.

De ce que les principaux trophées, les plus grands avantages d'une victoire sont recueillis, une fois que le succès est bien décidé, dans la poursuite active de l'adversaire, en retraite, découle naturellement la conséquence suivante :

Il est d'une haute importance d'engager une bataille avec des hommes dispos et non pas avec des troupes fatiguées et ayant déjà marché longtemps pour arriver sur le lieu du combat. Au moins faut-il avoir à la réserve, un bon nombre de soldats reposés.

La vérité dont nous venons de faire l'analyse, et à laquelle nous avons donné quelques développemens succincts, mais suffisans pour en faire sentir la portée, cette vérité est une de celles dont les prescriptions sont les plus importantes à observer dans les opérations de la guerre. L'histoire militaire fourmille d'exemples, où, pour avoir négligé lesdites prescriptions, ou n'avoir pas pu les remplir, on n'a obtenu que des succès insignifians, au lieu de résultats immenses et complètement décisifs.

Les chefs médiocres et sans caractère sont très-sujets à commettre des fautes à cet égard, à se contenter de demi-succès sauvegardant leur amour-pro-

pro et leur responsabilité, là où, en poursuivant les
conséquences d'une journée de victoire, ils pourraient
retirer des avantages magnifiques. Il n'y a guère
que les grands capitaines qui sachent recueillir intégralement tous les fruits de leurs triomphes, et on peut
citer l'empereur Napoléon, comme ayant possédé ce
talent, au degré suprême. Ses campagnes de 1796, en
Italie, les plus mémorables qu'il ait faites, bien que
ce soient celles de son début, offrent, sous ce rapport,
les plus beaux exemples à suivre et à imiter.

Ce que nous venons de dire de l'importance d'une
poursuite active après la victoire, et des grands résultats que cette poursuite peut amener, indique
naturellement ce qu'il convient de faire après une
bataille perdue, pour effectuer une retraite qui ne
dégénère pas en déroute. Voici, en quelques mots,
la conduite à tenir :

Placer à l'arrière-garde les troupes les plus braves
et les plus mobiles : profiter de tous les obstacles du
terrain, pour combattre l'ennemi et retarder sa marche : puis, se retirer rapidement et par échelons, quand
il n'y a plus moyen de tenir sans grandes pertes, ou
que l'on craint d'être tourné. De cette manière, il est
possible de gagner peu à peu de l'avance sur l'adversaire, et de donner à l'armée battue le temps de se remettre de son désordre physique et moral.

VINGT-UNIÈME VÉRITÉ

Relative à l'influence notable que le bon emploi des trois armes et la disposition convenable des troupes pour l'attaque ou pour la défense, ont sur le gain des batailles.

Les trois armes qui composent les armées, l'infanterie, la cavalerie et l'artillerie ont des propriétés particulières, des qualités inhérentes à leur nature qui diffèrent entre-elles et que nous allons indiquer dans une rapide et succincte analyse.

L'infanterie est également propre à l'attaque et à la défense. Elle a pour elle, l'avantage de son bon armement qui lui donne le tir efficace de la mousqueterie et l'arme terrible de la bayonnette. Elle est moins exposée que la cavalerie aux feux de l'ennemi et se couvre plus facilement contre eux, soit en marche, soit au repos. Elle conserve mieux son ordre, lorsque ces feux l'atteignent, parce qu'elle n'a pas l'embarras de chevaux qui s'effrayent et se maintiennent difficilement une fois effrayés. Elle ne peut lutter avec la cavalerie, ni pour la vitesse, ni pour l'impétuosité, ni pour la fatigue; mais elle est susceptible d'acquérir, par de fréquents exercices, beaucoup d'agilité, de mobilité et de vigueur physique.

Dans l'attaque, elle seule peut atteindre, sans préparatifs, les terrains les plus difficiles : elle seule peut aborder de front, avec de bonnes chances d'avantages, une infanterie solide et qui n'a pas été préalablement ébranlée par des feux meurtriers. Dans la défense, elle est aussi l'arme unique, qui puisse, sur-le-champ, être utilement employée partout, dans les terrains les plus accidentés comme dans ceux qui ne présentent pas d'obstacles. La cavalerie et surtout l'artillerie ajoutent considérablement à sa force ; mais elle peut à la rigueur, protéger une position par elle-même, sans secours étranger ; et c'est là un privilège exceptionnel qu'elle a sur les autres armes.

La cavalerie, à cause de la nature de son armement, qui la prive de feux efficaces, à cause de la facilité avec laquelle elle est mise en désordre par le ravage et le bruit du canon et de la mousqueterie, la cavalerie est impropre à défendre les positions par elle-même, avec les seules ressources qu'elle possède. Sa vitesse et son impétuosité la rendent au contraire essentiellement propre à l'attaque. Dans toutes les circonstances où il faut une grande rapidité de mouvemens, où il faut parcourir, en peu de temps, un trajet d'une grande étendue, elle a l'avantage sur l'infanterie qui ne peut la suppléer. Toutefois, il faut le reconnaître, elle ne saurait être employée, sans dangers et sans chances de revers, à l'attaque directe d'une troupe d'infanterie, aguerrie et intacte. Mais on peut obtenir des résultats immenses, en la lançant à propos contre des fantassins déjà ébranlés ou contre les flancs et les derrières d'une troupe quelconque.

Par son impétuosité et sa vitesse, la cavalerie seule peut être employée offensivement et sans secours étranger contre la cavalerie ennemie, soit pour prévenir ses desseins, soit pour en empêcher l'exécution. Il est vrai, qu'en pareil cas, l'artillerie, et l'infanterie suivant au pas de course, sont susceptibles de lui procurer une aide fort efficace, cette dernière, pour la rallier, en cas de revers.

Pour l'enlèvement des batteries ennemies, dont les feux occasionnent des pertes trop cruelles, l'emploi de la cavalerie est préférable à celui de l'infanterie, toutes les fois que ces batteries sont facilement accessibles, et que la distance qui en sépare est un peu considérable.

Enfin, la cavalerie, par la rapidité de ses mouvemens, par son apparence imposante, par la vigueur de son choc, peut seule concourir avec l'artillerie, à opérer au loin de ces attaques instantanées, terribles, qui viennent, au milieu d'une bataille, faire un événement imprévu, et décident presque toujours du sort d'une journée.

L'artillerie est, comme l'infanterie, une arme essentiellement propre à l'attaque et à la défense.

Par son tir, elle produit, à de grandes distances, les effets, matériels et moraux, les plus puissans. Sa mobilité la rend susceptible de suivre les mouvemens de troupes les plus rapides, par les chemins plus ou moins bien frayés qu'on suit d'ordinaire en campagne.

Enfin, la simplicité et la commodité de son matériel permettent de la dérober facilement à la vue, et de la réparer, sans embarras, sans grands moyens de construction, quand elle a éprouvé des dommages.

La plupart des écrivains militaires ont considéré, jusqu'à ce jour, l'artillerie, plutôt comme un auxiliaire puissant de l'infanterie et de la cavalerie, que comme une arme proprement dite. C'est là, à justement parler, une question de mots, sur laquelle il peut suffire de s'entendre, pour tomber d'accord. Si l'on veut dire que l'artillerie est incapable de se défendre par elle-même, et doit être protégée, dans son emploi, par de l'infanterie ou de la cavalerie, on se trouve dans le vrai et l'on a raison. Mais si l'on prétend établir que l'artillerie a, dans les engagemens, moins d'importance que les autres armes, et moins d'influence sur leurs résultats, on est dans l'erreur la plus complète.

L'artillerie, au contraire, est destinée à être, dans l'avenir, l'arme prépondérante des combats et des batailles, si, comme cela semble rationel, on donne la qualification d'arme prépondérante à celle qui peut rendre le plus de services, dans la généralité des occasions décisives qui s'y présentent.

Quoi qu'il en soit, laissant là, pour le moment, la question de prééminence, et rappelant simplement que les trois armes ont des propriétés différentes, qui rendent l'usage des unes plus favorable que celui des autres, dans tel cas donné, nous en tirerons cette conclusion, que leur emploi fait le plus judicieusement possible, dans le courant d'un engagement, doit avoir sur son résultat une sensible influence.

Ce que nous venons de dire du choix à établir entre les trois armes, pour les faire agir de la manière la plus avantageuse dans les diverses circonstances d'une bataille, est applicable aux formations des ordres d'attaque ou de défense, relativement aux conséquences bonnes ou mauvaises que leur adoption peut entraîner.

Cela résulte naturellement de ce que les propriétés desdits ordres sont différentes, suivant qu'ils sont plus ou moins déployés, plus ou moins profonds.

Indiquons rapidement les plus saillantes.

Un ordre en lignes déployées embrasse et protége une grande étendue de terrain, fournit un nombre considérable de feux de mousqueterie, a moins à souffrir qu'un ordre profond des ravages de l'artillerie causés par le tir à boulet et à obus, est peu exposé à subir des attaques de flanc et à être tourné, parce que les mouvemens de l'ennemi doivent être, pour cela, fort étendus et facilement découverts.

D'un autre côté, un pareil ordre présente des lignes flottantes, faciles à rompre, dont les mouvemens sujets aux à-coup, sont nécessairement lents et difficiles. Il est fort exposé aux ravages de l'artillerie causés par la mitraille, qui commence à être notablement meurtrière aux distances de 600 et 700 mètres. Enfin, il exige beaucoup de temps pour reployer les troupes et les remettre en mouvement, ce qui est aussi défavorable à l'opération délicate et dangereuse de la retraite, en cas d'échec, qu'à la poursuite active et rapide de l'adversaire, en cas de succès.

Quant aux avantages et aux inconvéniens des ordres profonds, il est inutile de les énumérer, et l'on peut s'en faire une idée exacte, d'après ce qui vient d'être dit de ceux des ordres minces.

En résumé, et sans entrer dans les détails d'une

discussion approfondie, il nous semble permis de tirer de ce qui précède la conclusion suivante :

Les lignes de bataille déployées conviennent généralement mieux à la défense qu'à l'attaque, parce que, restant immobiles, ou se mouvant peu, dans la première, elles perdent une partie de leurs défauts.

Dans l'offensive, les lignes exclusivement déployées sont inadmissibles, et souvent même impossibles à employer, pour l'enlèvement des positions difficiles et bien défendues : elles paraissent dangereuses pour aborder le front d'un ennemi aguerri et entreprenant. Dans les deux circonstances, il semble, pour le moins, convenable de n'en former qu'une seule, et de la faire suivre de troupes disposées en colonnes, prêtes à la rallier, en cas d'échec, et, dans le cas contraire, à se précipiter sur l'adversaire, pour le rompre et achever sa défaite.

Dans la défensive, il importe d'arrêter d'abord l'assaillant par l'effet meurtrier des feux ; mais cela ne suffit pas, et il convient, lorsque cet effet a été produit, d'achever de le démoraliser et de le défaire, en le rompant à la bayonnette, et jetant dans ses rangs le désordre et la mort.

Il suit de là, que s'il est utile de former une première ligne de troupes déployées, il l'est également d'en avoir, en arrière, une autre, formée de troupes en colonnes. D'ailleurs, cette disposition s'accorde avec une conséquence à subir, et avec une condition à laquelle il est essentiel de satisfaire.

D'abord, la seconde ligne d'un ordre de défense

ne peut agir par son tir que secondairement , lorsque
la première a été enfoncée et mise en déroute. Ensuite, il faut qu'elle présente de larges intervalles ,
pour l'écoulement facile et rapide des troupes qui se
trouvent devant elle, et doivent se rallier derrière,
en cas d'échec.

Quant à la composition précise des ordres de combat, qui conviendront le mieux dans les diverses circonstances de la guerre, c'est là une question difficile , dépendant d'un grand nombre de considérations , et nécessitant une discussion sérieuse et
approfondie, qu'il n'est pas opportun d'entreprendre
en ce moment. Nous nous bornerons à constater ici
que la formation desdits ordres , pour l'attaque
comme pour la défense, a , sur le résultat des engagemens, une influence incontestable et sensible, ce
qui suffit pour la confirmation de la vérité vingt et
une, que nous venons d'établir.

<hr>

VINGT-DEUXIÈME VÉRITÉ

Réduire à l'influence peu considérable de la forme particulière des ordres de
bataille sur le résultat des engagemens.

Les propriétés qu'un ordre de bataille quelconque
peut tirer de sa configuration, tiennent nécessairement aux facilités qu'il offre pour l'emploi des moyens
d'action, rentrant dans l'application des vérités fon-
damentales de l'art et des vérités auxiliaires. Or, il
est permis de conclure de tout ce qui a été dit précé-

demment, que les principaux des moyens en question consistent :

1° En principe général, à battre l'ennemi partiellement et successivement, avec des forces supérieures aux siennes ;

2° A le couper en deux, en enfonçant son centre; ou bien à s'emparer de ses communications; ou bien encore, à le surprendre par une attaque rapide et imprévue ;

3° A le battre d'abord sur un point faible, pendant que ses forces sont contenues ou neutralisées ailleurs ; puis sur un point plus fort et voisin du premier ; puis enfin, sur la troisième et dernière partie du champ de bataille.

En outre, nous avons reconnu que les diverses attaques ou résistances sur un champ de bataille, devaient, suivant les besoins, s'alimenter progressivement et peu à peu ou se renforcer considérablement et tout-à-coup, à l'aide de troupes de réserve convenablement disposées en arrière. Nous avons vu qu'il était avantageux que ces troupes ne formassent qu'une seule et grande réserve générale, afin d'éviter les défauts des réserves partielles, lesquelles absorbent des forces superflues ou en présentent d'insuffisantes, suivant la tournure des événemens.

Il résulte, en définitive, de là, que les conditions les plus favorables auxquelles puisse satisfaire un ordre de bataille, par sa configuration, se réduisent aux trois points suivans :

1° Offrir des facilités pour la défaite, par parties successives, des forces opposées ;

2° Offrir, pour le placement d'une grande réserve générale, un point qui soit à portée de tous les points de la ligne de bataille, et permette de les renforcer promptement et efficacement, soit qu'il s'agisse de résister, soit qu'il faille écraser l'adversaire par une attaque subite et imprévue ;

3° Permettre de cacher les desseins jusqu'au moment où il n'est plus possible de s'opposer à leur exécution.

Cela posé, les formes générales que peut affecter l'ordre de bataille d'une armée, sont celles d'une ligne droite, d'une ligne concave, ou d'une ligne convexe, parallèle ou oblique à la direction générale de la ligne ennemie. Examinons donc successivement ces trois formes, et voyons de quelle manière elles peuvent satisfaire aux conditions précitées, en tenant compte des conséquences qu'elles entraînent, soit qu'on les adopte pour l'offensive, soit qu'on le fasse pour la défensive.

L'ordre en ligne droite, que nous supposerons d'abord parallèle, ne présentant ni point saillant, ni point rentrant, qui indique, à priori, l'intention de faire effort, ou de résister sur un point plutôt que sur un autre, cet ordre met l'adversaire dans une incertitude embarrassante. Dans l'offensive, comme dans la défensive, il laisse entièrement libre d'adopter, pour premier et principal objectif, le point qui offre la combinaison la plus favorable à l'application

Ordre en ligne droite parallèle.

des vérités de l'art, et, en particulier, de la vérité seize. Il permet de cacher les projets, et de préparer, avec des chances de réussite, de ces attaques rapides et imprévues formant des événemens décisifs. Par le fait qu'on peut lui approprier avantageusement différens modes d'attaque ou de défense, il est favorable à ceux qui possèdent la science et l'habileté des manœuvres. Sous le rapport du placement convenable d'une grande réserve générale, il ne permet pas, comme le ferait, par exemple, un ordre convexe en demi-cercle, de choisir un point également à portée de tous les points de la ligne de bataille ; mais, quand son développement n'est pas trop considérable, on ne peut pas dire non plus qu'il présente, à cet égard, de grands désavantages.

Relativement aux moyens qu'il procure, d'attaquer l'ennemi partiellement et successivement, avec des forces supérieures aux siennes, il faut convenir qu'il ne les tire pas de sa forme. En effet, ne refusant aucun de ses points, il ne dérobe aucune partie des troupes au contact de l'armée opposée. C'est là un désavantage, surtout quand celle-ci possède une supériorité sensible de valeur intrinsèque.

Ajoutons que l'ordre en ligne droite permet, quand les circonstances l'exigent, de prendre, en combattant, et par un simple mouvement du centre en avant ou en arrière, la forme convexe et la forme concave, et de profiter ainsi des avantages de ces ordres.

S'il s'agit d'un ordre en ligne droite, oblique à la direction générale de la ligne ennemie, et adopté

Ordre en ligne droite oblique.

pour l'offensive, cet ordre, portant l'attaque sur un seul point, permet de dérober à l'engagement une grande partie des forces. Il peut donc être favorable, sous ce rapport, à une armée inférieure, cherchant à obtenir des avantages partiels et successifs; mais il donne lieu, d'une autre part, aux inconvéniens suivans :

Il indique à l'avance les projets, et enlève toutes chances de surprise. Il laisse l'adversaire libre de ses mouvemens, et lui permet de retirer ses troupes des lieux où elles n'ont que faire, soit pour les jeter sur les flancs de celles qui assaillent le point important, soit pour les accumuler sur ce point lui-même, s'il le juge convenable. Enfin, si l'adversaire ne veut pas accepter une affaire décisive, l'ordre en question limite les résultats à des proportions minimes, à moins qu'on ne soit parvenu à se jeter, tout en le prenant, sur l'aile qui couvre les principales communications, ce qui établirait alors la circonstance exceptionnelle d'une attaque imprévue, amenée par un mouvement stratégique.

Il suit de là que l'ordre en ligne droite oblique n'est guère avantageux, dans l'offensive, que pour une armée inférieure, composée de troupes très braves; mais pas assez manœuvrières, pas assez bien conduites, pour racheter leur infériorité par la rapidité et l'habileté de leurs mouvemens. Il faut, en outre, que cette armée ait trouvé, dans la nature du terrain, les moyens d'empêcher l'ennemi d'aborder son aile refusée, son centre et, enfin, le flanc de l'extrémité parlaquelle elle exerce son effort. Il convient, en un mot, de rencontrer des circonstances analogues à celles où la lutte de deux partis se réduit, à peu près, à des chocs entre des têtes de colonnes.

Dans les conditions à l'instant indiquées, l'ordre oblique serait encore plus favorable à la défensive qu'à l'offensive, par la raison qu'il empêcherait l'adversaire de cacher ses desseins, et le forcerait à attaquer sur un point connu, où l'on aurait pris toutes ses mesures, préparé tous ses moyens d'action. Mais il est à remarquer, qu'il est difficile de prendre un ordre oblique défensif, en présence d'une armée qui manœuvre pour attaquer, dans les circonstances qui lui sont les plus avantageuses. Nous ne voyons guère qu'une bataille, s'engageant au point du jour, dans un terrain accidenté, couvert, et après des dispositions prises la veille, où, en dérobant un mouvement de conversion rétrograde autour d'une aile, comme pivot, on ait des chances de remplir convenablement les conditions voulues.

L'ordre en ligne convexe, qui n'est guère adopté que dans l'offensive, a généralement l'inconvénient d'indiquer à l'adversaire, par sa partie saillante, le point de sa ligne sur lequel doit s'opérer l'attaque décisive. En outre, il est à observer que ce point ne peut être placé qu'au centre, par la raison que s'il l'était sur une aile, les troupes placées en dehors de celle-ci seraient, sinon sans effet, du moins mal disposées pour concourir au succès, d'une manière efficace. Ainsi, non-seulement l'ordre en question est, en général, défavorable pour cacher les desseins et occasionner des surprises ; mais encore il dénote, à priori, une partie unique sur laquelle l'ennemi doit se tenir en garde. Or, c'est là, pour ce dernier, un avantage incontestable, surtout si cette partie occupe un terrain favorable à la défensive.

Nous avons dit en général, et non pas toujours, parce qu'en effet, il existe un cas où l'ordre convexe n'indique pas, à l'avance, les projets que l'on a formés pour l'attaque : c'est lorsque la ligne ennemie est concave, et qu'on l'aborde simultanément sur tous les points, en se réservant, d'ailleurs, la faculté d'agir sur l'un d'eux plus vigoureusement que sur les autres. Mais ce cas-là est fort rare, par la raison que, contre un ordre concave, on ne s'engage ordinairement au centre, que quand on a fait tomber une des ailes.

A l'inconvénient que nous venons de signaler, se joint, comme conséquence naturelle, celui de déterminer, sur un même point du champ de bataille, une lutte acharnée entre le gros des forces des deux partis ; de faire faillir ainsi à l'application des bons principes, et d'annuler l'habileté dans l'art de la tactique, ce qui est généralement contraire aux convenances et à la raison.

Disons encore que l'ordre convexe a le désavantage d'exposer aux feux meurtriers de l'artillerie, tirant d'écharpe, les parties qui avoisinent son saillant.

D'un autre côté, le même ordre, par sa disposition, permet d'alimenter facilement toutes ses parties, à l'aide d'une seule réserve générale, placée en arrière de son centre. Mais, comme dans l'offensive, le point primitif et important d'attaque est presque toujours fixé au milieu de la ligne opposée, c'est là un avantage qui y est beaucoup moins précieux que dans la défensive.

L'ordre en ligne convexe, ne mettant, d'abord, en contact avec l'ennemi, qu'une seule partie, sur laquelle s'exerce l'effort principal et décisif, est favorable à une armée inférieure. Il se prête fort bien à l'emploi d'un des moyens d'action reconnus les plus efficaces, c'est-à-dire à percer, par le milieu, la ligne de l'adversaire ; car il permet de flanquer et de seconder parfaitement l'attaque portée sur son point saillant, en formant, des deux côtés, les troupes en échelons.

Il suit, de ce qui précède, que l'on peut tirer, relativement à l'ordre convexe adopté pour l'offensive, une conclusion analogue à celle qui se rapporte à l'ordre oblique.

En thèse générale, il convient, pour l'attaque d'une ligne retranchée, dont l'ennemi ne peut sortir ; parce qu'il donne des facilités pour faire une trouée, et que, s'il ne réussit pas, il ne saurait occasionner de sérieux dommages. En dehors de ce cas, il peut être avantageux à des troupes très braves, en nombre inférieur à celui des troupes opposées ; mais il est nécessaire que les circonstances se prêtent à son adoption, et ces circonstances sont peu communes. Il faut que le centre de la ligne ennemie ne soit pas trop fort, et puisse être attaqué avec de grandes chances de l'enlever. Si l'on y éprouvait un échec, et que l'adversaire sût en profiter, on se trouverait exposé à une perte totale. Il importe encore essentiellement que celui-ci ne soit pas assez nombreux pour embrasser extérieurement toute la ligne, et venir exécuter des contre-attaques à ses extrémités, pendant qu'il résiste en son milieu. Ces contre-attaques, en effet, seraient des plus périlleuses, puisque leur réussite livrerait les derrières de l'armée assaillante.

Ce qui précède suppose que l'ordre convexe soit adopté pour l'attaque, préalablement, et avant l'engagement de l'action. S'il en est autrement, et qu'il ne soit que le résultat de la tournure des affaires, de la défaite et de la poursuite de l'ennemi primitivement attaqué à son centre, il va sans dire que ses propriétés se modifient et s'accroissent, et que ses dangers disparaissent en partie. Toutefois, dans un cas semblable, il importe d'être très circonspect, et de ne pas confondre un mouvement de retraite forcée, avec un mouvement de retraite volontaire, qui serait exécuté dans le but d'attirer dans un piége. Quand on a pris toutes les précautions que réclame la prudence, et qu'on s'est bien assuré que la manœuvre rétrograde de l'adversaire n'est pas le résultat d'un stratagème, mais le fait d'un échec, on peut le poursuivre, en transformant l'ordre d'attaque primitif, en un ordre convexe, en saillie sur le centre. Ce dernier est, en effet, très favorable, en ce qu'il maintient les troupes assaillantes et victorieuses en contact permanent avec les troupes battues, et en ce qu'au moyen d'échelons formés par les premières, à droite et à gauche du point saillant, il permet de flanquer celui-ci, et de le renforcer, au besoin.

Quoi qu'il en soit des avantages et des inconvéniens de l'ordre convexe offensif, il existe des circonstances où l'on est obligé de l'adopter. Nous citerons, entre autres, le passage de vive force d'une rivière, dans un endroit dont le rentrant n'est pas prononcé; opération hardie, périlleuse, et dans laquelle il faut conquérir l'espace nécessaire pour le déploiement de l'armée, en poussant en avant les troupes qui ont passé les premières. Nous indiquerons, encore, le cas d'un engagement, au sortir d'un défilé, ou bien celui d'une sortie faite d'une place bloquée, pour livrer bataille. Napoléon donna, à Dresde, un mémorable exemple de ce dernier. Enfin, on peut citer, en général, toutes les opérations offensives dans lesquelles on est forcé de déboucher en présence de l'ennemi, en gagnant du terrain pour s'étendre.

L'ordre convexe est, en général, peu propre à la défensive. En effet, outre son saillant, qui est un point fort dangereux, dont l'enlèvement peut causer la perte totale de l'armée, il en présente, à ses extrémités, deux autres où des échecs seraient aussi fort compromettans. De plus, il ne se prête ni aux surprises, ni aux contre-attaques efficaces, et n'expose à aucun péril l'adversaire qui l'assaille. Aussi, bien qu'il favorise le placement convenable d'une grande réserve géné-

rale, à égale portée de tous les points, ne l'adopte-t-on
guères que dans les circonstances où l'on ne peut
faire autrement. Ces circonstances se présentent,
quand on veut défendre un terrain circulaire, que l'on
embrasse, et que l'on a intérêt à garder pendant un
temps plus ou moins long ; par exemple, lorsqu'on
reçoit une bataille, sous les murs d'une place, où il
importe de ne pas être refoulé ; ou bien, lorsque,
battant en retraite, on effectue en présence de l'ennemi, soit un passage de rivière, soit un passage de
défilé, pendant la durée duquel il faut protéger les
troupes qui passent.

Le tout est alors d'appuyer, le mieux possible, les
trois parties dangereuses de l'ordre, le centre et les
deux extrémités ; d'empêcher le premier d'être enfoncé, les deux autres d'être enlevées ou tournées.
A cet effet, il faut s'aider à la fois de l'action des
troupes et des obstacles du terrain, se servir habilement de ceux-ci pour augmenter ses moyens de résistance, et établir, vers le point central de l'ordre,
une forte réserve pouvant alimenter avec une égale
facilité et une égale promptitude, la défense sur tous
les points.

Ordre en ligne
concave.

L'ordre concave présentant deux points saillants aux
ailes, en même temps qu'un point refusé au centre,
est, par sa forme, généralement défensif. Il n'existe
guères qu'une circonstance où il soit employé dans
l'offensive : c'est lorsqu'on veut embrasser entièrement et envelopper, en l'attaquant, une ligne formée
en ordre convexe.

Dans un cas semblable, l'ordre concave offensif, menaçant à la fois l'adversaire sur ses trois points dangereux, son centre et ses deux extrémités, permet de lui cacher les projets et de le surprendre, par une attaque inattendue, après l'avoir tenu dans une incertitude pénible et embarrassante. Il est également propre à amener sa perte totale, soit qu'on l'enfonce par le milieu, soit qu'on enlève ou que l'on tourne une de ses ailes, soit enfin qu'on le refoule, par une attaque générale, dans un espace trop rétréci pour ses mouvemens et qu'on l'y écrase. Il se prête à faire converger sur le saillant de la ligne opposée, des feux de flanc et de revers, d'autant plus meurtriers et plus efficaces que la courbure de cette ligne est plus prononcée.

D'un autre côté, il exige beaucoup de monde et n'est nullement favorable à l'économie des forces, et à l'application des vérités directrices qui la prescrivent. Il ne se prête pas non plus au placement convenable d'une grande réserve générale; car cette réserve devant se trouver naturellement, à une certaine distance, en arrière du centre de la ligne, ne peut gagner ses extrémités qu'en exécutant des mouvemens assez compliqués et assez longs. Il présente, en son milieu, qui vient comme toutes ses autres parties, se mettre en contact avec l'ennemi, un point dangereux, en ce qu'un échec peut y faire couper l'armée en deux et compromettre gravement ses portions isolées. Cette perspective entraîne la condition que l'attaque centrale soit fortement constituée et exécutée avec des troupes braves et aguerries.

Dans la défensive, qui est son cas habituel, l'ordre concave est favorable à une armée inférieure à celle qui lui est opposée, par le fait qu'il permet de dérober aux attaques une partie des forces. Quand sa concavité est bien prononcée, il rend une attaque primitive contre son centre, dangereuse pour les troupes qui la tentent, parce qu'il expose leurs flancs à être assaillis, et les met en prise à des feux meurtriers d'écharpe et de revers. Sous ce rapport, son adoption doit porter l'assaillant à diriger ses attaques contre les ailes ; et c'est là, pour le défenseur, un avantage qui contribue à lui faire connaître les projets qui le menacent, et à l'empêcher d'être surpris.

D'un autre côté, l'ordre concave défensif, adopté de prime abord, a l'inconvénient de ne se prêter nullement aux surprises, aux contre-attaques avantageuses, à l'application de la vérité 16, si bien appropriée à la conduite des batailles. Il constitue, en quelque sorte, un ordre de résistance passive, en ce qu'il ne permet que dans des cas exceptionnels de prendre une offensive fructueuse, après avoir d'abord efficacement résisté. Il faut, pour que ces cas se présentent, que l'assaillant se hasarde, en ordre convexe, dans le terrain embrassé par son adversaire, avant d'avoir préalablement enlevé une de ses ailes. L'ordre concave permet d'exécuter, contre ses extrémités, des attaques fort dangereuses pour les troupes qui l'ont adopté, et qui ne le sont nullement pour l'ennemi, parce que ces troupes sont mal disposées pour profiter d'un succès. Enfin, comme nous l'avons dit, il n'est pas

favorable au placement convenable d'une grande réserve générale.

Ajoutons une dernière observation, qui ne nous
semble pas manquer d'à-propos. Il ne faut pas,
comme semblent portés à le faire, certains écrivains
de renom, exagérer les propriétés de l'ordre concave
relativement aux facilités qu'il offre, pour le croise-
ment des feux et les contro-attaques de flanc, dans
l'espace qu'il embrasse. Ces propriétés, en effet, ne
sont réellement très importantes, que quand l'ordre
a un développement de peu d'étendue, par exemple,
d'une lieue et lorsqu'en outre sa concavité est fortement prononcée.

En définitive, l'on peut établir que l'emploi de l'ordre concave dans la défensive, exige, pour être avantageux, les conditions suivantes :

Il faut que les ailes soient très solidement appuyées
à des obstacles tels qu'une rivière, un marais impraticable, une montagne, convenablement rappro-
chés. Il faut, surtout, que ces ailes ne puissent pas
être tournées. En outre, il convient que le centre soit
susceptible d'offrir aussi une respectable résistance ;
car il est clair que si les extrémités sont entièrement
inexpugnables, l'ennemi n'aura rien de mieux à faire
que de les masquer, à l'aide d'un certain nombre
de ses troupes, et de tenter, avec les autres, une
attaque centrale, convenablement flanquée.

Les circonstances dans lesquelles lesdites conditions se trouvent remplies, à la guerre, sont fort rares,
et parmi les opérations qui peuvent les amener, nous

ne voyons guères qu'un passage de rivière ou un débouché de défilé, exécuté par l'adversaire, dans un terrain qu'il n'a pas pu choisir et qui lui est totalement contraire.

Quoi qu'il en soit, si les occasions où un ordre concave peut se prendre avantageusement, avant une bataille, sont, pour ainsi dire, exceptionnelles, il n'en est pas de même de celles qui se prêtent à l'adoption de cet ordre, dans le courant de l'action. Ces occasions résultent, en général, de la détermination de l'ennemi à attaquer le centre d'une ligne de bataille déployée en ligne droite, lequel centre se replie et bat en retraite, sans se laisser entamer.

Il arrive alors que, si, à un moment donné, on se trouve en mesure d'arrêter court les progrès de l'assaillant, ses troupes, par les positions qu'elles ont prises en marchant, se trouvent dangereusement aventurées, au milieu d'une ligne concave embrassant la leur, et peuvent être mises en déroute par des attaques vigoureuses et inopinées, dirigées contre leurs flancs.

L'exécution d'une semblable manœuvre serait excellente pour une armée défensive, primitivement déployée en ligne droite, et qui aurait, en arrière de son centre, une forte position où elle serait sûre de pouvoir arrêter le mouvement offensif de l'adversaire, par des mesures réglées à l'avance et suffisamment énergiques. Ce serait, comme on le voit, l'emploi d'une ruse de guerre, destinée à faire naître un de ces événemens imprévus qui jettent l'étonnement, la démoralisation et le désordre dans les rangs opposés, et sont tout puissans pour assurer une victoire.

Si nous résumons maintenant les faits principaux, ressortant de l'analyse succincte que nous avons faite, des propriétés des divers ordres de bataille, il nous semble permis de tirer les conclusions suivantes :

L'ordre qui, eu égard à sa forme, présente le plus d'avantages généraux, qui est le plus facilement, le plus fréquemment et le plus favorablement applicable, dans les circonstances de la guerre, est celui en ligne droite, parallèle à la direction générale de la ligne ennemie. Cette opinion, nous le savons, n'est pas celle d'un certain nombre d'écrivains militaires justement renommés : mais notre conviction nous oblige à la maintenir, et nous la basons sur des motifs qui nous paraissent rationels et plausibles. L'ordre dont nous parlons est le seul qui permette de bien cacher ses projets et de surprendre l'adversaire ; le seul qui favorise l'habileté tactique ; qui ne porte pas les deux partis à lutter, avec acharnement, sur le même point, avec le gros de leurs forces ; le seul, en un mot, qui se prête convenablement à l'application des bonnes règles de l'art.

Certes, une armée plus brave qu'une autre, triomphera, suivant toute vraisemblance, en opposant ses plus fortes masses à celles de l'ennemi : mais c'est là une considération à laquelle il faut se garder de trop sacrifier ; un calcul propre à satisfaire la vanité d'un moment, mais fait sans discernement et de nature à entraîner des désastres, si la lutte se prolonge. Si au lieu de déployer, en Italie, son immense habileté dans l'art de la stratégie et de la tactique, Bonaparte, en 1796, se fût borné à faire combattre sans combinaisons, ses troupes, les plus braves du monde, il eût été arrêté bien promptement, dans le cours de ses mémorables campagnes.

Du reste, la réflexion que nous venons de faire en est une preuve, notre dissentiment avec les écrivains auxquels nous avons fait allusion, est en réalité une question de mots plutôt que d'idées. Il tient à ce qu'ils admettent que dans un ordre parallèle, les armées s'abordent simultanément sur toutes leurs parties, et opposent successivement leurs forces, les unes aux autres, pour ainsi dire, bataillon par bataillon. Ce serait là, évidemment, comme le remarque le général Jomini, l'absence de toute tactique. Ce serait une combinaison favorable aux bataillons les plus gros, les plus aguerris, et leur donnant l'avantage, après une effroyable boucherie, sans laisser une part sensible d'influence à l'habileté des manœuvres. Mais il est à observer que, pour s'être déployé parallèlement à l'ennemi, on n'est nullement obligé de répartir uniformément ses forces, sur tout le développement de sa ligne, et de chercher, en quelque sorte, à lui passer sur le ventre, tout d'une pièce.

Quant aux ordres convexe et concave, ils doivent être adoptés forcément dans certains cas, et il faut bien les accepter alors, vaille que vaille, avec leurs qualités bonnes et mauvaises. Ces cas exceptés, et

lorsqu'ou les prend, avant l'engagement ou dès le
début d'une bataille, ils tirent leurs propriétés, bien
plus des circonstances favorables à leur emploi, que
de la forme qu'ils affectent. Ces circonstances sont
peu communes, parce qu'elles exigent des conditions
difficilement réalisables, un terrain accidenté, varié,
et en outre, dans ce terrain, des dispositions toutes
particulières. En dehors d'elles, et par exemple, dans
une plaine sans obstacles, les inconvénients desdits
ordres ne le cèdent guères à leurs avantages, et ces
derniers sont rarement assez saillans, pour que leur
recherche soit d'une haute importance.

Enfin, le choix judicieux des ordres de bataille, suivant les circonstances, est une opération utile, nécessaire, mais présentant rarement aux armées des avantages considérables, sans mélange d'inconvéniens.
Tout en lui attribuant une certaine influence générale
sur le résultat des batailles, il faut reconnaître que
cette influence est subordonnée à des conditions qui
la modifient, soumise à des restrictions qui l'amoin-
drissent et au total, réduite à des proportions mo-
dérées.

VINGT-TROISIÈME VÉRITÉ

Relative aux résultats brillans des attaques heureuses de flanc ou de revers
dans les engagemens partiels des batailles.

Dans les engagemens partiels, provenant du choc
de deux armées sur un champ de bataille, les atta-

ques qui produisent les résultats les plus prompts, les plus décisifs et les plus sûrs, sont celles qu'on peut exécuter sur les flancs ou les derrières de l'ennemi.

Cette vérité est une conséquence naturelle du sentiment de terreur et de démoralisation qui s'empare d'une troupe, quand elle est assaillie sur un point où elle ne peut pas opposer de résistance. Ce sentiment est si profond et si peu raisonné, qu'il occasionne par fois des résultats incroyables. Qui ne se rappelle l'effet extraordinaire produit, à Arcole, par une charge de flanc de vingt-cinq guides, précédés de quelques trompettes?

De semblables attaques, par la rapidité avec laquelle elles transmettent leurs effets, sur un petit espace, ne laissent à aucune partie des troupes qui les subissent, le temps de se remettre de leur émotion, d'organiser leur résistance, et les livre, pour ainsi dire, toutes, sans défense, au péril le plus imminent.

D'une autre part, les attaques centrales, exécutées sur une petite échelle, outre qu'elles offrent peu de chances de percer l'adversaire, à cause de la facilité et de la promptitude avec lesquelles s'alimente sa résistance, présentent généralement l'inconvénient et le danger d'être en prise à des feux concentriques d'un effet destructeur.

Mais, pour que des attaques de flanc ou de revers réussissent bien, il faut que l'ennemi n'en soit pas prévenu par des dispositions trop apparentes, et ne puisse y mettre obstacle. Il faut, en outre, qu'elles n'exposent pas à trop de dangers les troupes qui les exécutent, et qui, nécessairement, compromettent, plus ou moins, leurs propres flancs et leurs derrières. Ces conditions exigent que lesdites troupes soient excessivement mobiles, et ne forment pas une masse trop considérable, pour pouvoir opérer avec une grande rapidité. Enfin, il convient aussi qu'elles agissent de concert, avec des forces chargées d'attaquer de front.

Afin de satisfaire, le plus avantageusement, à toutes les convenances, le mieux est de destiner, aux attaques partielles de flanc et de revers, des troupes de cavalerie, des batteries d'artillerie légère, et de choisir le moment opportun pour les lancer sur les flancs et les derrières de l'ennemi, pendant que l'infanterie l'aborde de front.

Des attaques, combinées de cette manière, lorsqu'elles ne se trouvent pas déjouées ou entravées par la prévoyance sagace et les dispositions de l'adversaire, ne manquent jamais de produire un effet décisif.

———————

Nous allons maintenant passer en revue quelques-unes des principales guerres de la Révolution française, et faire ressortir, dans l'étude raisonnée des événemens qu'elles présentent, les applications constantes des vérités que nous venons d'établir et de démontrer.

II   9

A cet égard, nous commencerons par faire l'observation suivante. Dans les guerres entre les peuples de l'Europe, les seules que nous nous proposions d'examiner, la bravoure, les qualités natives des troupes, leur organisation, leur discipline, leur armement, étant approximativement les mêmes, les succès des opérations militaires tiennent, pour ainsi dire, exclusivement, à l'habileté des chefs qui les dirigent, et à la valeur numérique des forces qui y sont employées.

De là résulte cette conséquence, que, pour faire une étude complète des combinaisons importantes de la guerre, il suffit d'analyser, avec un soin réfléchi, les campagnes des grands capitaines et des généraux, plus nombreux, de second ordre, en considérant successivement ces chefs, dans les circonstances qui ont été les plus favorables aux développemens de toutes leurs facultés. Or, pour les premiers, ces circonstances se sont manifestement présentées, quand ils ont lutté victorieusement avec les plus faibles ressources; et, pour les seconds, lorsqu'à la tête d'armées nombreuses, lorsqu'ayant à diriger des opérations importantes et difficiles, ils ont rencontré des adversaires dignes d'eux.

Quant aux chefs médiocres, leur conduite ne saurait donner lieu à des leçons fort utiles. D'ailleurs, leur nombre est assez grand pour qu'on en trouve mêlés à tous les événemens militaires, et l'on est alors amené naturellement à apprécier les résultats de leurs fautes.

Ces considérations nous ont fait choisir, comme les plus propres à remplir notre but, parmi les dernières guerres, les campagnes de Bonaparte, de 1796 et de 1800, en Italie, et celles de Moreau, en Allemagne, en 1800.

Nous allons donc nous proposer de faire l'analyse de ces campagnes, dans les chapitres suivans.

CHAPITRE II.

CAMPAGNES D'ITALIE, DE 1796 A 1797.

PREMIÈRE CAMPAGNE (1)

Montenotte. — Millesimo. — Mondovi. — Lodi.

L'Autriche et la Sardaigne, coalisées contre la France, occupaient, avec une armée combinée, le revers méridional de l'Apennin. Cette armée, forte de 38,000 Autrichiens, sous Beaulieu, de 22,000 Piémontais, sous Colli, et comptant 200 pièces de campagne, s'étendait depuis le col d'Argentière jusqu'à Gênes, à travers un pays de montagnes, des plus accidentés et des plus difficiles. Sa gauche formée par les Autrichiens, était à Voltagio et à Ovada. Elle

(1) Voir la carte n° 5.

devait empêcher les Français de s'emparer de Gênes, dont la neutralité permettait de communiquer avec les Anglais. Le centre occupait, dans la vallée de la Bormida, les points de Millésimo, Cairo, Dego, et était composé, à la fois, de la droite des impériaux et de la gauche des Sardes. Enfin, ceux-ci, formant la droite de l'armée, s'appuyaient à l'Argentière, et avaient le gros de leurs troupes au camp retranché de Çeva. Leur mission principale était de défendre le Piémont et de couvrir Turin.

Indépendamment des forces que nous venons d'énumérer, 24,000 Piémontais, sous le commandement du prince de Carignan, gardaient toutes les avenues de la Savoie et du Dauphiné, depuis le Mont-Blanc jusqu'à l'Argentière. Ils faisaient face à l'armée d'observation des Alpes, commandée par le général Kellermann, et étaient chargés de la tenir en échec.

Trente mille Français, manquant de tout, ne possédant pour artillerie que 50 pièces de campagne, occupaient, à la droite de Kellermann, les environs de Nice et l'entrée de la rivière de Gênes. Telle était l'armée destinée à combattre les 60,000 hommes actifs de l'armée austro-sarde. Elle devait pénétrer, par le Montferrat, dans le Piémont et la Lombardie, d'abord pour y vivre, ensuite pour forcer, par ses victoires, la Sardaigne et l'Autriche à demander la paix. Le commandement en fut donné au général Bonaparte, qui arriva, le 27 mars, à Nice, où était établi le quartier-général. Le jeune chef des républicains

ne tarda pas à reconnaître les vices des positions
ennemies, et prit ses dispositions en conséquence.

L'armée austro-sarde était disséminée, comme on
l'a dit, sur une ligne fort étendue. Les grands obstacles du terrain rendaient ses communications des
plus difficiles, et empêchaient ses différentes parties
de se prêter un mutuel appui. Dès lors, il tombera,
avec le gros de ses forces, sur son centre, qu'il écra-
sera; puis se jetera successivement sur chacune des
deux ailes, qu'il battra et dispersera à leur tour.

Ce plan est exécuté avec une habileté, une activité,
une audace, qui remplissent les Français eux-mêmes
d'admiration pour leur nouveau chef. Le quartier-
général est transporté à Savone. De là, Bonaparte se
jette, par le col de Montenotte, sur le centre et la
droite des Autrichiens, qu'il écrase. Cette première
victoire le place entre les impériaux, refoulés devant
lui à Dégo, et les Piémontais, placés à sa gauche, de
l'autre côté des gorges de Millésimo, qu'ils occupent.
Il les attaque simultanément, les bat les uns et les autres,
isole définitivement leurs armées, et met les Français
en possession des sommités centrales de l'Apennin.
Ces résultats ont été obtenus en cinq jours, du 11 au
16 avril.

Cependant le général victorieux ne donne pas de
relâche à ses troupes. Il faut qu'il profite sans délai
de l'ascendant qu'il a pris pour empêcher l'ennemi de
se rallier, pour se débarrasser complétement de l'une
des armées coalisées, et se tourner ensuite contre
l'autre. Afin d'assurer ses derrières, et de ne pas

s'exposer au danger d'être pris, plus tard, entre deux feux ; il se décide à accabler d'abord les Piémontais.

Une seule division est laissée à San-Benedetto, entre la Bormida et le Belbo, pour observer les Autrichiens. Le 17, il se remet en marche et s'empare du camp retranché de Céva. Le 22, il remporte, à Mondovi, une victoire qui lui livre Fossano, Chérasco, Alba, et le conduit aux portes de Turin. Le roi de Sardaigne est forcé de demander la paix (1), et, en attendant que les conditions en soient réglées entre les gouvernemens, il signe un armistice, stipulé, à Chérasco, par Bonaparte. Cet armistice l'oblige à disperser son armée, à livrer aux Français les places de Coni, Tortone, Alexandrie, et le libre passage à travers ses États.

Dans son éclatant début, par son audace, son infatigable activité, l'emploi habile et opportun de ses forces, Bonaparte, en quinze jours, a remporté trois importantes victoires, pris 21 drapeaux, 50 pièces de canon, plusieurs places fortes, conquis la plus riche partie du Piémont, fait 15,000 prisonniers, tué ou blessé 10,000 hommes.

À peine la convention de Chérasco est-elle signée, qu'il se remet en marche contre Beaulieu. Celui-ci, après s'être rallié et longuement reposé de ses fatigues, après avoir hésité longtemps à prendre un

_____

(1) Cette paix coûta à la Sardaigne, la Savoie, les comtés de Nice, de Tende et de Beuil, le démantèlement des forts de la Brunette, d'Exiles et de Suse, la remise de toutes les places, sauf Turin, jusqu'à la paix générale. Elle l'obligea, en outre, à réduire son armée à 20,000 hommes.

parti, s'était décidé, enfin, à marcher au secours de
Colli. Mais, apprenant l'armistice, il s'était rabattu
sur le Pô, pour couvrir la Lombardie, s'y était emparé, par surprise, de Valence, puis avait passé le
fleuve, en en coupant le pont. Là, s'attendant à être
attaqué de front, il avait réuni le gros de son armée
à Vallegio, vers l'affluent et en arrière de l'Agogna ;
il avait garni de troupes les rives gauches du Pô, de
la Sésia et du Tésin, et avait élevé des retranchemens, pour rendre sa position encore plus respectable.

Bonaparte, dans l'armistice de Chérasco, avait stipulé qu'on lui ouvrirait Valence, pour y passer le
Pô ; mais c'était là un piège tendu à la crédulité de
son adversaire. Pour confirmer ce dernier dans son
opinion, il dirigea sur ce point le gros de son armée ;
puis, tout-à-coup, le 6 mai, il se déroba, avec 3,500
grenadiers, 1,500 chevaux et 24 pièces de canon,
et, par une marche forcée, se porta à Castello-San-
Giovanni. Le lendemain matin, il arriva à Plaisance, et jeta, sans tarder, son avant-garde sur la
rive gauche du fleuve, à l'aide d'un bac et de tous les
bateaux qu'il put saisir. L'armée, qui le suivait de
près, arriva dans la nuit du 7 au 8, et effectua son
passage aussi promptement que le permit le petit
nombre des embarcations. L'opération dura deux
jours, et Bonaparte employa ce temps à conclure
avec le duc de Parme un armistice avantageux, qui
garantissait sa neutralité. Un pont de bateaux fut
jeté par Andréossy, pour faire passer l'artillerie, la

cavalerie, et établir la communication avec Plaisance.

Par cette marche habile et rapide, le Tésin fut tourné, et les plans de Beaulieu se trouvèrent déjoués. Ce dernier, instruit tardivement du mouvement de son adversaire, se porta à sa rencontre ; mais il eut le tort de ne pas le faire avec toutes ses forces réunies. Il envoya Liptay, qui formait sa gauche, couvrir, entre l'Olona et l'Adda, les communications avec Pizzighittone et Mantoue. Lui-même marcha, avec dix bataillons et douze escadrons, pour soutenir son lieutenant et s'opposer aux desseins des Français. La division Colli fut laissée à Buffarola, sur le haut Tésin ; celle de Wukassowich fut rappelée de la Sésia à Pavie, où resta posté le général Sebottendorf.

Le 8, au matin, Bonaparte, voulant prévenir la jonction de Liptay et de Beaulieu, et éviter une bataille rangée, avec un fleuve à dos, assaillit le premier, avec ce qu'il avait de troupes disponibles, le délogea de Fombio, où il s'était retranché, le détruisit en partie, et le refoula dans Pizzighittone. Le soir du même jour, Beaulieu arriva à Casal-Pusterlengo ; mais, au lieu d'y arriver, au moins, avec le peu de troupes qui l'avaient suivi, il s'était morcelé en route, et n'y amena qu'un faible détachement sans consistance. Quoi qu'il en soit, ignorant la défaite de Liptay, ou voulant payer d'audace, il chercha à surprendre les républicains, par une attaque de nuit. Il fut repoussé avec perte, après un vif engagement, et obligé de se retirer sur Lodi, où Sebottendorf vint

lo rejoindre. Ainsi, il avait fait battre successivement son aile gauche, puis son centre éparpillé, tandis que sa droite, formée de la majorité de ses forces, était restée inactive sur le haut et le bas Tésin.

Pour sauver cette dernière partie de son armée
qui, par la position des Français, se trouvait coupée
de ses communications directes, il ne restait qu'une
détermination à prendre ; celle de l'emmener derrière
l'Adda par un détour. Ce fut en effet le parti auquel il
s'arrêta. Colli et Wukassowich reçurent l'ordre de se
retirer par Milan et Cassano, et de jetter, en passant,
un détachement dans la citadelle de Milan.

De cette manière, la nouvelle ligne de défense des
Autrichiens, se trouva établie derrière l'Adda, la
droite vers Cassano, le centre à Lodi, et la gauche,
appuyée au confluent de l'Adda et du Pô, au-dessous
de Pizzighittone. Cette ligne était fort étendue et en
la perçant au centre, on pouvait espérer de couper les
troupes des ailes. D'ailleurs, sans équipage de pont,
il n'y avait guères moyen de faire autrement ; car la
place de Pizzighittone était occupée et Cassano se
trouvait trop loin. Entre ces deux points de passage
impossibles, en existaient deux autres qui ne l'étaient
pas : l'un à Ceredo, l'autre à Lodi. Le premier et le
plus rapproché, était entièrement découvert. Une seule
brigade, occupant Ceredo même, le gardait sur la rive
gauche ; et par ce fait, il était plus que probable que
les Autrichiens avaient tout préparé pour couper le
pont, à temps. Le second, au contraire, offrait des
difficultés qui pouvaient passer pour insurmontables.

Une ville fermée le défendait sur la rive droite, et sur la rive gauche, un corps de 16,000 hommes, avec une artillerie de 30 pièces, enfilant un pont étroit et long de cent toises. Il y avait donc certaines chances d'occasionner là une surprise, et quelque téméraire que fût cette entreprise, Bonaparte résolut de la tenter.

En conséquence, il ordonna d'assaillir brusquement les troupes qui défendaient la chaussée de Lodi. Celles-ci, attaquées d'une manière aussi vive qu'inattendue, sont culbutées sur la ville où les Français pénètrent avec elles, et rejetées en désordre au-delà de l'Adda. Mais ce n'était là que le prélude d'une opération beaucoup plus périlleuse et plus difficile : il fallait, maintenant, enlever le pont, de vive force. Pour empêcher l'ennemi de le couper, contrebattre son artillerie et protéger sa propre colonne d'attaque, Bonaparte dispose ses pièces sur la rive droite et y déploie un grand nombre de tirailleurs. La cavalerie reçoit l'ordre de passer avec ses canons, à un gué qui se trouve à une demi lieue au-dessus de la ville, et d'attaquer les impériaux en flanc, aussitôt qu'elle aura effectué son passage. Enfin, l'infanterie est formée en colonne serrée en arrière des remparts, et, attend, pour partir, que les feux de l'artillerie et le mouvement de la cavalerie aient commencé à jeter chez l'adversaire de l'inquiétude et du désordre. A ce moment, elle débouche par un à-gauche et se précipite, en courant, sur le pont où elle est accueillie par un feu épouvantable. Elle brave ce feu, à la suite des généraux qui l'entraînent, arrive au bout du pont et tue, sur leurs pièces, les canonniers Autri-

chiens. Enfin, elle fond sur l'infanterie, déjà menacée
sur son flanc droit, la culbute et la disperse. C'en
était fait du corps entier de Sebottendorf, si notre
cavalerie fût arrivée opportunément pour se mettre
à la poursuite des fuyards.

L'affaire du pont de Lodi coûta aux Autrichiens 20
canons, des drapeaux et 3,000 hommes tués, blessés
ou prisonniers. En outre, elle valut aux Français, la
prise de Pizzighittone et de Crémone, qui se rendirent
sans résistance. Quant aux divisions Colli et Wukassowich, elles ne purent être coupées : elles prévinrent les
républicains sur la route de Brescia et se retirèrent,
ainsi que toute l'armée autrichienne, derrière le Mincio.

Bonaparte, alors, se rendit à Milan pour investir la
citadelle et pourvoir aux approvisionnemens de son
armée : il voulait aussi protéger et encourager le
parti populaire qui brûlait de s'affranchir du joug de
l'Autriche.

Beaulieu profita du séjour des Français à Milan,
pour se retrancher, et quand les opérations recom-
mencèrent, il occupait avec ses forces le cours du
Mincio, dans une étendue d'environ sept lieues. Sa
droite, au point où la rivière sort du lac de Garda,
était appuyée à la forteresse de Peschiera, qu'il avait
enlevée par surprise aux Vénitiens : elle couvrait les
défilés du Tyrol. Son centre, formant le gros de l'armée, se trouvait à Valeggio avec le quartier général,
et gardait, avec une avant-garde de 6,000 hommes
sur la rive droite, Borghetto et son pont. Sa gauche,
chargée de défendre Mantoue, tenait la campagne

avec celles de ses troupes, qui étaient les plus aguerries et était postée à Goïto. Enfin, la réserve était à
Villa-Franca, un peu en arrière de Valeggio.

Bonaparte, après avoir réprimé à son départ de
Milan, une insurrection d'une partie de la Lombardie,
suscitée par la noblesse et le clergé, se porta à Lodi,
puis à Brescia. Fidèle au système qui lui avait si bien
réussi jusqu'alors, il résolut d'attaquer l'ennemi par
le centre de sa ligne étendue, et de l'enfoncer à Borghetto. Pour le tromper sur ses intentions et lui faire
croire qu'il voulait le tourner ou forcer le passage à
Peschiera, il dirigea une attaque contre cette place,
et fit occuper Salo, sur la rive occidentale du lac de
Garda. Puis, dans la nuit du 29 au 30 mai, il réunit
subitement toutes ses divisions et les dirigea sur
Borghetto.

Le lendemain matin, les Autrichiens attaqués à
l'improviste, sont culbutés en désordre au-delà du
Mincio, et ont à peine le temps de couper une arche
de leur pont. Cette arche est aussitôt rétablie : les républicains franchissent la rivière et s'emparent de
Valeggio, quartier général de Beaulieu. Augereau remonte rapidement le Mincio pour investir Peschiera,
s'emparer des gorges du Tyrol et couper la retraite à
l'adversaire : mais celui-ci, prévenu par ses patrouilles, s'est hâté d'évacuer la place et de passer l'Adige
en en rompant les ponts.

Les Français alors se portent sur Rivoli et y prennent position, le 31 mai, ainsi qu'à la Corona, la
droite à l'Adige et aux rochers escarpés de Monte-

Magnone, la gauche au lac de Garda. Le 3 juin, ils occupent Vérone, place appartenant à la république de Venise, mais dont ils s'emparent, en représailles de l'occupation de Peschiera par l'armée de Beaulieu. Celle-ci, par le fait des manœuvres de Bonaparte, se trouvait coupée en deux : une partie était refoulée dans le Tyrol, l'autre fut bloquée dans Mantoue.

—————————————

Réflexions. Si l'on jette maintenant un regard rétrospectif sur les événemens qui viennent d'être succinctement rapportés, il est facile d'en apprécier les causes et d'établir les conclusions qui en découlent.

Lorsqu'au commencement de la campagne, les armées sardo et autrichienne se trouvent réunies pour agir de concert, l'une a le plus grand intérêt à protéger Turin et l'autre à couvrir la place de Gênes, par laquelle elle se tient en communication avec les Anglais. Les intérêts des deux armées étant différens, leurs opérations doivent naturellement manquer d'ensemble. La première tend à refuser sa gauche et la seconde sa droite, de sorte que leur liaison, établie au centre d'une ligne fort étendue et coupée de mille obstacles, ne peut avoir aucune consistance. Quand, par l'attaque impétueuse et habile de Bonaparte, les Piémontais et les Autrichiens se trouvent séparés, ceux-ci, bien qu'ils n'aient devant eux qu'une seule division qui les observe, commettent la faute de rester inactifs pendant huit jours. S'ils avaient pris, au contraire, une prompte et vigoureuse offensive, ils pouvaient mettre les Français entre deux feux, et les placer dans une position fort critique.

Réduit à ses propres forces, après l'armistice de Chérasco, Beaulieu, au lieu de les tenir prêtes à faire face partout, au lieu de les réunir dans l'angle formé par le Pô, à Valence, les éparpille de tous côtés, annule l'action de la plupart, et fait battre les autres, par parties isolées. Il se montre si peu vigilant, qu'à quelques lieues de distance et dans un pays découvert, les Français lui dérobent leur marche et le surprennent sur ses derrières. Plus loin, il commet encore la faute d'occuper des lignes de défense trop étendues, trop faibles par le milieu et de se laisser surprendre et prévenir.

Bonaparte, au contraire, déploie partout une activité et une vigilance extrêmes, et profite avec habileté de toutes les fautes de l'ennemi. Son soin principal est de pénétrer, avec ses forces compactes, entre les forces divisées de son adversaire, et de le battre partiellement et successivement : sa tactique consiste à le faire par des mouvemens spontanés, imprévus, frappant d'étonnement et d'épouvante. Si, en agissant ainsi, il découvre parfois ses derrières; s'il s'expose à des chances qu'un autre devrait éviter; la rapidité de ses opérations, la grande bravoure de ses troupes, l'apathie de l'ennemi diminuent pour lui les dangers. D'ailleurs, il n'existe pas d'autres moyens de remporter des victoires, avec les faibles ressources dont il dispose.

En résumé, les résultats de la première compagne

Conclusion.

de 1796 démontrent les grands avantages de la vigilance, de l'activité, de la mobilité, à la guerre, de la concentration des forces en une seule masse, de leur action rapide et successive contre des troupes dispersées. Ils font voir l'opportunité de l'audace avec des troupes aguerries, surtout quand elles sont numériquement inférieures à celles qui leur sont opposées. Ils prouvent tous les inconvéniens des hésitations et des lenteurs, de la dissémination des forces, de leur défaut d'ensemble, de l'ignorance des mouvemens et des projets de l'ennemi. Ils donnent, enfin, en en montrant les applications, une éclatante confirmation aux vérités directrices que nous avons établies, particulièrement à la troisième vérité capitale, et aux vérités auxiliaires deux, cinq, sept, huit, dix et vingt.

DEUXIÈME CAMPAGNE (1)

Lonato. — Castiglione. — Roveredo. — Bassano.

PREMIÈRE PÉRIODE.

LONATO. — CASTIGLIONE.

Après avoir investi Mantoue, et confié au général

(1) Voir la carte n° 2.

Serrurier les opérations du siège ; après avoir laissé des troupes à l'entrée du Tyrol et le long de l'Adige, pour tenir tête aux débris de Beaulieu, Bonaparte songea à assurer ses derrières pour la nouvelle campagne, qui ne tarderait pas à s'ouvrir.

Aucun des gouvernemens de l'Italie ne s'était prononcé pour les Français. La plupart, au contraire, manifestaient des intentions hostiles : plusieurs, ceux de Rome et de Naples, s'étaient ouvertement déclarés contre nous. Il fallait donc leur imposer, par une attitude ferme et une conduite vigoureuse.

Le général français se rendit d'abord à Milan, pour hâter la reddition du château. En même temps, il envoya quelques bataillons châtier les fiefs impériaux de Gênes, qui toléraient des actes de brigandage, et dirigea concentriquement, sur les Etats de l'Eglise, deux colonnes formant un effectif de 8 à 10,000 hommes. L'une de ces colonnes fut commandée par le général Vaubois, qui arrivait de France ; et l'autre, par Augereau, parti, à cet effet, du bas Mincio. Le château d'Urbin, Bologne, Ferrare, furent successivement enlevés par les républicains, et le roi de Naples, ainsi que le pape, vinrent, l'un après l'autre, implorer la clémence du vainqueur, et signer des armistices avantageux pour la République. Livourne avait opprimé notre commerce, et donné asile aux émigrés et aux ennemis de la France. Les Français s'en emparèrent et y laissèrent garnison. Toutes ces expéditions durèrent une vingtaine de jours, pendant lesquels Serrurier continua activement les travaux

du siége de Mantoue. Les châteaux d'Urbin, de Ferrare, et la citadelle de Milan, qui capitula le 29 juin,
fournirent un matériel de siége de 200 pièces bien
approvisionnées. Quand Bonaparte revint, la place
était sur le point de succomber ; mais de nouveaux
événemens changèrent, comme nous allons le voir,
la face des choses.

Beaulieu, entièrement découragé par ses revers,
avait été rappelé et remplacé par le maréchal Wurmser, dans le commandement de l'armée autrichienne.

Celui-ci accourait du haut Rhin, avec un renfort de
30,000 soldats aguerris, qui, joints aux débris de
Beaulieu, et aux bataillons venus de l'intérieur de
l'Autriche, portèrent ses forces à 60,000 hommes.
En outre, 15,000 impériaux étaient renfermés dans
Mantoue.

Wurmser porta son quartier général à Trente, dans
le Tyrol. Il projeta d'attaquer, à la fois, l'armée française de front, de flanc et par-derrière, dans le but de
l'envelopper et de la détruire. A cet effet, il disposa
ses forces en quatre colonnes, dont deux principales
et deux secondaires.

Celle de droite, forte de 20,000 hommes sous
Kastanowich, descendit par la vallée de la Chiese
sur la rive occidentale du lac de Garda, pour déboucher par Salo et Brescia, sur les derrières des républicains. La seconde, forte de 30,000 hommes, se
porta entre l'Adige et le lac, pour enlever les positions
de la Corona et de Rivoli, et prendre en flanc la ligne
française. Wurmser avec une partie, longea le fleuve

par Rivalta et Brentino; Melas, avec le reste, se dirigea, par le revers de Monte-Baldo, sur Lumini. La troisième colonne, de 8,000 hommes sous Davidowich, suivit, sur la rive gauche, la route de Trente à Vérone, prête à se porter directement sur ce point ou à se réunir à la colonne de Wurmser, suivant les circonstances. Enfin, le général Mézaros, avec une petite colonne de 4 à 5,000 hommes, prit la route qui traverse les gorges de la Brenta et fait le grand tour par Bassano. Sa mission fut de faire des démonstrations sur Legnago et sur Vérone, et de chercher à pénétrer dans cette dernière ville, par surprise.

L'armée française avait reçu des Alpes un renfort de 9,000 hommes, qui avait porté à 54,000 son effectif total. Elle était répartie en trois corps principaux. L'un, de 10,120 hommes, occupait les pays conquis. La division de Serrurier, qui faisait le siége de Mantoue et s'élevait primitivement à 15,293, avait été réduite à 12,000 par les maladies. Enfin, le reste, de 28,587 hommes, était en observation sur l'Adige. La droite, sous Augereau, occupait Legnago; la gauche, sous Sauret, était à Salo, sur la rive occidentale du lac de Garda et interceptait la route de Trente à Brescia, par la vallée de la Chiese. La réserve d'infanterie de 4 à 5,000 hommes aux ordres de Despinois, se trouvait à Peschiera et devait, suivant les besoins, renforcer le corps d'observation ou celui de siége. La réserve de cavalerie, forte de 1,523 chevaux et commandée par Kilmaine, campait sur la

rive gauche du haut Mincio, entre valeggio et Castel-
Novo où était établi le quartier général.

Les Autrichiens entrèrent en action le 29 juillet
et débutèrent par une attaque des plus vigoureuses.
Masséna et Sauret ne purent résister aux forces supérieures qui vinrent les assaillir et furent forcés, le
premier, dans sa position de la Corona, puis dans
celle de Rivoli ; le second, dans sa position de Salo.
D'une part, les impériaux s'avancèrent, par les deux
rives de l'Adige, jusques près de Castel-Novo, et
rendirent intenable la ligne de défense du fleuve ; de
l'autre, ils s'emparèrent de Brescia, ensuite de Lonato
et coupèrent ainsi, la retraite sur Milan.

En deux jours, la position devint des plus critiques,
et Bonaparte assembla un conseil de guerre, dans
lequel Augereau seul, se prononça pour la résistance.
Cependant, il ne se découragea pas, se rangea de l'a-
vis de son lieutenant et prit soudainement un parti
décisif, aussi empreint de résolution que de génie : il
se décida à lever le siége de Mantoue, pour pouvoir
disposer de son armée entière. A ce sujet, il dit avec
raison, que s'il battait l'ennemi, ses canons seraient
repris avec Mantoue ; tandis que, dans le cas contraire, ils eûssent toujours été perdus.

Avec son coup-d'œil prompt et sûr, le général
français vit de suite les bonnes chances que lui offrait
la division des forces opposées, et résolut d'en profiter. En descendant du Tyrol, par les deux directions
principales de Brescia et de l'Adige, l'ennemi avait sa
droite et le reste de son armée séparés par le lac de

Garda; c'est-à-dire, par un obstacle qui les empêchait de communiquer, directement, dans le trajet d'une quinzaine de lieues que formait approximativement la longueur du lac. Il marchait à la fois, sur le flanc et les derrières des Français, ainsi placés entre le corps d'armée de Kasdanowich et celui plus considérable de Wurmser. Ces corps réunis formaient un effectif double de celui de l'armée républicaine; mais il ne leur était possible de se réunir qu'à la pointe du lac. Or, possédant la ligne du Mincio, Bonaparte pouvait empêcher leur jonction, les battre séparément, et c'est ce qu'il projeta de faire. Kasdanowich étant le plus avancé et le plus dangereux, c'est sur lui que durent être dirigés les premiers coups.

Augereau, renforcé d'une partie du corps de siége, fut, à l'instant, rappelé de Legnago sur le haut Mincio, qu'il passa à Borghetto. Il eut pour mission, de reprendre Brescia. Sauret, retiré à Desenzano, reçut l'ordre de reprendre Salo où tenait héroïquement, depuis deux jours, le général Guyeux; enfermé dans un vieux château avec 1700 hommes, sans vivres. La division Masséna passa le Mincio, le 31 juillet, et fut dirigée sur Lonato. Enfin, dans la nuit du même jour, (31 juillet), Serrurier encloua ses pièces, brûla ses affûts, détruisit ses munitions et abandonna Mantoue, pour aller à Bozzolo, couvrir les communications avec Crémone, Pizzighittone et Plaisance. Les réserves rétrogradèrent de Castel-Novo sur Villa-Franca : elles furent chargées de surveiller les mouvemens du corps important de Wurmser et de se replier sur l'armée, en cas d'attaque.

Toutes ces dispositions promptes et hardies furent couronnées de succès. Salo et Lonato furent repris, après de vifs combats, et l'ennemi y perdit deux drapaux, quelques canons et un millier de prisonniers. Augereau entra dans Brescia, le 1er août, sans coup férir, et de tous les côtés, les Autrichiens furent repoussés vers les montagnes.

Pendant que ces événemens se passaient à la droite de son armée, Wurmser, avec le centre et l'aile gauche, s'avançait lentement et méthodiquement vers Mantoue. Il laissa, en passant, la division Bayalitsch, vis-à-vis de Peschiera et celle de Liptay à Borghetto. Il dirigea le petit corps de Mézaros sur le bas Mincio, et lui-même, continuant sa route, avec le reste de ses forces, entra le 2 à Mantoue, comme un libérateur. Là, il détacha l'ancienne garnison à la poursuite de Serrurier, et s'occupa à faire rentrer dans la place, les débris de l'équipage de siége abandonnés par les Français.

Cependant, Bayalitsch et Liptay, après être restés deux jours inactifs, avaient franchi le Mincio, le 2 août. Le premier, masquant Peschiera par un détachement, s'était dirigé sur Lonato. Le second s'était porté sur Castiglione, dont la garde avait été confiée à 1800 hommes, sous les ordres du général Lavalette : il avait trouvé ce poste important, défendu avec faiblesse, et s'en était emparé. Le même jour, Sauret attaqué par des forces supérieures, avait abandonné de nouveau Salo aux Autrichiens, et s'était retiré sur une hauteur, intermédiaire entre ce point et Desenzano.

La situation des Français, malgré leurs récens succès, était donc redevenue fort critique. Masséna, avec sa division, avait pris position à Ponte-San-Marco et près de Lonato ; Augereau, à Monte-Chiaro ; de sorte que, l'armée française, au nombre de 20,000 à 23,000 hommes seulement, se trouvait en présence des deux grands corps de l'ennemi, celui de Kasdanowich à sa gauche, et celui de Wurmser sur son front et à sa droite. Il est vrai, que cette armée était compacte et occupait une position centrale entre les forces qui lui étaient opposées. Il faut dire encore, que celles-ci, outre leur séparation en deux parties, n'étaient pas toutes à portée d'agir ; car, Wurmser, avec 15,000 hommes, se trouvait à Mantoue, et une portion des troupes de Kasdanowich était en retraite. C'étaient là, des avantages que ne pouvait laisser échapper un général aussi habile que celui des Français. Sa détermination, en effet, fut promptement prise et elle fut aussi promptement mise à exécution.

Le général Guyeux qui occupait la gauche, fut chargé de prendre Salo, pour la troisième fois, et de contenir Kasdanowich. Bonaparte, lui-même, résolut d'écraser Bayalistch et Liptay, avant que Wurmser pût venir à leur secours.

Le 3 août, toute l'armée s'ébranla au point du jour (1). Guyeux s'empara de Salo, et intercepta les communications entre Kasdanowich et Wurmser. Masséna se porta sur Lonato, et Augereau fut chargé

(1) Voir la carte n° 3.

d'enlever Castiglione. Le premier fut prévenu par l'ennemi, qui culbuta son avant-garde ; il perdit trois pièces de canon, et le général Pigeon, qui demeura prisonnier. Encouragé par ce succès, Bayalisch s'étendit à droite et à gauche, dans le double but de communiquer avec Kasdanowich et d'envelopper la division française. Bonaparte le laissa faire, se contenta de jetter sur ses flancs quelques tirailleurs ; puis, formant les dix-huitième et trente-deuxième demi-brigades en colonne serrée par bataillon, il lança cette formidable masse sur le centre affaibli des Autrichiens qu'il enfonça. La division Bayalisch fut entièrement dispersée : la plus grande partie fut rejetée sur Salo, prise entre deux feux et faite prisonnière : l'autre se replia en désordre sur le Mincio pour aller rejoindre Wurmser.

Pendant que ces événemens se passaient à la gauche, Augereau, à la droite, attaquait les hauteurs de Castiglione, s'en rendait maître, après un combat acharné, et forçait à la retraite la division Liptay. L'ennemi était donc battu sur tous les points.

La journée de Lonato coûta aux Autrichiens 20 pièces de canon, 3,000 tués ou blessés, et 4,000 prisonniers, parmi lesquels trois généraux. Elle isola, par la dispersion complète de la division Bayalisch, les corps de Kasdanowich et de Wurmser.

Il restait maintenant, à Bonaparte, à battre séparément ces deux corps, et il résolut de porter un dernier coup à Kasdanowich, ébranlé, avant de s'attaquer à Wurmser. Celui-ci, dans la soirée du 3 août, s'était porté tardivement avec ses 15,000 hommes, au secours de ses lieutenans, et n'était parvenu qu'à rallier les débris de leurs divisions battues. Il avait pris position dans la journée du 4, pendant que son infatigable adversaire se disposait, par des combats préparatoires, à lui livrer la bataille qui déciderait du sort de la campagne.

Kasdanowich, après son échec du 3, s'était retiré dans son camp de Gavardo. Le lendemain, Bonaparte, pour le rejeter définitivement dans les montagnes, le fit attaquer de trois côtés à la fois; à droite, par le général Sauret, parti de Salo; de front, par Masséna, venu de Lonato; et, enfin, à gauche, par le général Despinois, qui se porta sur le mont Saint-Orette, dominant Gavardo. Le général autrichien opposa une vive résistance; mais, se voyant, à la fin, sérieusement menacé, et craignant d'avoir la retraite coupée, il abandonna son camp et se retira sur Riva. Sauret et Despinois le suivirent, et Bonaparte, avec la division Masséna, rétrograda en toute hâte sur Castiglione, où il arriva dans la nuit.

Pendant l'attaque de Gavardo, Bonaparte, qui était resté à Lonato, avec 1,200 hommes de la division Masséna, faillit être enlevé par 4 à 5,000 Autrichiens, et ne dut son salut qu'à sa fermeté et à sa présence d'esprit. C'était un corps de la division battue, la veille, à Lonato, qui cherchait à se rabattre sur le Mincio et sur Wurmser, après avoir vainement essayé de rejoindre Kasdanowich. Bonaparte fit monter à cheval ses officiers, persuada au parlementaire,

qui le sommait de se rendre, qu'il était là au milieu
de son état-major et de toute son armée, et lui donna
cinq minutes pour faire mettre bas les armes. Les
impériaux, effrayés, se rendirent à discrétion.

La position des Français s'était alors singulière-
ment améliorée. Ils se trouvaient définitivement dé-
barrassés d'un corps aussi dangereux par son nombre que par sa direction stratégique, et n'avaient
plus qu'à battre Wurmser, pour rester les vainqueurs de la campagne.

Le 5 août, l'armée autrichienne, forte de 30,000
hommes, était déployée dans la plaine, en avant du
village de Solferino, la droite appuyée à des hauteurs; la gauche, à une redoute construite sur le ma-
melon de Medolano. En face d'elle, en avant du village de Castiglione, se trouvait l'armée française,
déployée également sur deux lignes, la gauche aux
hauteurs. Sa force était de 22,000 hommes, en y
comprenant la division Serrurier, momentanément
inutile sur le Pô, et qui avait reçu l'ordre d'assister à
la bataille. Cette division devait déboucher, par Gui-
dizzolo, sur le flanc gauche et les derrières de l'ennemi, et l'attaquer, après avoir intercepté les communications de Brescia à Mantoue.

Bonaparte, dans les mesures qu'il avait arrêtées
pour la bataille, avait calculé que Wurmser exercerait
son principal effort par sa droite, et chercherait à
rétablir ses communications avec Kasdanowich, dont
il ignorait le sort. Il comptait favoriser ce projet
vraisemblable, par une retraite simulée de son aile

gauche, en même temps qu'il resterait immobile au centre, et s'avancerait, avec sa droite, contre la gauche de l'adversaire, qu'il attaquerait à la fois de flanc et de revers. Puis, au moment favorable, où celui-ci dégarnirait son centre, pour parer au danger, il prendrait, de toutes parts, une vigoureuse offensive, enfoncerait les Autrichiens sur tous les points, et les détruirait, après les avoir acculés aux montagnes, au lac de Garda et au Mincio.

L'action s'engagea au point du jour. Comme Bonaparte l'avait prévu, Wurmser manœuvra, avec sa droite, et chercha à déborder l'aile gauche des républicains, qui céda devant lui. Pendant qu'il s'étendait ainsi, le général français ordonna d'ouvrir le feu sur le front de la ligne, pour donner à Fiorella, commandant par intérim la division Serrurier, le temps d'arriver en position. Aussitôt qu'il entendit le canon de ce dernier, il fit attaquer la redoute de Medolano, par trois bataillons de grenadiers, un régiment de chasseurs à cheval et une batterie de douze pièces, pris dans la division de droite, et conduits par l'adjudant-général Verdier. La redoute fut enlevée, après une vive résistance. Wurmser, alors, menacé sur son flanc gauche qui se trouvait découvert, et sur ses derrières que gagnait Fiorella, dégarnit son centre, pour secourir les points compromis. Mais Bonaparte, saisissant ce moment opportun, arrêta tout-à-coup le mouvement rétrograde de son aile gauche. Masséna, qui la commandait, et Augereau, qui était au centre, reçurent l'or-

dre de prendre vigoureusement l'offensive. Rien ne
résista à leur élan. Les Autrichiens furent enfoncés
de toutes parts, et Wurmser, cherchant son salut
dans une prompte retraite, se hâta de repasser le
Mincio, dont il coupa les ponts.

Pour exécuter complètement le plan de Bonaparte,
et détruire l'armée autrichienne, après l'avoir acculée
aux hauteurs, au lac de Garda et au Mincio, il aurait
fallu opérer avec autant de rapidité que d'énergie.
Malheureusement, les troupes qui se battaient depuis six jours, étaient exténuées de fatigue. Elles ne
purent prévenir l'ennemi, ni le serrer de près, au
passage des ponts, et eurent de la peine à atteindre
les bords de la rivière, où elles couchèrent, dans l'ordre de bataille.

La journée de Castiglione coûta aux impériaux
3,000 hommes tués, blessés ou prisonniers, 20 pièces de canon et 120 caissons. Le lendemain, Augereau engagea, de Borghetto, une vive canonnade
contre leur centre, qui se trouvait à Valeggio; et
Masséna, traversant Peschiera, livra à leur droite un
combat, dans lequel il enleva 10 canons et fit 500
prisonniers. Dès lors, il n'y eut plus d'affaires sérieuses. Wurmser, craignant de perdre ses communications, se retira dans le Tyrol. Il fut suivi par
Masséna, qui reprit ses positions de Rivoli et de la
Corona; tandis qu'Augereau rentrait dans Vérone. Les Français réoccupèrent successivement tous
leurs anciens postes, et, le 12 août, les deux armées se trouvèrent placées l'une vis-à-vis de l'autre,

de la même manière qu'elles l'étaient auparavant.

Dans l'espace de six jours, du 31 juillet au 5 août, Bonaparte, avec 30,000 hommes, avait mis hors de combat une armée de 60,000, et l'avait refoulée dans les montagnes, d'où elle était sortie pour l'attaquer. Il avait tué ou blessé 8,000 hommes et fait près de 15,000 prisonniers. Lui-même avait perdu 5 on 6,000 hommes, prisonniers, tués ou blessés.

DEUXIÈME PÉRIODE.

ROVEREDO. — BASSANO.

Cependant la campagne n'était pas définitivement terminée, et le repos qu'allaient prendre les deux armées n'était qu'une courte suspension d'armes. Wurmser s'était retiré dans le Tyrol, avec 40,000 hommes fatigués, démoralisés, mais valides. Il se recruta bientôt de renforts venus d'Allemagne, et de milices tyroliennes, qui portèrent à plus de 50,000 hommes l'effectif de son armée.

Voici le nouveau plan auquel il dut se conformer, d'après les instructions du conseil aulique :

Davidowich, avec 18,600 hommes de troupes régulières, et 7 à 8,000 de milices, fut chargé de garder le Tyrol. Il forma des premières, quatre divisions. L'une d'elles, forte de 3,500 hommes, couvrit le haut Tyrol, du côté du Voralberg; la seconde, de 3,000, observa les débouchés de la Valteline; la troisième, de 3,500, sous le prince de Reuss, s'établit au camp de Mori, au nord du lac de Garda; enfin, la quatrième, comptant 8,600 hommes, sous les ordres de Vukassowich, prit position dans la vallée de Roveredo.

Wurmser, avec les divisions Sebottendorf, Kasdanowich et Mezaros, fortes ensemble de 26,000 hommes, dut descendre à Bassano par la vallée de la Brenta, passer l'Adige, en s'emparant, s'il était possible, des ponts de Légnago, et se porter sur Mantoue. Pendant ce temps, Davidowich se tiendrait prêt à descendre du Tyrol et à déboucher sur les derrières des républicains; tandis qu'ils seraient aux prises avec le corps principal de son général en chef.

Ce plan, en présence d'un adversaire aussi habile et aussi actif que Bonaparte, péchait, comme tous les projets antérieurs, en ce que son exécution exigeait la séparation de l'armée autrichienne en deux parties, destinées à agir isolément, et fort loin l'une de l'autre. En outre, le corps de Davidowich se trouvait trop morcelé en petits détachemens, pour qu'il ne fût pas facile au général français de l'accabler avec promptitude.

Bonaparte ignorait les projets de Wurmser et l'état actuel de ses forces; mais une reconnaissance, sur le front de sa ligne, lui ayant montré les positions décousues qu'il occupait, il résolut de l'attaquer sans retard.

L'armée d'Italie venait d'être réorganisée. Quelques bataillons, venus de France, et 3,000 prisonniers français, échangés contre autant d'autrichiens, avaient porté à environ 31,000 hommes l'effectif de ses forces actives. Vaubois, remplacé, à Livourne, par Serrurier, avait pris le commandement de l'aile gauche, campée sur la rive occidentale du lac de Garda, et forte de 10,000 hommes. Masséna se trouvait au centre, avec 12,000 ; et Augereau, avec 9,000, formait la droite et occupait Vérone.

Le corps du blocus de Mantoue, de 8 à 10,000 hommes, était passé sous les ordres du général Sahuguet. Kilmaine, avec 3,000, devait défendre Vérone et éclairer le bas Adige. Enfin, Sauret était chargé de maintenir la tranquillité dans les pays conquis, et de protéger les derrières de l'armée, avec les dépôts, et quelques bataillons venus des Alpes.

Le 2 septembre, l'armée française s'ébranla sur tous les points. Vaubois et Masséna marchèrent par les deux rives du lac de Garda, pour se réunir vers Serravalle, remonter ensemble l'Adige ; et tomber sur les forces disséminées de Davidowich. Augereau, pour appuyer ce mouvement, se porta sur les montagnes de Molare, qui longent, entre Lugo et Roveredo, la rive gauche de l'Adige. Il fut chargé d'observer la plaine, du côté de Bassano et de Vicence, en même temps qu'il donnerait la main à Masséna. Celui-ci, dans la journée du 3, s'avança jusqu'à Serravalle, après avoir rejeté les avant-postes autrichiens d'Ala sur Serravalle et San-Marco. Dans la même journée, Vaubois culbuta l'ennemi au pont de la Sarca, et arriva à Torbole, à la pointe septentrionale du lac.

Davidowich, comme nous l'avons dit, avait établi, à Mori, dans un camp retranché, sur la rive droite de l'Adige, une de ses divisions, qui barrait le passage à Vaubois. Une autre, celle de Wukassowich, gardait, sur la rive gauche, le défilé fort difficile de San-Marco, par lequel devait passer la division Masséna.

Le 4, au matin, Bonaparte, qui marchait avec cette dernière, jeta, sur les hauteurs de droite et de gauche, un grand nombre de tirailleurs, et fit engager une vive fusillade. En même temps, il forma la dix-huitième demi-brigade en colonne serrée par bataillon : puis, quand l'ennemi se trouva ébranlé par l'action du feu, il lança sur lui sa terrible colonne, qui renversa tout devant elle, et, après un combat sanglant, força le défilé. Les Autrichiens, poursuivis l'épée dans les reins, voulurent se rallier à Roveredo ; mais, assaillis vigoureusement de front, menacés sur leurs derrières par la trente-deuxième demi-brigade, qui avait tourné la ville en longeant le fleuve, ils furent obligés de se retirer en hâte sur Calliano, où ils rejoignirent Davidowich.

Pendant que ces événemens se passaient à la droite, Vaubois, à la gauche, attaquait le camp de Mori, et l'enlevait, après une vigoureuse résistance, à la division du prince de Réuss. Il remonta alors l'Adige, sur la rive droite, et vint se mettre en ligne avec Masséna, à la hauteur de Roveredo. Il était deux heures du soir.

Il s'agissait, maintenant, de forcer la position de Calliano, défendue par les troupes fraîches de Davidowich, et par celles de Wukassowich qui s'étaient ralliées à lui. Cette position, presque inexpugnable, consiste en un défilé de quatre-vingts mètres de largeur, formé d'une part, par des montagnes à pic, de l'autre, par l'Adige. L'entrée du défilé se trouve fermée par un village et par un château élevé, dont le mur d'enceinte joint, à peu de chose près, la montagne au fleuve. Toute l'artillerie Autrichienne était disposée pour battre la route, la seule qui conduise à Trente.

Il fallait ici, comme à Lodi, surprendre et épouvanter l'ennemi par une détermination rapide et audacieuse. Il fallait l'attaquer de manière à ne pas lui laisser le temps de se reconnaître. Bonaparte ordonne au général Dommartin, de faire avancer sur un plateau favorablement placé, huit pièces d'artillerie légère; de contrebattre l'artillerie du château et de prendre la gorge en écharpe. En même temps, quelques bataillons gravissent les hauteurs escarpées de la droite, pour incommoder les impériaux par un feu plongeant, tandis que trois cents tirailleurs se glissent le long de l'Adige, pour les fusiller de très près et tourner le château. Protégées par ces dispositions, trois demi-brigades sont formées en colonne serrée et attendent le moment opportun pour partir. Le feu s'engage vivement de toutes parts et inquiète fortement l'ennemi. Les tirailleurs de la gauche font des progrès et gagnent ses derrières. Enfin, il commence à s'ébranler. Bonaparte alors, donne le signal et la colonne d'infanterie se précipite au pas de charge. Le château est enlevé et les Autrichiens, refoulés dans le défilé, culbutés les uns sur les autres, fuyent en désordre vers Trente, où Davidowich peut à peine rassembler la moitié de son corps. Outre les tués et les blessés, l'ennemi perdit dans les deux journées du 3 et du 4 septembre, 7 drapeaux, 20 canons, 50 caissons et environ 6,000 prisonniers dont 4,000 à la seule journée de Roveredo.

Vaubois passa l'Adige à Roveredo, dans la nuit du 4 au 5, et suivit sur Trente la division de Masséna, qui y entra le 5, à huit heures du matin. Les deux divisions campèrent en avant de la ville.

Ce fut à Trente seulement, que Bonaparte apprit le mouvement de Wurmser sur Bassano. Aussitôt, il prit, sans hésiter, la résolution hardie de se jetter à sa poursuite, dans les gorges de la Brenta. Ses succès venaient de lui en livrer les issues supérieures ; mais il était essentiel qu'il ne fût pas inquiété, dans sa marche, par Davidowich, qui avait pris derrière le Lavis, une position formidable. En conséquence, il le fit attaquer de front par le pont du village, en même temps que la cavalerie, portant des fantassins en croupe, passait le torrent à gué pour l'assaillir de flanc et de revers. Malgré l'artillerie qui couvrait le pont de mitraille, l'attaque eut un plein succès, et les Autrichiens se retirèrent précipitamment sur Saluru et Neumark, dans la direction de Botzen. Vaubois s'établit sur le Lavis, pour couvrir, à la fois, Vérone, Mantoue et le mouvement qui allait s'opérer.

Ces dispositions prises, et après avoir installé à Trente, un gouvernement provisoire, à l'instar de ceux de l'Italie, Bonaparte partit le 6, avec la division Masséna, et le soir même, alla coucher à Lévico. Là, il trouva la division d'Augereau, qui y avait été dirigée suivant ses ordres, et la réunit à lui. Ce général, depuis son départ de Vérone, avait cheminé sur les hauteurs, pour couvrir le flanc droit de Masséna, et avait pris position le 4, pendant les affaires de San-Marco et de Calliano : mais ayant fini par rencontrer des obstacles insurmontables, il s'était vu obligé de redescendre dans la vallée de l'Adige, et y avait reçu l'ordre de rejoindre à Lévico, le général en chef.

Le 7, à la pointe du jour, les Français se remirent en marche et s'emparèrent, chemin faisant, du Pas et du village de Primolano ; puis, du fort de Covolo, dominant la route, dans lequel les Autrichiens avaient voulu se rallier. Le soir, ils arrivèrent à Cismone, après avoir fait 20 lieues en deux jours, et enlevé en deux combats 4,000 prisonniers, 3 drapeaux et 10 canons.

En apprenant les événemens qui s'étaient passés à son arrière-garde, Wurmser fut rempli d'étonnement et d'anxiété. Sa position, en effet, pouvait devenir d'autant plus critique, qu'il avait divisé ses forces et détaché Mézaros sur Vérone, pour tenter une surprise avec son avant-garde. Quoi qu'il en soit, il résolut de faire face en arrière et de défendre, avec les deux divisions qu'il avait sous la main, la position de Bassano qui barrait les débouchés dans la plaine. Les troupes de Sebottendorff et de Kasdanowich furent disposées sur les deux rives de la Brenta, en avant de Bassano, avec des avant-gardes dans les défilés. Mézaros, qui avait échoué à Vérone, et demandait du renfort, reçut l'ordre tardif de revenir en toute hâte.

Cependant les Français s'étaient mis en route, le 8 au matin, pour continuer leur mouvement. Comme Wurmser, ils avaient divisé leurs forces en deux parties, qui descendaient simultanément des deux côtés de la rivière. Arrivés aux défilés occupés par les avant-gardes ennemies, ils les attaquèrent impétueusement, les enlevèrent et débouchèrent en plaine. Les positions principales furent abordées avec la même vivacité et la même vigueur, et n'opposèrent guères une plus longue résistance. L'ennemi fut culbuté de toutes parts et mis dans un désordre extrême. La division Kasdanowich se trouva coupée et contrainte de se jeter dans le Frioul. Quatre mille prisonniers, cinq drapeaux, trente-cinq pièces attelées avec leurs caissons, des équipages de pont, plus de deux cents fourgons avec une partie des bagages, furent le fruit de la victoire.

Il ne restait à Wurmser, que 10,000 hommes d'infanterie et 6,000 chevaux, en comptant la division de Mézaros, qu'il venait de rallier. Avec aussi peu de monde et après un échec aussi terrible que celui de Bassano, il ne lui était plus possible de tenir la campagne. Aussi, ne songea-t-il qu'à passer l'Adige et

à aller se jeter dans Mantoue. Mais comment exécuter un semblable projet, sans équipage de pont,
et sous la main d'un adversaire aussi résolu, et aussi
actif que Bonaparte? Sa position semblait désespérée et il n'avait guère d'autre alternative que celle
à laquelle on avait voulu le réduire, à savoir : d'être
acculé à l'Adige, enveloppé et forcé de mettre bas les
armes.

Le hasard joue à la guerre un grand rôle, et il fut
ici, favorable aux impériaux. Un chef de bataillon,
qui gardait Legnago, avec 500 hommes, fut effrayé
des bruits alarmans que des fuyards Autrichiens ré-
pandirent sur le sort de l'armée Française. Il abandonna son poste sans combattre, et rejoignit Sahuguet sur Mantoue. Cet événement sauva l'ennemi de
sa ruine : mais Wurmser, sourd aux leçons de l'expérience, perdit tout un jour à Legnago, pour donner
du repos à ses troupes, et par cette imprudence, com-
promit de nouveau son salut. En effet, pendant qu'il
s'y trouvait encore, le 10 septembre au soir, Bonaparte arrivait à Ronco, faisait jeter, sur la droite de
l'Adige, la division Masséna, et la dirigeait à tire
d'aile sur Céréa, village situé sur la route de Legnago
à Mantoue. Elle devait, suivant des prévisions raisonnables, y arriver avant les impériaux, et par-
conséquent, leur enlever le refuge sur ce dernier
point. D'un autre côté, Augereau, qui avait été porté
sur Padoue après la victoire de Bassano, s'avançait
sur Legnago en s'éclairant soigneusement à gauche,
pour empêcher l'ennemi de s'échapper dans la direc-

tion de Venise et de Trieste. Wurmser allait donc
avoir sa retraite coupée de toutes parts ; mais un in-
cident fortuit vint une seconde fois le sauver.

Pour arriver à Céréa avant les Autrichiens, Masséna devait suivre un chemin direct à travers la plaine.
Soit erreur, soit trahison, son guide lui fit prendre
une route détournée, le long de l'Adige, et il s'en-
suivit un retard funeste. L'avant-garde seule, commandée par Murat et par le général Pigeon, put prévenir l'ennemi à Céréa : elle résista bravement, mais
fut culbutée par des forces supérieures, et perdit 3 ou
400 hommes.

Wurmser, pourtant, n'était pas encore hors de
danger : il lui restait à passer la Molinella, où Kilmaine et Sahuguet se trouvaient en position, et dont
Bonaparte avait ordonné de rompre tous les ponts. Si
ces simples précautions eussent été prises, les Autrichiens étaient perdus. Malheureusement, Sahuguet
négligea de faire couper le pont de Villa-Impenta, et
ne sut pas réparer sa faute, en le défendant assez
longtemps pour donner à Bonaparte le temps d'arriver. Un détachement de 500 hommes y fut envoyé
trop tard, et se fit sabrer sur la route, après une héroïque résistance.

Wurmser entra à Mantoue le 13 septembre, laissa
5,000 hommes à la garde de la place, et campa, avec
environ 21,000, entre le faubourg de Saint-Georges
et la citadelle. Il espérait, en tenant la campagne,
trouver l'occasion de gagner Legnago, et de repasser
l'Adige. Le 19 septembre, il accepta la bataille, et fut

complètement battu. Ce nouvel échec, qui lui coûta
2,500 hommes, l'obligea à se renfermer définitivement dans Mantoue, où il se trouva bloqué.

————————

La campagne, que nous venons de rapporter, est ⟨*Réflexions.*⟩
fertile en utiles leçons. Aucune n'est plus propre à faire
ressortir l'importance et la portée des vérités directrices ; mais aucune, non plus, ne prouve mieux l'intelligence, le discernement et le tact qu'il faut mettre
dans leur application. Aucune ne montre plus clairement combien la bonne conduite des opérations, à la
guerre, ou, si l'on veut, la détermination convenable
des objectifs est subordonnée aux qualités des chefs
et des troupes, et variable avec elles.

La plupart des écrivains militaires ont sévèrement
blâmé Wurmser d'avoir, dans la première période
de la campagne, adopté deux lignes d'opérations, séparées par le lac de Garda, et d'avoir ainsi fourni à
son adversaire la facilité de le battre successivement,
par parties isolées. Dans ce reproche, il y a du vrai ;
mais il y a aussi de l'exagération ; et il doit, en tout
cas, s'adresser beaucoup plus à l'exécution du plan
qu'à sa conception.

En effet, l'armée autrichienne était double de l'armée française, et, avait, par conséquent, avantage à
l'attaquer de plusieurs côtés à la fois (Vér. aux. 6).
Le lac de Garda a quinze lieues de longueur, et,
moyennement, trois lieues de large. En marchant

par ses deux rives, et le serrant d'aussi près que le
permettait le terrain, les deux corps de Wurmser et
de Kasnadowich ne pouvaient se trouver, au pis aller, qu'à deux bonnes journées de marche, l'un de
l'autre, soit qu'ils voulussent se joindre à Torbole,
à la pointe supérieure du lac, soit qu'ils voulussent
le faire à la pointe inférieure, vers Désenzano ou
Peschiera. Il leur était, d'ailleurs, facile, à l'aide de
signaux ou de toute autre manière, de se tenir au
courant des progrès respectifs de leur marche. Ces
deux corps ne devaient donc pas être regardés comme
séparés par une grande distance et d'un façon bien
préjudiciable.

Si les Français se jetaient en masse d'un côté, de
l'autre, on ne rencontrait pas d'obstacles, et on pouvait, en trois ou quatre jours, au plus, atteindre leurs
derrières et les placer entre deux feux. S'ils divi-
saient eux-mêmes leurs forces, il y avait tout à pré-
sumer qu'on les repousserait des deux côtés ; alors,
on déboucherait à la fois sur le front, le flanc et les
derrières de leur ligne de défense, avec deux fortes
colonnes, distantes seulement de quatre à cinq lieues.

Le plan des impériaux n'était donc pas bien mauvais en lui-même, et présentait, au contraire, de bonnes chances de réussite : mais il fallait qu'il fût exécuté avec intelligence, avec ensemble. Il fallait, qu'a-
près avoir enlevé le plateau de Rivoli, et y avoir rassemblé son artillerie, Wurmser serrât de près le lac
de Garda, et s'entendît avec son lieutenant, sur la
conduite à tenir dans le petit nombre d'éventualités

possibles. Il convenait aussi que, dans la répartition des forces, on se conformât à l'esprit, sinon à la lettre de la vérité auxiliaire 14. Enfin, il importait surtout que les chefs, placés à la tête des deux corps d'opérations, eussent beaucoup d'activité, de vigueur et de caractère; qu'au besoin, ils fussent capables de supporter, avec une grande ténacité, le choc de toute l'armée française.

Il est à observer, d'ailleurs, qu'il n'était pas possible de jeter toute l'armée autrichienne sur les derrières des républicains, par la vallée de la Chièse et la direction de Brescia. Les chemins qui suivaient cette direction étaient trop-incommodes et trop difficiles, sinon impraticables, pour l'artillerie de campagne.

Au reste, ce qui justifie le projet de Wurmser, mieux que ce qu'on en pourrait dire, ce fut la manière même dont se passèrent les événemens.

Quand, dans les journées du 29 et du 30 juillet, les impériaux eurent emporté les positions de la Corona et de Rivoli, sur l'Adige; celles de Salo et de Brescia, de l'autre côté du lac de Garda; quand ils furent arrivés, d'une part, jusque près de Castel-Novo, et de l'autre, jusqu'à Lonato, le plan de Wurmser avait produit tout ce qu'il pouvait produire, et tout ce qu'il était permis d'en attendre : il avait complètement réussi. Les deux corps d'opérations se trouvaient alors à cinq ou six lieues de distance, et rien ne devait les empêcher de se réunir le lendemain. Bayalistch et Liptay pouvaient passer le Mincio le 31 juillet, comme ils le firent le 2 août, deux jours plus tard. Si Bonaparte, au lieu d'être pris et écrasé entre deux feux, eut le temps et les moyens de battre une première fois Kasdanowich, et après lui, Wurmser ; s'il put ensuite retourner successivement à chacun d'eux, pour achever de le défaire ; il ne le dut qu'à l'inertie, au manque de vigueur et d'ensemble de ses deux adversaires, et à leur ignorance de ce qui se passait ; il le dut surtout à la faute que commit Wurmser, de se morceler et de se porter, avec 15,000 hommes, sur Mantoue, au lieu de se jeter immédiatement, avec tout son corps, sur la faible armée des Français.

Certes, si le chef entreprenant et infatigable de cette dernière avait été chargé d'exécuter le plan des Autrichiens, ce plan eut réussi au-delà de toute espérance, et ceux contre lesquels il était dirigé auraient été complètement anéantis.

Dans leurs manœuvres tactiques, comme dans leurs opérations stratégiques, les impériaux ne tinrent pas leurs forces assez unies, assez bien liées entre elles. A Lonato et à Castiglione, ils voulurent trop étendre leur droite, et dégarnirent, à cet effet, leur centre, qui fut enfoncé.

Dans la deuxième période de la campagne, lorsque Wurmser, pour enlever la ligne de l'Adige, vint l'attaquer de front, par les gorges de la Brenta ; tandis que Davidowich, posté dans le Tyrol, attendait le moment favorable pour l'assaillir en flanc, il exécuta un mauvais plan, et l'exécuta mal. Il est juste de dire que celui-ci n'avait pas été imaginé par lui; mais était l'œuvre, longuement élaborée, du conseil aulique, ou plutôt du général du génie Laüer, qui le fit adopter.

Le plan était mauvais, en ce qu'il forçait les deux corps d'opérations à s'éloigner trop l'un de l'autre, et laissait à Bonaparte une grande latitude pour les défaire successivement. Il fut mal exécuté, en ce que Davidowich, dans le Tyrol, et Wurmser, dans sa marche par la Brenta, disséminèrent leurs forces et les firent battre par parties séparées. Le corps d'armée du général en chef devait être anéanti ou forcé de mettre bas les armes. S'il échappa au sort qui lui était réservé, il ne le dut qu'à trois accidens fortuits, en dehors de toutes les prévisions; l'abandon de Legnago, l'erreur ou la trahison d'un guide, et le fait d'une négligence du général Sahuguet.

Examinons maintenant la conduite que tint Bonaparte, et faisons ressortir les principaux traits qui la caractérisent.

Lorsque, le 30 juillet, à la fin du jour, l'armée française se trouva assaillie de toutes parts, sur son front, sur son flanc et sur ses derrières, il y avait deux partis à prendre, celui de la résistance ou celui de la retraite.

Battre en retraite, c'était enlever à l'armée la force morale qui la soutenait et la rendait si puissante; c'était donner à l'ennemi une confiance qu'il n'avait jamais eue, et, avec elle, un redoutable courage; c'était soulever toutes les passions haineuses de l'Italie, et les bras avec les haines : c'était, enfin, s'ex-

poser aux chances de réaliser le proverbe : *L'Italie
est le tombeau des Français*. La résolution de résister
ne fut donc pas un acte de témérité et d'imprudence,
mais un acte de logique et de sagesse.

Dans le parti de la résistance, il y avait deux ma-
nières de se conduire : on pouvait résister, en continuant le siége de Mantoue; ou bien, après l'avoir
levé, et appelé à soi les troupes qui le faisaient. La
première détermination obligeait à lutter contre
60,000 hommes, avec moins de 30,000, et exposait
le corps de siége à être pris entre deux feux. La seconde préservait de ce dernier inconvénient, et permettait de renforcer, de 12,000 hommes environ, les
forces actives. Il est vrai qu'elle laissait disponible la
garnison de Mantoue ; mais, en prenant ses mesures à
la dérobée, il était possible de gagner sur celle-ci une
douzaine d'heures, pour agir ailleurs, et douze heures
bien employées pouvaient être d'une importance décisive[1], dans les circonstances présentes. D'ailleurs,
dans les positions relatives où se trouvaient les deux
armées, l'arrivée d'un renfort de même force à chacune d'elles, était tout à l'avantage de l'armée française.

La levée du siége de Mantoue fut donc une grande
détermination, dénotant un grand caractère, par l'importance du sacrifice; mais ce fut encore, comme
celle de la résistance, une détermination indiquée par
le bon sens et la raison. Beaucoup l'ont exaltée à un
point extraordinaire, et ont vu en elle le trait d'un
puissant génie. Sans en contester le mérite, nous

pensons que leurs éloges sont exagérés, par le motif
que la mesure prise n'eut ni le but ni la portée qu'ils
lui attribuent.

Bonaparte, en effet, loin d'appeler à lui les forces
de Serrurier, pour se renforcer et battre successivement Kasdanowich et Wurmser, donna l'ordre à son
lieutenant de se porter à Bozzolo. Il semble, d'après
cela, qu'en levant le siége de Mantoue, il eût simplement pour but de soustraire Serrurier au danger
d'être pris entre deux feux, et en même temps de
se réserver, pour le cas d'une retraite forcée, les
communications avec Pizzighittone, Crémone et
Plaisance.

Quoi qu'il en soit des intentions du général en
chef, il nous paraît incontestable que la retraite de
Serrurier sur Bozzolo fut une faute digne de blâme.
En laissant Serrurier dans l'inaction, on pouvait
ne pas battre Kasdanowich, ou le battre d'une
manière incomplète. Dans le premier cas, on était
exposé au plus grand danger; car on avait sur
les bras, non-seulement ce général, mais encore
Wurmser, puis la garnisan de Mantoue, puis enfin
toute l'Italie soulevée. Or, il était plus que probable
que la présence d'un corps de 12,000 hommes à Bozzolo ne pourrait sauver l'armée d'une ruine complète.
Dans le second cas, on courait le risque d'avoir affaire simultanément à Kasdanowich et à Wurmser,
et d'être écrasé entre eux. Cette éventualité fut, en
réalité, celle qui se présenta. Bonaparte n'obtint à
Salo et à Brescia que des succès incomplets, et si, à

la journée de Lonato, il demeura vainqueur, il le dut moins à la perfection de ses combinaisons, qu'au manque de décision, de vigueur, d'activité, et à l'é-parpillement des forces de ses deux adversaires.

S'il avait tout d'abord réuni à lui les troupes du blocus, il en aurait d'un seul coup fini avec Kasda-nowich, d'un seul avec Wurmser, au lieu d'être forcé de revenir à chacun d'eux, à deux reprises différentes, et de s'exposer à des chances désastreuses.

Le tort qu'eut le général Français, de tenir ses forces divisées, dans l'exécution d'un projet capital, il l'eut encore dans la première attaque partielle, di-rigée contre Kasdanowich. En effet, en envoyant Sauret pour reprendre Salo, quand les Autrichiens occupaient, en avant de ce point, Lonato et Brescia, il exposait son lieutenant à être pris entre deux feux et entièrement détruit. S'il l'eût employé, au contraire, à seconder l'attaque de ces dernières positions, en le jetant sur le flanc et les derrières de l'ennemi, cette attaque eut été plus décisive, plus meurtrière pour Kasdanowich; et peut-être que celui-ci, n'aurait pas jugé prudent de s'arrêter dans son camp de Gavardo, et se fût retiré sur Riva. Sauret, il est vrai, remplit sa mission, comme Masséna et Augereau remplirent la leur, en enlevant Lonato et Brescia : mais il fut obligé, le surlendemain, d'abandonner sa conquête, attaqué par ces mêmes forces, à la perte desquelles il aurait pu coopérer.

Les opérations de Bonaparte, qui précédèrent les journées de Lonato et de Castiglione, ne furent donc

pas, comme on peut en juger, exemptes de fautes.
Quant à ses manœuvres tactiques sur le champ de
bataille, on voit une même pensée, un même but y
prédominer sans cesse. La pensée est de laisser ou de
faire entreprendre à son adversaire, un mouvement
prévu qui le dégarnisse sur un point, et principalement
au centre. Le but est d'enfoncer le point dégarni par
des mesures promptes, décisives, produisant un événement imprévu, attaquant autant le moral de l'ennemi que ses forces matérielles. C'est ainsi, qu'il
opère à Lonato ; c'est ainsi, qu'il le fait à Castiglione ;
sans s'embarrasser de la forme particulière de ses
ordres de bataille qui, dans les deux cas, étaient primitivement parallèles.

Dans la seconde période de la campagne, les desseins du général Français ont plus d'unité, plus d'enchaînement logique ; ses opérations sont plus irréprochables que dans la première.

Se trouvant prêt à agir, il reconnaît que les positions de Davidowich, dans le Tyrol, sont fort décousues et il les attaque. C'est là une mesure naturelle et
sage ; car la temporisation peut lui être funeste, en
permettant à l'ennemi de se renforcer et de changer
ses dispositions premières. Le mouvement par lequel
il réunit ses forces à Roveredo, est large, à la vérité,
et analogue à celui qui vient d'être si fatal à Wurmser ;
mais Davidowich est disséminé, et ses troupes n'ont
ni l'activité, ni la vigueur des troupes françaises. Il
attaque celui-ci, le repousse, et ses succès le conduisent à Trente, après une série de combats audacieux,

qui ont porté au comble l'exaltation des républicains et la démoralisation des impériaux. Là, il apprend le mouvement de Wurmser, et alors, deux projets se présentent à lui. Le premier, consiste à rebrousser chemin, et à aller combattre son nouvel adversaire de front, sur l'Adige; le second, consiste à se jeter, à sa poursuite, à travers les gorges de la Brenta.

En adoptant le premier, il agit d'une manière ordinaire, comme aurait fait tout le monde, comme devaient s'y attendre les Autrichiens. Il entreprend, en plaine, avec 20,000 hommes, contre 30,000 réunis, des opérations régulières et lentes, qui doivent amener des engagemens généraux. Il perd un temps précieux, et par là, refroidit l'ardeur de ses troupes, en même temps qu'il donne de la confiance à celles de l'ennemi; il s'expose à subir, dans des batailles rangées, des pertes beaucoup plus grandes et plus préjudiciables, que celles occasionnées, par des combats successifs, dans les montagnes. Enfin, il laisse à Davidowich la possibilité de se réunir, de se renforcer, de repousser Vaubois, et de tomber sur ses derrières, avant que lui-même en ait fini avec Wurmser.

En adoptant le second projet, il montre une audace extrême : mais cette audace doit inspirer aux impériaux une épouvante salutaire, et ses troupes sont si braves, qu'elle est peu dangereuse pour lui. Wurmser a quatre jours d'avance, et c'est là le plus grand mal ; car s'il parvient à passer l'Adige, avant qu'on l'ait atteint et battu, il s'échappe avec son corps d'armée et le but est manqué. Cette considération, pourtant, n'arrête pas Bonaparte. Il sait que Wurmser est méthodique et lent dans ses mouvemens : il l'a vu à l'épreuve. Le général autrichien emmène avec lui 30,000 hommes, un nombreux matériel, des équipages de pont, et ne peut, par conséquent, marcher vite. Bonaparte calcule que, dans les montagnes, il n'a pu faire que trois lieues par jour et qu'il n'en fera guères que quatre ou cinq dans la plaine : il lui est possible de le joindre, en faisant diligence, et il se jette à tire d'aile à sa poursuite.

L'événement vient confirmer la justesse de ses prévisions ; et c'est là le plus grand mérite que puisse montrer un chef d'armée, mérite inhérent aux qualités innées, et que ne sauraient donner la connaissance et la pratique de toutes les règles de l'art.

Comme il a été dit, Wurmser n'échappa que par miracle à une destruction totale, et les hasards heureux qui le sauvèrent, ne sauraient altérer en rien les éloges dus à l'habileté, à la précision, à la hardiesse extraordinaires des combinaisons de son adversaire.

Les conclusions à tirer de l'analyse de cette campagne, sont semblables, pour la plupart, à celles que nous avons tirées de l'examen de la campagne précédente. Cette analyse fait ressortir l'extrême importance de la vigilance, de l'activité, de la mobilité des troupes, de la prompte exécution des projets ; et les inconvéniens graves des hésitations et des lenteurs. Elle montre les dangers de la division des forces, et les précautions à prendre, les conditions à remplir, pour

pouvoir l'opérer raisonnablement, en vue d'un avantage que l'on poursuit. Elle fait voir que la conduite des
opérations militaires est entièrement subordonnée aux
qualités des chefs et des troupes, et que tel général habile peut entreprendre, avec raison et succès, un projet
audacieux, dont l'exécution occasionnerait la perte
d'un autre. Elle démontre qu'une armée doit, par tous
les moyens, se tenir au courant de ce qui se passe
dans ses différens corps et dans ceux de l'ennemi.
Elle prouve que dans les opérations combinées, il est
indispensable de bien s'entendre, à l'avance, sur la
conduite à tenir dans toutes les éventualités possibles,
et surtout, de placer à la tête des corps d'opérations,
des chefs d'une grande résolution et d'un grand caractère. Elle fait voir que l'art pratique de la guerre
est tellement difficile, que les plus habiles y commettent des fautes; fautes qui ne sont pas, en général,
funestes, parce qu'elles sont rachetées par la valeur des
troupes, l'ascendant des armes, la bonne exécution
des mesures arrêtées, et parce que, le plus souvent,
l'ennemi n'en sait pas profiter. Enfin, elle confirme
pleinement les vérités directrices et principalement
les vérités capitales (1 et 3); et les vérités auxiliaires (2, 3, 4, 6, 7, 8, 10, 14, 20 et 22).

TROISIÈME CAMPAGNE (1)

Arcole. — Rivoli.

PREMIÈRE PÉRIODE

ARCOLE.

Après avoir refoulé Wurmser dans Mantoue, avec 25,000 hommes, que la mort et les maladies réduisirent bientôt à 12 ou 15,000 de troupes valides, Bonaparte songea à améliorer sa situation dans la péninsule. Il pressa le Directoire de conclure la paix avec Naples et avec Gênes; et, pour faire à la République française des amis et des alliés, il organisa les gouvernemens de l'Italie régénérée. Le duc de Modène, ayant violé l'armistice, fut déclaré déchu. Ses États furent joints aux légations de Bologne et de Ferrare, enlevées au pape, et formèrent avec elles la république Cispadane. En même temps, Bonaparte contribuait à reprendre la Corse aux Anglais, en faisant partir une expédition de Livourne, sous les ordres du général Gentili.

Pendant que ces événemens se passaient, l'Autriche envoyait dans le Tyrol un renfort de vieilles

---

(1) Voir la carte n° 2.

troupes, et portait à 18,000 hommes environ les forces de Davidowich. Par un envoi, bien plus considérable encore, elle formait dans le Frioul une armée de plus de 40,000 hommes, en y comprenant la division de Kasdanowich, qui s'était retirée là, après la défaite de Bassano.

Le feld-maréchal Alvinzi reçut le commandement général ; et, se réservant la direction personnelle du corps du Frioul, il alla rejoindre, à Gorizia, Kasdanowich, qui y avait pris position.

Son plan fut de se porter sur Vérone, de s'y joindre à Davidowich, descendu du Tyrol par les rives de l'Adige, et de marcher ensuite sur Mantoue, avec toutes ses forces réunies.

L'armée française, qui, malgré les pressantes sollicitations de son chef, n'avait reçu qu'un faible renfort de 4,000 hommes, ne comptait guères alors que 37,000 soldats valides. Masséna et Augereau couvraient la Brenta et l'Adige, avec environ 17,000 ; Vaubois, avec 12,000, était sur le Lavis ; et, enfin, Kilmaine, avec 8 à 9,000, continuait le blocus de Mantoue.

Le 4 novembre, Alvinzi, ayant passé le Tagliamento et la Piave, s'avança sur la Brenta, en deux colonnes fortes chacune de douze bataillons. Celle de droite, sous Kasdanowich et Hohenzollern, se dirigea sur Bassano, et s'établit en avant de la rivière, après avoir occupé, par un détachement, le débouché des montagnes. Celle de gauche, sous Liptay et Provera, se porta sur la route de Vicence, et prit position à

Citadella, son avant-garde à Carmiguano, en avant de la Brenta. La réserve resta en arrière. Alvinzi séjourna dans ces positions, autant pour attendre des nouvelles de Davidowich, que pour donner quelque repos à ses troupes.

En apprenant le mouvement de son adversaire, Bonaparte fit replier la division Masséna, et porta en avant celle d'Augereau, pour les réunir. Le 6, malgré la disproportion des forces, il résolut de prendre l'offensive. Masséna attaqua impétueusement l'aile gauche de l'ennemi, culbuta Liptay et Provera au-delà de la rivière, et les obligea à couper leur pont ; Augereau assaillit la droite, parvint à la repousser, mais ne put, malgré tous ses efforts, la rejeter sur la rive gauche, et occuper Bassano. Il en fut empêché par un bataillon de Croates, retranché dans un village, et qu'il ne parvint à débusquer qu'à la fin du jour. Dans la nuit, on reçut de mauvaises nouvelles de Vaubois. Ce général avait attaqué Davidowich dans les positions du Lavis, le 2 novembre, et avait obtenu un commencement de succès ; mais, assailli par des forces supérieures, et débordé par sa droite, il avait été obligé de se replier sur Trente. Le 4, après un sanglant combat, il avait évacué cette ville, et s'était retiré dans les positions de Calliano.

Bonaparte, alors, ne pouvant, après le succès incomplet de la veille, s'engager davantage contre Alvinzi, sans s'exposer à être pris entre deux feux, se décida à se rapprocher de son lieutenant, et à rétrograder sur Vérone. Là, il apprit que Vaubois, assailli,

le 6 et le 7, dans les fortes positions qui dominent le
défilé de Calliano, y avait résisté d'abord avec une
grande énergie. Les positions, attaquées et défendues
avec une égale vigueur, avaient été plusieurs fois prises
et reprises ; quand, tout-à-coup, au milieu de cette
lutte acharnée, les trente-neuvième et quatre-vingt-
cinquième demi-brigades avaient cédé à une terreur
panique, et s'étaient enfuies en désordre. Trois bataillons de troupes fraîches, venant de Mori, avaient
rétabli les affaires ; mais Vaubois, craignant d'être
tourné par un corps ennemi jeté sur l'autre rive, et,
d'ailleurs, peu sûr de ses troupes, après ce qui venait de se passer, Vaubois avait vidé le terrain, et
s'était replié sur la Corona et sur Rivoli. Il ne lui restait plus que 8,000 hommes.

Le danger était pressant. Bonaparte réunit à Vérone quelques troupes de secours, et les fait partir
en toute hâte. Il rappelle Kilmaine du siége de Mantoue, avec 3,000 hommes. Lui-même monte à cheval
et court aux soldats qui ont trompé sa confiance. Il
les rencontre au plateau de Rivoli, où Davidowich,
heureusement, n'avait pu les prévenir. Il les rassem-
ble, leur reproche amèrement leur indiscipline et
leur faiblesse ; puis, s'adressant au chef d'état-major :
« Général, chef d'état-major, dit-il, faites écrire sur
« leurs drapeaux : *Ils ne sont plus de l'armée d'Ita-*
« *lie.* »

Ce blâme sévère, mais mérité, cette punition
cruelle de leur faute, émeuvent au dernier point les
troupes qui les ont encourus. Ils conjurent leur géné-

ral de les placer à l'avant-garde, pour montrer qu'ils sont encore dignes d'être de son armée. Ils jurent de vaincre où de mourir, pour venger leur honneur. Rassuré sur leur conduite par ce noble retour, Bonaparte revient à Vérone, à son quartier-général.

Alvinzi, après son échec du 6, s'était mis en retraite sur la Piave ; mais, quand, à son grand étonnement, il connut le mouvement rétrograde de Bonaparte, il revint sur ses pas, et le suivit à distance. Le 8, il arriva à Vicence, et le 9, à Montebello. Là, il apprit les succès de Davidowich contre Vaubois, et résolut de se joindre à lui pour exécuter le plan convenu, d'aller, avec toutes ses forces, débloquer Mantoue. Il continua donc d'avancer, et vint occuper, à trois lieues de Vérone, les hauteurs de Caldiero, où il se retrancha. Ces hauteurs, d'une pente raide, flanquées, d'une part, par des marais impraticables et par l'Adige ; de l'autre, par de hautes montagnes, contreforts des Alpes tyroliennes, forment une des positions les plus solides que l'on puisse rencontrer. Alvinzi s'y établit, la gauche à Caldiero et à la chaussée de Vérone, la droite sur les crêtes du mont Olivetto et au village de Cologna, le front couvert par des redoutes et par une artillerie formidable.

Bonaparte, incessamment menacé de deux côtés, n'avait pas de temps à perdre pour agir. Il résolut, en conséquence, d'attaquer sur-le-champ Alvinzi. En effet, le 11, à trois heures du soir, il quitte Vérone, et repousse les avant-gardes autrichiennes des postes de Saint-Michel et de Saint-Martin. Le lendemain, au point du jour, s'engage une affaire générale. Masséna assaille l'ennemi sur sa droite; Augereau, sur son front et sur sa gauche. Ils obtiennent d'abord l'avantage. Le premier enlève du canon ; le second, le village de Caldiero et 200 prisonniers.

A ce moment, arrivent de Villa-Nova treize bataillons de la réserve autrichienne, dont Alvinzi dispose aussitôt pour renforcer sa ligne. La pluie tombait par torrens, et, chassée par un vent glacial sur le visage des républicains, elle les empêchait de voir et d'agir. Les terres, détrempées, formaient une boue épaisse, qui rendait les manœuvres lentes et difficiles, qui entravait surtout les mouvemens de l'artillerie, et ne lui permettait pas de répondre à celle de l'ennemi, avantageusement placée à l'avance. Tous ces obstacles réunis contre les Français, finissent par changer la face des affaires. Bonaparte est repoussé, malgré les plus grands efforts, et, le lendemain, 13, il rentre à Vérone.

Sa position semblait alors désespérée. Il ne lui restait que 14,000 hommes ; Vaubois en comptait à peine 8,000; et avec ces faibles forces, on allait se trouver resserré entre deux armées ayant ensemble 50,000 à 55,000 combattans. Bonaparte, cependant, ne perd pas courage : il médite, étudie attentivement le terrain et son génie audacieux et inventif, vient lui suggérer un moyen de salut (1).

---

(1) Voir la carte n° 3.

En arrivant sous Vérone par la route de Vicence, Alvinzi avait à sa droite, de hautes montagnes, à sa gauche, des marais impraticables et l'Adige, en face, une place dont l'enceinte était à l'abri d'un coup de main. Le terrain qu'il occupait, fermé ainsi devant lui et latéralement, ne lui laissait pour issue que le défilé de Villa-Nova, situé sur ses derrières, et où aboutissait une chaussée, partie du village de Ronco, sur les bords de l'Adige. Cette chaussée, circulant à travers un terrain difficile et marécageux, remontait la rive droite de l'Alpon, petit affluent du fleuve, jusqu'au village d'Arcole. Là, elle traversait le ruisseau, puis, le village et venait rejoindre à Villa-Nova, la route de Vérone à Vicence. Une autre chaussée, partant également de Ronco, remontait à travers les marais la rive gauche de l'Adige. Celle-là conduisait à Caldiero et à Vérone, en passant par le village de Porcil où elle débouchait en plaine.

Ce fut sur ces deux chaussées, embrassant dans leur angle, le terrain de son adversaire, que Bonaparte résolut de transporter son champ de bataille. La première le conduisait sur les communications de l'ennemi, et, si la fortune secondait son audace, lui offrait la perspective de l'anéantir : la seconde permettait de porter secours à Vérone et de placer les Autrichiens entre deux feux, s'ils tentaient de l'enlever. Enfin, la nature de l'attaque obligeait Alvinzi à faire face en arrière, et à abandonner ses fortes positions de Caldiero. Il était amené à combattre sur des digues étroites, où le nombre serait sans influence, et où tout se déciderait par la supériorité individuelle du soldat, par le courage des têtes de colonnes.

Le 14 au soir, après avoir confié la garde de Vérone à 1,500 hommes, sous les ordres de Kilmaine, Bonaparte fit prendre les armes à ses troupes, et recommanda dans les rangs le plus grand silence. On sortit par la porte de Milan ; puis à une certaine distance, on tourna à gauche et on longea l'Adige. On arriva ainsi à Ronco, où un pont avait été jeté par les ordres du général en chef. On traversa le pont, et, le 15 au matin, toute l'armée se trouva transportée sur la rive gauche du fleuve.

Pour frapper le moral de l'ennemi, il fallait le surprendre, et par conséquent, agir avec rapidité. Augereau qui a passé, le premier, le pont de Ronco, se porte de suite sur la digue d'Arcole, pour déboucher sur Villa-Nova ; Masséna se dirige sur la digue de Porcil. La douzième demi-brigade d'infanterie légère garde le pont et la soixante-quinzième de ligne est placée en réserve dans un petit bois à droite.

D'abord, on ne rencontre que des tirailleurs avec lesquels on engage la fusillade ; mais bientôt, Alvinzi instruit par sa cavalerie de ce qui se passe, dirige une division sur chaque digue. Masséna, posté sur celle de gauche, laisse approcher les Autrichiens, puis, quand il les voit suffisamment avancés, il fond sur eux à la bayonnette, les culbute, en tue et en jette un grand nombre dans les marais. Augereau agit de même et obtient le même succès contre la division qui l'assaille : malheureusement, quand après l'avoir enfoncée et mise en déroute, il veut passer après elle le pont d'Arcole, il est accueilli par un feu terrible d'artillerie et de mousqueterie qui l'oblige à s'arrêter. C'est en vain qu'il prend un drapeau, et le porte au milieu du pont, pour entraîner ses soldats. Ceux qui le suivent sont balayés par la mitraille et ramenés en arrière.

Le moment était décisif; car pour couper la retraite à l'ennemi et obtenir le grand résultat auquel on aspirait, il fallait arriver promptement à Villa-Nova. Bonaparte n'hésite pas à se dévouer : il court au pont, saisit un drapeau, et rappelant aux soldats leurs exploits et l'exemple de Lodi, il se précipite en avant et entraîne tous ceux qui ont pu l'entendre. Ses généraux marchent en tête avec lui; mais, comme Augereau, il est accueilli par un feu épouvantable, qui jette par terre tous ceux qui l'entourent. Son aide-de-camp, le jeune Muiron, est tué en le couvrant de son corps; lui-même est refoulé, culbuté dans les marais, par une colonne qui débouche, et sur le point d'être fait prisonnier.

Après cette infructueuse tentative, Bonaparte se décide à attendre l'effet d'une diversion qu'il a ordonnée, en voyant la résistance primitivement opposée à Augereau. Guyeux avec sa brigade a été dirigé sur Albaredo, au-dessous de l'embouchure de l'Alpon, pour y passer l'Adige sur un bac et tourner Arcole.

Cette manœuvre ne tarde pas à réussir. Guyeux étant parvenu à déboucher sur la gauche de l'Alpon, s'empare du village en quelques instans. Malheureu-

sement il était trop tard. Alvinzi, effrayé du danger
qui le menaçait, avait défait à la hâte ses batteries,
fait repasser à ses parcs et à ses réserves le pont de
Villa-Nova et abandonné Caldiero. Il se trouvait
maintenant déployé dans la plaine ; et par conséquent,
il n'était plus possible de lui couper la retraite et de
le détruire, après l'avoir acculé à Vérone.

La nuit approchait, et l'ennemi apparaissait en
forces pour reprendre Arcole. Bonaparte jugea dangereux de conserver ses positions sur les digues, avec
des marais sur ses deux flancs et l'Adige à dos. D'ailleurs, il voulait être à portée de secourir Vaubois, si
cela était nécessaire. Il fit donc évacuer Arcole, occupé par Guyeux, et Porcil, dont s'était emparé Masséna, et reporta son armée à Ronco, sur la rive droite
du fleuve. Les douzième et soixante-quinzième demi-
brigades restèrent seules sur la rive gauche, pour
observer les impériaux et garder le pont. Le gros des
forces d'Alvinzi bivouaqua entre le village de San-
Bonifacio, qui touche Villa-Nova et celui de San-Ste-
phano, situé dans la plaine, au nord-est d'Arcole. La
division Provera qui avait été engagée contre Masséna, passa la nuit, derrière un canal, entre Caldiero
et Porcil. Ce dernier village et celui d'Arcole furent
réoccupés par les avant-gardes Autrichiennes.

Tels furent les résultats de cette première journée.
Bien qu'incomplets, ils étaient avantageux pour nous,
et constituaient un succès réel. En effet, deux divisions ennemies avaient été fort endommagées. Nos
soldats avaient repris toute leur confiance. Enfin, l'on

avait obtenu, par la retraite des impériaux, l'abandon d'une position presqu'inexpugnable et la délivrance de Vérone.

Bonaparte, dans la nuit, reçut de Vaubois des nouvelles rassurantes : son lieutenant n'avait pas été attaqué le 15, et conservait encore ses positions de la Corona et de Rivoli. Il se décida alors, à livrer le 16, une seconde bataille.

Au point du jour, les divisions Augereau et Masséna repassent l'Adige, dans le même ordre que la veille. A peine ont-elles débouché, qu'elles rencontrent l'ennemi sur les deux digues : il marchait de son côté à l'attaque du pont de Ronco. Elles l'assaillent et, comme le jour précédent, le culbutent et en jettent une partie dans les marais. Masséna s'empare de nouveau de Porcil, enlève à Provera un millier de prisonniers, six canons et trois drapeaux. Augereau refoule les Autrichiens dans Arcole ; mais, cette fois encore, ses efforts sont vains pour enlever le pont. Bonaparte veut, comme le 15, jeter des troupes sur la rive gauche de l'Alpon, par le bac d'Albaredo : il tente aussi de construire, vers l'embouchure du ruisseau, un pont de fascines ; mais une brigade ennemie empêche le passage et toutes les tentatives sont infructueuses pour l'établissement du pont. Quoi qu'il en soit, les Français ont obtenu d'incontestables avantages, et ont fait éprouver à l'adversaire, des pertes qui tendent de plus en plus à équilibrer les forces. A la fin du jour, l'armée repasse l'Adige et bivouaque dans les mêmes positions que la veille.

Dans la nuit, on apprit que Vaubois avait été attaqué, le 16, dans ses positions de la Corona, et forcé de les évacuer, après de vifs engagemens. Dès lors, il devenait urgent de repousser Alvinzi au-delà de Villa-Nova, et de se remettre en communication directe avec Vérone, pour marcher contre Davidowich.

Bonaparte prend donc ses mesures pour déboucher en plaine, et livrer, le 17, la bataille décisive. A cet effet, il fait préparer le matériel nécessaire à l'établissement d'un pont de chevalets, à l'embouchure de l'Alpon.

Le 17, au point du jour, toute l'armée s'ébranle et passe l'Adige. Masséna, comme le 15 et le 16, se porte sur la digue de gauche, avec la dix-huitième demi-brigade de ligne. Le général Robert, avec la soixante-quinzième, est dirigé sur Arcole. Augereau jette le pont de chevalets au confluent de l'Alpon, et se dispose à exercer le principal effort contre la gauche d'Alvinzi, en plaine; la garnison de Legnago a reçu l'ordre de sortir, pour se lier à lui et seconder son attaque. La douzième de ligne reste chargée de la garde du pont de Ronco, et, près d'elle, sont postées, en réserve, la trente-deuxième et la dix-huitième d'infanterie légère.

Masséna rencontre une vive résistance. Il met son chapeau au bout de son épée et marche ainsi à la tête de ses soldats. Ceux-ci s'élancent à sa suite, renversent tout ce qui se trouve sur leur passage, chassent les Autrichiens de Porcil et s'en emparent.

Robert, sur la digue de droite, refoule d'abord

l'ennemi jusqu'à Arcole ; mais là, il se trouve assailli
par le gros de ses forces, et est repoussé en désordre
vers le pont de Ronco. Bonaparte, pour arrêter les
impériaux, place la trente-deuxième en embuscade,
ventre à terre, dans un petit bois de saules, à droite
de la digue : puis, quand leur colonne arrive à sa
hauteur, cette demi-brigade se relève, fait une dé-
charge, et se précipite sur elle à la bayonnette, en
même temps que la dix-huitième légère l'aborde de
front. Toute la colonne, se composant de 3,000
Croates est jetée dans les marais, détruite ou faite
prisonnière.

Pendant que ces événemens se passent à la gauche
et au centre, Augereau, avec la droite renforcée,
passe l'Alpon, et aborde en plaine l'aile gauche des
impériaux, appuyée à des marais. Seule, la division
française était trop faible pour tourner cet obstacle,
et la garnison de Legnago, chargée de le faire, n'apparaissait pas encore. Bonaparte, alors, se rappelle
combien il est facile d'ébranler une troupe, en l'attaquant à l'improviste sur son flanc. Il ordonne au
lieutenant Hercule, officier de ses guides, de choisir
25 hommes, de longer l'Adige d'une demi-lieue, de
tourner rapidement tous les marais, et de charger
les Autrichiens en flanc, en faisant un grand bruit de
trompettes. Cette ruse obtient un plein succès ; et
Augereau profite de l'ébranlement de l'ennemi, pour
presser son attaque de front, et le faire plier. A ce
moment, apparaissent, se dirigeant sur les derrières
de celui-ci, les deux bataillons de la garnison de Le-

guago, avec quatre pièces de canon. Ce mouvement achève de le déconcerter, et lui fait accélérer sa retraite.

A la gauche de l'armée, Masséna, après avoir laissé à Porcil quelques troupes, pour contenir l'adversaire, et couvrir les ponts, était venu se joindre à l'attaque principale. A cet effet, il s'était porté, avec les forces qui lui restaient, sur la digue d'Arcole, et s'était emparé de ce village. Il en déboucha quand il vit les impériaux en retraite devant Augereau, et les poursuivit dans la direction de San-Bonifacio. Ceux-ci furent harcelés jusqu'à la fin du jour, et perdirent beaucoup de monde. Les deux armées passèrent la nuit en présence; les Français, la gauche en avant d'Arcole, et la droite à San-Gregorio.

Alvinzi, épuisé et découragé par trois jours d'une lutte meurtrière et malheureuse, se retira, le lendemain, 18, sur Montebello et sur Vicence. Depuis le 15, il n'avait pas reçu de nouvelles de Davidowich, et ce fut là un des principaux motifs de sa retraite. Il voulut vraisemblablement se lier à son lieutenant, par les gorges de la Brenta. Son corps d'armée ne comptait plus qu'une vingtaine de mille hommes. Il avait perdu, dans les sanglantes journées d'Arcole, 10,000 hommes tués ou blessés, 6,000 prisonniers, 4 drapeaux et 18 pièces de canon. Quant aux pertes des Français, elles n'ont jamais été bien indiquées. Elles furent surtout sensibles en officiers-généraux, qui se dévouèrent pour enlever les troupes, dans les momens difficiles.

Bonaparte se contenta de faire suivre l'ennemi par
sa cavalerie, et revint à Vérone pour écraser Davidowich. Comme nous l'avons dit, ce général était sorti
le 16, de son inaction, avait attaqué Vaubois dans
ses positions de la Corona, et l'avait forcé à se retirer. Celui-ci s'était d'abord replié lentement, et en bon
ordre sur Rivoli ; mais pressé vivement de front, et
menacé d'être tourné par les côtés, il avait précipité
sa retraite, et avait perdu à son arrière-garde, 7 à
800 prisonniers, au nombre desquels le général Fio-·
rella.

Davidowich s'était avancé, le 18, jusqu'à Castel-
Novo ; et Vaubois, craignant d'être pris entre deux
feux, s'était porté, par Peschiera, derrière le Mincio.
Ces événemens firent hâter la marche des troupes.
Masséna et Augereau ne firent que traverser Vérone.
Le premier se dirigea sur Villa-Franca, pour s'y réunir à Vaubois, qui devait se porter sur le même
point par Borghetto. Le second, gagnant la vallée ·
de l'Adige, par la rive gauche, vers Dolce, fut chargé
de couper la retraite aux Autrichiens, pendant que
Masséna et Vaubois les attaqueraient de front. Si ce
projet eut réussi, la perte de Davidowich était inévi-
table : mais ce général, informé le 19 de la retraite
de son chef, dont il n'avait pas de nouvelles, se hâta
lui-même de regagner les montagnes, non sans
éprouver des pertes sensibles.

Alvinzi se retira finalement derrière la Brenta ; et,
vu l'avancement de la saison et la fatigue de ses
troupes, il y prit ses cantonnemens. Il établit sa

gauche à Padoue, sa droite vers Trente, pour se lier
à Davidowich, et son centre à Bassano, où fut placé
le quartier-général.

Wurmser, qui aurait pu favoriser les opérations
d'Alvinzi, par une sortie faite à propos, après le départ de Kilmaine, resta inactif jusqu'au 23. Ce jour-
là, il attaqua l'armée de siége, que Kilmaine avait
déjà rejointe, avec les 3,000 hommes qui en avaient
été momentanément distraits. Il fut donc vigoureusement repoussé, et rentra dans la place, après avoir
perdu 200 hommes et trois pièces de canon.

Les Français imitèrent les Autrichiens, et prirent
aussi leurs cantonnemens. Ils s'établirent sur l'Adige,
avec des postes avancés, au-delà de Legnago et de
Vérone; et occupèrent, à l'entrée du Tyrol, les positions principales du Monte-Baldo, entre autres, celles
de la Corona et de Rivoli.

Réflexions.   Arrêtons-nous à cette période des campagnes de
1796, comprenant la bataille d'Arcole. Elle donne
matière suffisante aux réflexions et aux enseignemens
utiles.

Dans les événemens que nous venons de rapporter, les Autrichiens commirent, comme précédemment, la faute capitale d'adopter un mauvais plan de
campagne. Ils auraient dû réunir leurs forces par les
gorges de la Brenta, et marcher avec elles à la délivrance de Mantoue, puis contre l'armée française.

Au lieu de cela, ils les divisèrent en deux partics, trop éloignées l'une de l'autre, pour agir avec ensemble, pour s'entr'aider sûrement, en présence d'un adversaire aussi actif et aussi entreprenant que Bonaparte. Ils manquèrent de ce qui est indispensable à la réussite des opérations combinées, à savoir : d'activité, de résolution, de concert établi à l'avance, dans la prévision de toutes les éventualités. Ils manquèrent aussi d'esprit d'expédiens et d'un soin de la plus haute importance, en laissant leurs corps d'opérations sans nouvelles l'un de l'autre, pendant des intervalles de trois et quatre jours. Alvinzi, et surtout Davidowich, restèrent dans une inaction incompréhensible ; le premier, du 12 au 15 ; et le second, du 8 au 16 novembre. Alvinzi, après son succès de Caldiero, pouvait aller délivrer Mantoue, en en prévenant son lieutenant. Il y aurait détruit le corps de Kilmaine, en le plaçant entre deux feux, et se fût renforcé de celui de Wurmser. Cela valait mieux, sans contredit, que de passer trois jours à ne rien faire. Si Davidowich eut attaqué plustôt les positions de Vaubois, il aurait mis l'armée française dans une position fort critique, entre son corps et celui de son général en chef.

Pour Wurmser, il demeura dans l'inaction, quand il convenait d'agir, et agit, au contraire, quand il aurait convenu de rester inactif. Il commit ainsi une erreur et une faute : une erreur, par son ignorance excusable des mouvemens d'Alvinzi ; une faute, par son ignorance inexcusable du départ et du retour de

Kilmaine. Telles furent les principales causes de la défaite des Autrichiens, dans la campagne d'Arcole.

Quant à Bonaparte, ses opérations, malgré le trait de profond et audacieux génie qui le sauva à Arcole, ne satisfont pas aussi complètement l'esprit, dans cette campagne que dans d'autres. Il semble que le grand capitaine ait manqué, à certains momens, de cette résolution judicieuse et prompte, de cette activité d'exécution, de cet enchaînement logique d'idées qui caractérisent généralement sa conduite, le placent si haut au-dessus de ses antagonistes, et sont la source naturelle de ses succès.

Son projet primitif fut de frapper un coup d'éclat; de battre Alvinzi, et de le repousser brusquement au-delà des gorges de la Brenta; de s'emparer de ces gorges; enfin, de remonter, par elles, dans le Tyrol, pour tomber sur les derrières de Davidowich, le placer entre deux feux, et le détruire. Ce projet offrait des dangers sérieux, et présentait peu de chances de réussite. En effet, en raison de la position menaçante de Davidowich, qu'il était indispensable de contenir, il obligeait à diviser et à faire agir des forces déjà bien faibles, en deux parties séparées par une grande distance. Il fallait d'abord, avec 16,000 hommes, en battre rapidement 40,000 en plaine : il fallait ensuite, avec ce qui en resterait, exécuter, sans communications ni points d'appui, un mouvement fort large, à travers des montagnes abruptes, occupées par l'ennemi. La chose n'était ni facile, ni prudente.

En général, lorsqu'avec des forces très inférieures, on veut battre un adversaire divisé en deux corps, entre lesquels on occupe une position centrale, on ne peut songer à faire face simultanément à ces deux corps. Il faut les attaquer séparément, l'un après l'autre, avec des moyens plus puissans que les leurs, et commencer par celui qui se montre le plus compromettant.

Pour appliquer cette vérité dans le cas présent, où le corps de Davidowich était à la fois le plus dangereux par sa direction et le plus près, il convenait de renforcer Vaubois de 6 à 8,000 hommes, de manière qu'il pût battre son antagoniste rapidement et d'une façon décisive. Le reste des troupes, après avoir contenu Alvinzi, sans s'engager sérieusement, serait venu se retrancher aux environs de Vérone, dans la position de Caldiero, qu'on aurait cherché à rendre inexpugnable. Il est vrai, qu'en opérant ainsi, on laissait Alvinzi maître de marcher, sans grands obstacles, sur Vérone ou sur Mantoue; mais c'était là un inconvénient inhérent aux difficultés des circonstances, et dont il fallait prévenir les suites fâcheuses, par une extrême vigilance et une grande rapidité de mouvemens. Si l'ennemi se portait sur Mantoue, il fallait le battre avant qu'il y arrivât, en employant simultanément l'armée active et celle du blocus, opportunément dérobée pendant un ou deux jours. En agissant comme il le fit, en se morcelant, pour tenir tête à la fois, à Alvinzi et à Davidowich, Bonaparte fut repoussé d'un côté, n'obtint, de l'autre, qu'un avantage insignifiant, et , des deux côtés, fut forcé à la retraite. La confiance de l'adversaire s'accrut considérablement, et ses propres soldats perdirent de leur force morale, qu'il était essentiel de conserver intacte.

Quand l'expérience eut démontré au général français l'impossibilité de faire réussir son plan primitif, il pouvait encore, en se dérobant promptement avec une partie de son corps, aller écraser Davidowich, le rejeter dans les montagnes, puis revenir opportunément à Alvinzi. Au lieu d'agir ainsi, de porter successivement des coups décisifs avec une masse imposante, il tint ses troupes divisées, les fit battre par fractions isolées dans le Tyrol et à Caldiero, et resta du 7 au 12, sans rien entreprendre qui pût le tirer d'embarras.

Le projet dont l'exécution amena la bataille d'Arcole, et qui consistait à tomber à Villa-Nova, sur les derrières d'Alvinzi, est, sans contredit, la conception d'un profond et audacieux génie. Si l'ennemi perdait la tête, ce projet pouvait amener son entière destruction : mais était-il bien prudent de se jeter avec 14,000 hommes sur les communications d'une armée de 35,000, et ne pouvait-on agir d'une manière plus sûre et qui présentât autant d'avantages?

Pour barrer le passage à Alvinzi, d'une façon qui ne fût pas illusoire, il fallait nécessairement porter à Villa-Nova la majorité de ses forces, et s'éloigner du pont jeté sur l'Adige. Or, n'était-ce pas là compromettre gravement ses propres communications? N'était-ce pas compromettre aussi les effets de la sollicitude si grande qu'on montrait pour Vaubois, et par suite, mettre ses actes en contradiction avec ses paroles? D'ailleurs, en s'établissant à Villa-Nova, on laissait à l'adversaire l'alternative d'enlever Vérone, occupée par 1,800 hommes ou de passer avec 35,000, récemment victorieux, sur le ventre de 14,000, qu'il était facile de compter dans leur passage sur les digues. Ces deux chances étaient-elles bien favorables à l'armée française? Si, par exemple, l'ennemi, sans s'effrayer de sa situation, et se rappelant son succès dans les positions de Caldiero, les occupait solidement, contre une attaque du derrière, et livrait assaut à Vérone; pouvait-on, sans s'exposer à un désastre, passer le pont étroit de Villa-Nova, pour aller l'attaquer en plaine? En d'autres termes, le projet de Bonaparte n'était-il pas au-dessus de ses moyens d'exécution? Ce général ne devait-il pas, dès le premier jour, borner ses prétentions à délivrer Vérone, et à forcer Alvinzi à quitter Caldiero? Ne devait-il pas, dès ce moment, avoir principalement en vue de rétablir l'équilibre des forces, par une série de combats avantageux, livrés sur les digues? Enfin, l'obstacle qui amena ces combats, en empêchant la prise de Villa-Nova, ne fut-il pas un hasard heureux plutôt qu'un malheur?

Quoi qu'il en soit, des réponses à faire à ces questions qui nous semblent délicates, il est constant, qu'il existait un moyen plus efficace, plus sûr et plus rationel d'exécuter le plan de Bonaparte, que celui qu'il employa. Ce moyen consistait à dérober 6,000

hommes à Davidowich, dans la nuit du 14; et à les
jeter dans Vérone, puis sur les derrières d'Alvinzi,
pendant qu'avec le gros de l'armée, ou l'attaquerait
de front par Villa-Nova. De cette manière, on employait des ressources en rapport avec le projet que
l'on voulait exécuter. On avait véritablement de
grandes chances de détruire entièrement la principale
armée autrichienne, et par suite de terminer la guerre.
En outre, on préservait Vérone des dangers d'un assaut, et c'était là encore une considération importante.
Quant à Davidowich, les 2,000 tirailleurs laissés devant lui, étaient plus que suffisans pour le contenir
pendant une journée. Il était sans artillerie et ne pouvait en recevoir que sur le plateau de Rivoli. Enfin,
lors même que sans l'attendre, il eut poussé les tirailleurs, avec une vigueur et une activité qui n'étaient
pas dans son caractère, ceux-ci, en se jetant dans
Vérone, l'auraient empêché de rien entreprendre qui
pût sauver Alvinzi.

Si, de l'examen du projet d'ensemble, on passe à
l'analyse plus détaillée des opérations, il est incontestable qu'en admettant même que le plan de Bonaparte fût irréprochable, ce général devait veiller à ce
qu'aucune négligence ne vînt en arrêter l'exécution.
On peut donc lui reprocher, à juste titre, de n'avoir
pas fait préparer, dans la nuit du 14, en même temps
qu'on établissait le pont de Ronco, un petit pont destiné
à l'Alpon, sinon pour jeter toute son armée sur la gauche de cet affluent, du moins pour assurer, par une
diversion de flanc, le succès de l'attaque directe d'Ar-

cole (1). Tout au moins, aurait-il dû, dès le matin du 15, envoyer Guyeux passer l'Adige au bac d'Albaredo et s'emparer de ce village. La convenance de ces précautions était assez démontrée par les difficultés et les dangers qu'avait présentés l'enlèvement du pont de Lodi. La prise d'Arcole, par une attaque directe, pouvait en offrir davantage encore, à cause de la nécessité de cheminer sur une digue étroite, en prêtant le flanc aux feux partis de la rive gauche de l'Alpon.

On peut reprocher encore à Bonaparte d'avoir

---

(1) Les écrivains militaires reprochent à Bonaparte :

1° D'avoir passé l'Adige à Ronco, au lieu de le passer à Albaredo, et de s'être mis ainsi dans la nécessité de franchir l'Alpon, et d'attaquer Arcole de front, pour arriver sur les communications de l'ennemi;

2° D'avoir évacué le village d'Arcole, à la fin de la première ainsi qu'à la fin de la seconde journée de la bataille.

Voici de quelle manière Bonaparte lui-même a répondu à ces reproches :

« Le pont de l'Adige, dit-il, fut jeté vis-à-vis de Ronco sur la droite de l'Alpon, entre l'embouchure de cette rivière et Vérone, et non vis-à-vis Albaredo, au-dessous de l'embouchure de l'Alpon: 1° parce que les hussards autrichiens occupaient le village d'Albaredo, et que, si l'on y eut jeté le pont, ils eussent donné l'éveil à Alvinzi. C'était surtout sur une surprise que l'on comptait, tandis que l'ennemi avait négligé d'occuper les marais vis-à-vis Ronco, se contentant de les faire éclairer par des patrouilles de hussards qui, deux fois par jour parcouraient les digues; 2° l'armée française n'avait que 13,000 hommes: elle ne pouvait avoir aucun espoir, dans l'état des choses, d'en battre 30,000 dans une plaine ouverte où les lignes eussent pu se déployer; mais sur des digues environnées de marais, les têtes de colonne seules se battraient; le nombre serait sans influence; 3° Alvinzi se préparait à donner l'assaut à Vérone : son quartier général en était à 3 lieues : il se pouvait, qu'au moment où l'armée française marcherait sur Ronco, il marchât pour forcer Vérone. Il fallait donc qu'elle passât l'Adige au-dessus de l'embouchure de l'Alpon, pour n'avoir aucun obstacle naturel à suivre Alvinzi sur Vérone. Si elle eut passé vis-à-vis Albaredo, quelques bataillons Croates en position sur la rive droite de l'Alpon, auraient suffi pour protéger la marche d'Alvinzi sur Vérone. Une fois cette ville perdue, l'armée française était obligée de battre en retraite pour se réunir avec Vaubois sur Mantoue et y prévenir l'ennemi. »

évacué Albaredo, à la fin de la première journée. Ce village, placé à la fois sur les rives gauches de l'Adige et de l'Alpon, était en effet facile à défendre; et d'ailleurs les Autrichiens ne se seraient pas hasardés à l'assaillir pendant la nuit. Son occupation eut assuré, par un bon flanquement, le succès des attaques sur la digue de droite; et lorsqu'après l'avoir abandonné de plein gré, on voulut le reprendre le lendemain, on ne put y parvenir.

Quant à l'évacuation d'Arcole, nous nous bornerons à faire les observations suivantes, sur les motifs allégués par Napoléon lui-même, en réponse à la critique des écrivains militaires (2).

La sollicitude du chef français pour son lieutenant Vaubois, semble un peu exagérée; car celui-ci pouvait, au besoin, se retirer à Vérone, et, comme nous l'avons remarqué, c'était même ce qu'il avait de mieux

---

(2) « Arcole, dit encore Napoléon, fut évacué à la fin de la première et à la fin
» de la seconde journée, parce que les avantages obtenus dans la première journée,
» quoique considérables, ne l'étaient pas assez pour que l'armée pût déboucher dans
» la plaine et rétablir ses communications avec Vérone. Cependant, il était à crain-
» dre que pendant le jour même qu'elle s'était battue à Arcole, Davidowich se fût
» porté de Rivoli sur Castel-Novo; et alors, il n'y avait plus de temps à perdre: il
» fallait que l'armée marchât toute la nuit pour se réunir le lendemain à Vaubois,
» sur Castel-Novo et Villa-Franca, battre Davidowich, sauver le blocus de Mantoue,
» puis revenir après, s'il y avait lieu, avant qu'Alvinzi eût passé l'Adige. Napoléon
» reçut à quatre heures du matin, la nouvelle que Davidowich n'avait pas bougé
» la veille; alors, il repassa le pont et prit Arcole. À la fin de la seconde journée,
» il fit les mêmes raisonnemens: il avait obtenu des avantages réels, mais pas assez
» décisifs pour pouvoir se hasarder à déboucher en plaine. Il se pouvait toujours
» que Davidowich eût marché sur Vaubois; il fallait être en mesure de couvrir le
» blocus de Mantoue. Ces raisons tiennent à des calculs d'heures, et il faut bien
» connaître l'échiquier de Vérone, de Ronco, de Mantoue, de Castel-Novo et de Ri-
» voli pour les concevoir. »

à faire, en s'y prenant à propos et à l'improviste, dans la nuit du 14 au 15.

Certes, Davidowich ne se fut pas risqué à dépasser cette place, pour se porter seul sur Mantoue. D'ailleurs, eut-il tenté de le faire, il ne serait pas arrivé à temps et sa démarche n'aurait servi qu'à précipiter sa ruine. L'intérêt le plus puissant des Français était de battre Alvinzi, et ils devaient chercher à y satisfaire, sans que la considération d'aucun autre les détournât de leur but. En outre, n'est-il pas étrange que Bonaparte, qui insiste tant sur la nécessité de se tenir à portée de Vaubois, pour le secourir au besoin et sauver le blocus de Mantoue, se décide à s'en éloigner et à livrer bataille en plaine, précisément le lendemain du jour où son lieutenant a été assailli et forcé dans ses positions de la Corona?

Disons enfin que nous ne comprenons ni les critiques adressées à Bonaparte sur l'évacuation d'Arcole, le second jour de la bataille, ni les réponses qu'il y a faites; puisque ce jour là, Arcole ne put être occupé. Sans doute, les unes et les autres se rapportent au mouvement par lequel, à la fin de la première comme à la fin de la seconde journée, le général français replia ses troupes sur la rive droite de l'Adige. Mais observons, en passant, qu'elles témoignent du peu de scrupule qu'on met à reproduire fidèlement dans les écrits, la manière dont se sont passés les événemens militaires.

Le second jour de la bataille, l'ennemi ne pouvait plus être surpris sur ses communications. Il convenait

donc de se borner à combattre sur les digues, pour
rétablir l'équilibre des forces entre les deux armées.
Napoléon, dans ses mémoires, partage cette opinion,
et semble même ne s'être décidé qu'au milieu de la
troisième journée à aller combattre en plaine. Mais
pourquoi alors se donner tant de peine, dans la matinée
du 16, pour jeter un pont de fascines à l'embouchure
de l'Alpon, et pour traverser l'Adige au-dessous de
cette embouchure? Ces tentatives, qu'il passe sous
silence, n'eurent-elles pour but que de rendre plus
sures les attaques sur la digue d'Arcole, en permettant
de les flanquer? Ne donnent-elles pas plutôt à croire
que Bonaparte cherchait, dès le second jour, à déboucher en plaine, et n'impliquent-elles pas ainsi
contradiction entre les actes et les paroles? En d'autres termes, n'est-il pas permis de trouver ici une
confirmation de cette verité que nous avons établie
ailleurs, savoir : que les plus grands capitaines ont,
comme tous les hommes, la partialité de l'amour-
propre; que dans le récit de leurs opérations, ils ont
une tendance à arranger les faits, de façon à rendre
leur conduite irréprochable; qu'enfin, entraînés par
cette tendance, ils font parfois, au soin de leur renommée, le double sacrifice de la vérité et de la
justice?

En résumé, dans la campagne d'Arcole, les Autrichiens adoptèrent un mauvais plan, en divisant
leurs forces en deux parties, séparées par une grande
distance. Ils ajoutèrent aux défauts de ce plan, qui
rendaient difficiles les communications et l'ensemble

des mouvemens, en ne s'entendant pas, à l'avance, sur ce qu'il y avait à faire, en manquant d'activité, de résolution et d'esprit d'expédiens : ils ne surent pas profiter des avantages considérables que leur donna, au début, le sort des armes, et finalement, ils furent vaincus.

Bonaparte, après avoir tenté d'abord un projet hasardeux, qui lui attira des revers, après être resté pendant cinq jours sans rien résoudre, sans rien faire qui pût le tirer d'embarras, eut une de ces inspirations que donne le génie, dans les momens critiques. Il la suivit, et, bien que pour le faire, il employât des moyens qui, eu égard à ses ressources, n'étaient ni les plus sûrs ni les meilleurs, il réussit complètement. Il demeura vainqueur de la campagne, après avoir battu et repoussé des forces plus que doubles des siennes.

Les actes que nous venons d'analyser, et les résultats qui en furent la conséquence, donnent lieu à des conclusions semblables à celles que nous avons déjà plusieurs fois établies, et confirment entièrement nos vérités directrices. Ils démontrent que, dans les événemens militaires, le génie et la résolution du chef, la bravoure de ses soldats, sont, dans la balance, d'un poids plus grand que le nombre; qu'un général habile et résolu, à la tête de bonnes troupes, ne doit jamais désespérer de son sort ; qu'une inspiration heureuse, un emploi de ses ressources, ingénieux et approprié au terrain, peuvent le tirer de la position

Conclusion.

la plus critique. On voit, par ce qui vient d'être rapporté, combien l'art de la guerre est un art épineux, délicat et variable dans ses applications, avec ceux qui sont chargés de les faire ; combien il est difficile d'adopter les meilleurs projets, d'exécuter le plus favorablement les résolutions prises, au milieu des combinaisons multiples qui se présentent, des intérêts divers auxquels il faut satisfaire, des incertitudes qu'on rencontre, des impressions qu'on éprouve involontairement. On comprend, enfin, que si les erreurs et les fautes que commettent les plus habiles, ne leur sont pas préjudiciables, cela tient à ce que leurs adversaires n'en savent pas profiter, en commettent eux-mêmes de plus graves encore, et à ce que les unes et les autres sont rachetées par la valeur des troupes, et les avantages considérables que donne l'ascendant des armes.

DEUXIÈME PÉRIODE.

RIVOLI.

Suscitées par l'Autriche, Rome et Naples, malgré les armistices récemment conclus, montraient un esprit hostile aux Français, et il en était de même de Venise. Sur le territoire de celle-ci, le château de Bergame servait de repaire à des bandes qui interceptaient les communications de l'Adige à l'Adda. Bonaparte le fit occuper, sous prétexte que la garnison vénitienne n'était pas en état de résister à une attaque des impériaux. Il se rendit ensuite à Bologne, dans le but d'activer l'organisation de la république cispadane. Enfin, pour en finir avec Rome, ou, du moins, lui imposer, jusqu'à la reddition de Mantoue, il forma une colonne mobile de 4,000 hommes, destinée à pénétrer dans la Romagne. Mais, au moment où cette colonne allait partir, il fut rappelé sur l'Adige, par les mouvemens de l'ennemi, qui reprenait l'offensive. Il repassa alors le Pô, avec 2,000 hommes, envoya ceux-ci renforcer la division d'Augereau, et se rendit de sa personne à Vérone.

Depuis deux mois, l'armée autrichienne s'était considérablement renforcée. Le conseil aulique y avait mis un zèle, une activité extrêmes, et les forces qu'il allait opposer aux Français ne s'élevaient pas à moins de 65,000 hommes, en y comprenant les milices tyroliennes. En outre, 20,000 étaient renfermés dans Mantoue, et, dans ce nombre, 12,000 à peu près étaient valides.

D'après le nouveau plan arrêté par le conseil, deux corps d'armées, indépendans l'un de l'autre, agissant chacun pour son propre compte, durent se porter sur Mantoue, l'un par le Monte-Baldo et les gorges du Tyrol, l'autre par les plaines du Padouan et le bas Adige. Le premier, sous les ordres d'Alvinzi, était de beaucoup le plus considérable : il s'élevait à environ 50,000 hommes, dont 6,000 Tyroliens. Le second n'en comptait guère que 18,000, et fut placé sous le commandement du général Provera.

Le grand objet de la campagne était de débloquer Mantoue, et, pour que cette place fût délivrée, il suffisait que l'une des deux attaques, opérées sur sa direction, réussît. Voici de quelle manière les Autrichiens avaient établi leurs calculs :

L'armée principale d'Alvinzi attirerait, selon toute vraisemblance, le gros de l'armée française : le corps de Provera rencontrerait, par conséquent, peu d'obstacles, et arriverait à Mantoue sans difficultés. Là, il écraserait, entre lui et les troupes de Wurmser, le faible corps du blocus, si celui-ci n'avait eu la prudence de se retirer : en tout cas, il sauverait la place et formerait, avec la garnison valide, une armée de 20 à 25,000 hommes. Si, comme on l'espérait, Alvinzi, de son côté, obtenait l'avantage, tout était fini : l'Italie se trouvait reconquise et les Français étaient détruits entre deux armées autrichiennes, et les populations hostiles soulevées à leur appel. Si, par malheur, Alvinzi essuyait un échec, la place de Mantoue était toujours ravitaillée. On y laissait une forte garnison ; on occupait le Seraglio avec le reste des troupes, et on établissait des communications avec la Romagne. Puis, Wurmser se jettait dans celle-ci avec tout son état-major, avec ses cavaliers démontés, avec son artillerie de campagne : enfin, il organisait l'armée du pape, la mettait en état de prendre part à la lutte et la portait sur les derrières de l'armée française.

Si, contrairement aux probabilités, Bonaparte exerçait son principal effort contre le corps de Provera, les chances étaient encore plus favorables que les précédentes, quel que fût d'ailleurs le sort réservé à ce dernier. Alvinzi, en effet, à la tête de ses 50,000 hommes devait alors arriver rapidement à Mantoue, disperser ou détruire le faible corps de siége, débloquer la place et se trouver établi avec environ 60,000 soldats valides sur les communications des Français. La perte de ceux-ci devenait donc imminente.

On n'avait pas prévu le cas où les attaques d'Alvinzi et de Provera échoueraient toutes les deux ; mais si Wurmser se trouvait réduit aux extrémités de la famine avant d'avoir reçu du secours, il devait se dérober nuitamment, avec tout ce qui pourrait porter les armes, et gagner la Romagne, pour y faire ce qui vient d'être dit à l'instant.

Comme on le voit, le plan du conseil Aulique était mûrement et largement combiné, et ne manquait pas non plus d'une certaine profondeur et d'une certaine justesse. Il aurait incontestablement réussi avec des troupes habilement commandées et qui eussent possédé l'ascendant des armes. Il était hasardeux avec des troupes déjà battues tant de fois, avec des chefs qui venaient d'essuyer le revers si grand et si extraordinaire d'Arcole. Il avait le défaut de placer les deux corps d'opérations à une trop grande distance l'une de l'autre, et de faire cheminer le plus considérable à travers un terrain des plus difficiles. En outre, il n'attribuait pas au second un effectif suffisant pour arriver à Mantoue, dans un degré de force convena-

ble, après avoir surmonté les obstacles probables
qu'il rencontrerait en chemin. Cependant, à tout
prendre, ce projet valait mieux que la plupart des
précédens, principalement en ce qu'il comportait deux
attaques entièrement indépendantes l'une de l'autre,
et prescrivait aux deux chefs de pousser vigoureusement devant eux, sans s'inquiéter de ce qui se passerait ailleurs.

Bonaparte, malgré ses sollicitations vives et réité-
rées, n'avait reçu qu'un renfort d'environ 7,000 hommes. Son armée, composée de cinq divisions et forte
en tout de 44,000 hommes, n'en comptait guères que
31,000, à l'armée active en observation sur l'Adige.
Joubert, qui avait pris le commandement de la division Vaubois, occupait avec 10,250 hommes les positions retranchées de la Corona et celles de Rivoli.
A sa droite, la division Masséna occupait Vérone.
Augereau était à Legnago, et éclairait le bas Adige
et le terrain qu'il avait devant lui. Le général Rey, avec
la division de réserve, était posté à Désenzano. Enfin,
Serrurier, avec 10,000 hommes, bloquait Mantoue,
et 4,000 hommes, à peu près, se trouvaient dans les
citadelles de Bergame, de Ferrare, d'Urbin, etc., et
dans la république Cispadane.

Alvinzi quitta Bassano le 7 janvier. Il remonta les
gorges de la Brenta, alla rallier à Roverédo les troupes
du corps principal, puis s'avança contre Joubert, avec
trente-six bataillons répartis en six colonnes. Le général français se voyant assailli le 12, par des forces
aussi supérieures, qui menaçaient de déborder ses

flancs, se décida à battre en retraite. Il abandonna donc ses positions de la Corona, et se replia avec ordre sur le plateau de Rivoli, qu'il résolut de défendre à toute extrémité.

Le même jour qu'Alvinzi était parti de Bassano, Provéra avait quitté Padoue. Le lendemain 8, il attaqua l'adjudant-général Duphot, qui commandait un corps avancé de la division d'Augereau, et le repoussa sur Bélivaqua ; mais, au lieu de pousser Duphot l'épée dans les reins, de chercher à forcer ou à surprendre le passage de l'Adige pour gagner rapidement Mantoue, il resta jusqu'au 12, dans une complète inaction. Ce jour là, il détacha le général Bayalistch sur Vérone, avec six bataillons et quelque cavalerie, et avec le reste de son corps se porta lui-même sur Bélivaqua, puis sur Legnago.

Masséna sortit de Vérone, culbuta Bayalistch, lui fit 8 à 900 prisonniers et lui enleva trois pièces de canon. Duphot, après un engagement peu sérieux, se rabattit sur Legnago, et Augereau replia toutes ses troupes sur ce point et sur la rive droite de l'Adige. Telle était la situation des affaires à la fin de la journée du 12, où les Français avaient été attaqués à la fois sur tous les points.

Les projets des Autrichiens n'étant pas encore démasqués, Bonaparte se contenta de concentrer ses forces autour du point central de Vérone, et porta à Castel-Novo la division de réserve du général Rey.

Le lendemain 13, les événemens acquirent plus d'importance et dévoilèrent entièrement le plan de l'ennemi. Joubert fut assailli à Rivoli par des forces quadruples des siennes, auxquelles il résista pourtant avec une opiniâtre énergie.

Augereau évalua à 10 ou 12,000 hommes seulement, le corps qu'il avait devant lui et qui engagea la fusillade, sans tenter rien d'important. Enfin, il n'y avait guères que 3 ou 4,000 impériaux devant Vérone.

La méprise n'était plus possible. L'ennemi exerçait son principal effort par le Tyrol, et cet effort était si considérable qu'il n'y avait pas de temps à perdre, pour faire affluer les troupes de ce côté.

Bonaparte manda à Joubert qu'il accourait à son secours, et lui prescrivit de garder le plateau de Rivoli, dût-il y faire tuer son dernier homme. Il renforça Augereau de la réserve de cavalerie, porta Victor à Villa-Franca avec celle de Serrurier, et laissa là vingt-cinquième demi-brigade à Vérone, pour observer Bayalistch. Enfin, il prévint Rey, en route pour Castel-Novo, de monter sans retard à Rivoli, et partit lui-même pour ce point avec les dix-huitième, trente-deuxième et soixante-quinzième demi-brigades de la division de Masséna et deux escadrons de cavalerie. Il y arriva de sa personne à deux heures du matin, et reconnut à l'instant les positions de l'adversaire.

Celui-ci occupait cinq bivouacs, et à leurs feux on pouvait le juger fort d'environ 45,000 hommes; Bonaparte établit sur cette reconnaissance son plan de bataille; mais pour en saisir l'habileté, il est nécessaire de donner la description du terrain et c'est ce que nous allons essayer de faire (1).

Vers la pointe supérieure du lac de Garda, se trouve, entre ce lac et l'Adige, un plateau demi-circulaire dont le diamètre s'appuye à la fois au fleuve et à une montagne, dite Monte-Magnone, qui en longe de fort près la rive droite. Ce plateau est celui de Rivoli : il est borné à l'est, par l'Adige et le Monte-Magnone ; au nord, par le Monte-Baldo, étage supérieur du Monte-Magnone qui en est un contrefort, puis, par une espèce de gorge évasée et à pente rapide, se raccordant avec lui, entre les deux crètes ; au nord-ouest, par des montagnes, prolongement du Monte-Baldo, qui se dirigent, en s'abaissant graduellement, vers la pointe septentrionale du lac de Garda ; enfin, à l'ouest, par des hauteurs peu élevées bordant ce lac lui-même.

Toutes les routes qui sillonnent la contrée montagneuse que l'ennemi avait à traverser, viennent aboutir au plateau de Rivoli. Aucune ne longe les versans orientaux du Monte-Magnone et du Monte-Baldo, qui, à l'endroit du plateau, sont presque taillés à pic ; mais un grand nombre passent sur leurs revers occidentaux. Parmi celles-ci, les impériaux en avaient choisi quatre, pour faire cheminer quatre des six colonnes qu'ils dirigeaient contre les Français. La première colonne, celle de droite, sous les ordres du prince de Lusignan, devait tourner, à l'ouest, tout le Monte-Baldo ; arriver ainsi à la pointe du lac de Garda, puis marcher, par les hauteurs qui

_____

(1) Voir la carte n° 5.

bordent ce lac, pour déboucher sur les derrières de Joubert, et lui couper la retraite. La seconde, sous le commandement de Liptay, devait se lier à la première par la crête du Monte-Baldo, franchir celle-ci, et venir attaquer, vers Caprino, la position de gauche du plateau. Koblos, longeant, avec la troisième colonne, le versant du Monte-Magnone, entre lui et le Monte-Baldo, et, passant par les villages de Ferrara et de Vilmesan, avait ordre d'attaquer au centre, vers le village de San-Martino. Enfin, Ocskay suivait la crête du Monte-Magnone, pour déboucher par la chapelle de San-Marco, sur la droite du plateau. Les quatre routes dont nous venons de parler, étaient impraticables à l'artillerie et à la cavalerie; mais l'ennemi en suivait encore deux autres, qui ne l'étaient pas, sur les bords de l'Adige. Celle qui longeait la rive droite était suivie par la cinquième et principale colonne d'Alvinzi, placée sous les ordres de Kasdanowich, et se composant de quatorze bataillons d'infanterie, de l'artillerie, de la cavalerie et des bagages de l'armée. Elle circulait entre le fleuve et les montagnes, jusqu'aux petits villages d'Ostéria et d'Incanale. Là, l'Adige baignant le pied même du Monte-Magnone, elle s'élevait dans le flanc de celui-ci, par une espèce de rampe tournante, et venait déboucher sur le plateau, non loin de son point central, prenant ainsi à revers sa partie la plus avancée. La route, qui longeait la rive gauche, et qui n'était autre que la grande route de Trente à Vérone, par Dolce, devait être balayée par la sixième colonne, sous le com-

mandement de Wukassowich. Ce général avait mission de seconder, par les feux de son artillerie, l'attaque générale dirigée contre la position des Français.

On comprend maintenant quelle était, pour ceux-
ci, l'importance du plateau de Rivoli. En l'occupant,
ils avaient la faculté d'agir, avec la masse de leurs forces, contre des troupes morcelées, et séparées par des
obstacles qui permettaient de les battre les unes après
les autres. Ils avaient surtout l'avantage de pouvoir
se servir de leur cavalerie, de leur artillerie, comptant 60 pièces ; tandis que les Autrichiens ne le pouvaient que lorsqu'ils se seraient rendus maîtres de la
position, au moins jusqu'au débouché de la rampe
d'Incanale.

Bonaparte vit d'un coup d'œil les bonnes chances
qui lui étaient offertes, et en profita avec sa rapidité
et son habileté ordinaires. La division de Joubert,
n'occupant plus que la partie postérieure du plateau,
il la porta, avant que le jour parût, au-delà du chemin d'Incanale, et la déploya, pour faire face à
l'ennemi, en attendant les renforts. A sa droite, la
chaussée d'Incanale était battue directement par une
redoute établie en arrière de son débouché, et prise
de revers par la position de San-Marco, au sommet
du Monte-Magnone. Il confia la défense de la redoute
à la trente-neuvième demi-brigade, et fit reprendre
la chapelle de San-Marco, en repoussant la colonne
d'Ocskay, sur la crête de la montagne. A l'extrême
gauche, la dix-huitième demi-brigade fut chargée de
contenir la colonne de Lusignan, et d'en harceler les

flancs, en attendant que le général Rey pût entrer en action contre elle. Elle dut, en cas de besoin, se rabattre sur Rivoli. Le reste des troupes fut déployé au centre, sur les monticules de Rovina et de Trombalora, pour faire face aux corps de Koblos et de Liptay. Le but du général français était de contenir efficacement les impériaux à sa droite et à sa gauche, d'écraser et de disperser leur centre ; puis, de revenir à leurs ailes, dont il aurait alors bon marché.

Bientôt le combat s'engagea avec vivacité sur toute la ligne. A la droite, le général Vial avait d'abord repris sans difficulté la chapelle de San-Marco, et refoulé au loin la colonne d'Ocskay, sur la crête du Monte-Magnone. Ceci s'était passé avant le jour. Entre neuf et dix heures du matin, les colonnes de Koblos et de Liptay débouchèrent en plaine aux villages de San-Martino et de Caprino, et entrèrent en action. La grande supériorité numérique qu'elles donnèrent aux Autrichiens leur assura d'abord l'avantage sur les Français, qui n'avaient pas encore reçu leurs renforts. Vers la gauche de la position, la quatre-vingt-cinquième demi-brigade et la vingt-neuvième légère furent débordées et rompues par Liptay. A la droite, le général Vial, qui s'était fort avancé contre Ocksay, entendant le feu le plus vif sur ses derrières, battit en retraite, dans la crainte d'être coupé. En même temps, Lusignan, à l'extrême gauche, repoussant devant lui les troupes de la dix-huitième, avançait rapidement sur le flanc et les derrières de notre armée. Enfin, à l'extrême droite, et dans la situation la

plus importante de toutes, la trente-neuvième commençait à céder le terrain au corps de Kasdanowich,
qui gravissait l'escalier d'Incanale, protégé par une
nombreuse artillerie, établie sur la rive gauche.
Seule, au centre du plateau, et à la droite des troupes qui avaient été rompues, la quatorzième demi-
brigade restait ferme comme un roc, et résistait avec
le plus opiniâtre courage. La position des Français
était critique; mais, heureusement, Masséna venait
d'arriver à Rivoli avec sa division, qui s'y reposait
un peu, après avoir marché toute la nuit. Bonaparte
prit à l'instant des mesures décisives. Il courut à
Masséna, saisit la trente-deuxième demi-brigade, et
la mena à la gauche de Joubert, pour dégager le flanc
de la quatorzième. La soixante-quinzième fut dirigée
en arrière, sur les hauteurs de Fiffaro, pour rallier la
dix-huitième, couvrir la gauche et les derrières de
l'armée, et arrêter la colonne de Lusignan. Enfin,
sur le point principal, au débouché du chemin d'Incanale, Bonaparte porta une batterie de 15 pièces,
300 chevaux, sous les ordres de Leclerc, et 3 bataillons d'infanterie légère tirés de l'aile droite de
Joubert, qui les fit rétrograder au pas de course. Ces
dispositions hardies et habiles furent couronnées d'un
prompt succès. A la gauche, la brave trente-deuxième
aborda l'ennemi avec son impétuosité ordinaire, renversa tout ce qui s'opposa à sa marche, et rétablit le
combat. A la droite, à peine la colonne de Kasdanowich eût-elle débouché sur le plateau, qu'elle fut accueillie par une effroyable mitraille, puis chargée

simultanément de front, de flanc et de revers, par la trente-neuvième, la cavalerie et l'infanterie légère. Elle essaya de résister, mais ne put le faire long-temps, et fut culbutée dans le défilé, dans un horrible désordre. Elle perdit beaucoup de monde : tout ce qui avait débouché, infanterie, cavalerie, artillerie, fut pris ou tué.

Pendant que ces événemens se passaient sur les points les plus importans des ailes, la brigade de Vial avait continué, sur le Monte-Magnone, à céder le terrain devant les forces considérables d'Ocskay et de Koblos. Joubert se porta à son secours avec l'infanterie légère, qui venait de combattre si brillamment. Lassalle le suivit avec 200 chevaux.

Dans le même moment, Masséna, laissant un détachement, pour masquer Liptay, descendit des hauteurs de Trombalora, avec la trente-deuxième et la brigade du général Lebley, et déborda l'ennemi par sa droite. En voyant ces dispositions, les Autrichiens, privés d'artillerie et de cavalerie, perdirent courage : ils n'opposèrent plus qu'une faible résistance, et bientôt, malgré les efforts d'Alvinzi, se retirèrent en désordre, jusque au-delà du torrent, le Tasso. Liptay lui-même, qui aurait pu peut-être, par une vigoureuse diversion, changer la face des choses, rétrograda sur Caprino, sans s'engager d'une manière sérieuse.

Cependant Lusignan, avec la colonne ennemie de l'extrême droite, avait eu un succès que n'avait obtenu aucun autre : mais ce succès même, comme il

est aisé d'en juger, devait amener sa perte totale. En
effet, après avoir repoussé les troupes des dix-huitième et soixante-quinzième demi-brigades, qui
étaient venues lui disputer le passage, après avoir
laissé une brigade, pour tenir en échec la colonne du
général Rey, dont il avait rencontré la tête à Orza,
il était parvenu à tourner complètement l'armée française, à s'emparer des hauteurs placées sur ses derrières, et à lui barrer le chemin de Vérone. Il avait
ainsi perdu ses propres communications en même
temps qu'il s'était établi sur celles des Français; et
ceux-ci étant vainqueurs, sa position se trouvait sans
remède. Bonaparte effectua un changement de front
en arrière. Il disposa à droite une batterie de quinze
pièces de douze, à gauche une batterie d'artillerie
légère, fit canonner pendant un quart-d'heure la ligne
ennemie, puis lança sur elle les dix-huitième et soixante-quinzième demi-brigades.

Lusignan essaya de résister, mais en vain; et bientôt
il fut obligé de se retirer en désordre sur le Monte-
Brusini. Là, assailli de revers par le corps du général
Rey, qui venait de culbuter la brigade chargée de le
contenir, il se vit placé entre deux feux et n'eut plus
d'autre alternative que de mettre bas les armes.

La bataille était alors complètement gagnée. Le
corps de Lusignan était anéanti : on en avait pris
quatre mille hommes, le reste était tué ou blessé. Le
corps de Kasdanowich, après avoir perdu douze
pièces, des drapeaux et environ 2,000 prisonniers,
au débouché sur le plateau et dans le chemin tournant

d'Incanale, était en retraite sur Rivalta, par la grande route qui longe la droite de l'Adige. Sur la rive gauche, Wukassowick qui n'avait pris à la bataille qu'une part tout-à-fait secondaire, se retirait par la grande route de Vérone à Trente. Enfin, les trois corps du centre, ceux de Liptay, de Koblos et d'Ocskay, s'étaient réfugiés derrière le torrent le Tasso, le premier sans grand dommage matériel, les deux autres fortement entamés, tous dans un grand état de démoralisation. Pour recueillir complètement les fruits de la victoire, il ne restait plus qu'à effectuer sans retard, une poursuite vigoureuse, active et intelligente.

Bonaparte confia ce soin à Joubert, auquel il laissa, outre sa division, celle de réserve du général Roy. Quant à lui, il partit le soir même avec la division de Masséna : il venait d'apprendre que Provera avait surpris le passage de l'Adige, et cet événement réclamait sa présence immédiate à Mantoue.

Ce qui restait de l'armée autrichienne, en présence des Français, derrière le Tasso, ne pouvait s'échapper que par la gorge évasée dont nous avons parlé plus haut et qui se trouve comprise entre le Monte-Magnone et le Monte-Baldo. Sur ce terrain accidenté, plusieurs sentiers pouvaient servir à la retraite; mais ces sentiers aboutissaient tous, soit à la position de la Madona-Della-Corona, au sommet du Monte-Magnone, soit un peu plus loin au village de Ferrara. Du premier point, on pouvait descendre, par une espèce d'escalier tournant, fort étroit et fort difficile, directement à Brentino, sur la grande route qui longe la rive droite de l'Adige : du second, on allait rejoindre la même route, mais plus haut, au-dessus de Rivalta. En prévenant l'ennemi sur ces deux points, on lui coupait donc la retraite et on rendait sa perte certaine. Ce fut dans ce but que manœuvra Joubert.

Le 15, avant le jour, la brigade du général Vial fut dirigée sur la crête du Monte-Magnone, pour tourner la gauche des impériaux et les prévenir à la Corona. Dans un dessein semblable, le général Vaux longea avec deux demi-brigades, le bas de la même montagne, à l'est et au pied du Monte-Baldo. Le général Baraguay-D'Hilliers dut attaquer, vers San-Martino, le centre de la position, en ayant soin de ne pas trop presser son attaque et de donner aux autres généraux le temps de déborder l'adversaire et de s'emparer de ses communications. Les colonnes de ces derniers, en admettant qu'elles réussissent dans leur mission, étaient plus que suffisantes pour barrer tous les passages ; mais il était à craindre qu'elles ne fussent devancées par les Autrichiens. Aussi Joubert, pour ne négliger aucune chance favorable, dirigea-t-il sur Ferrara une troisième colonne de trois bataillons, destinée à tourner ceux-ci, par les crêtes du Monte-Baldo. Enfin, la veille, Bonaparte, dans sa prévoyance extrême, avait fait embarquer à Salo, la deuxième légère sous les ordres de Murat. Ce général, après être descendu à Torro, après avoir gravi le Monte-Baldo dans une marche de nuit, avait continué sa route et était venu déboucher, le 15 au matin, au-dessus de la Corona, sur la ligne de retraite de l'ennemi.

Comme on le voit, les mesures étaient bien prises : aussi furent-elles couronnées du succès le plus complet.

Repoussés de leur position derrière le Tasso, refoulés de la vallée, dans des sentiers étroits occupés par les Français, cernés enfin de toutes parts, les impériaux perdirent bientôt contenance et s'enfuirent à la débandade. Un grand nombre se tuèrent en se précipitant des rochers, pour rejoindre la route de Rivalta ou se noyèrent dans l'Adige. Plus de 5,000 mirent bas les armes. Leurs pertes totales, dans les journées du 14 et du 15, s'élevèrent à 13,000 prisonniers, sans compter un nombre considérable de tués et de blessés : ils perdirent, en outre, des canons et douze drapeaux.

Joubert, poursuivant activement ses succès, suivit, par les gorges du Tyrol, les débris de l'ennemi recueillis par Laudon ; et, après des combats dans lesquels les Autrichiens essuyèrent de nouvelles pertes, il s'empara successivement de Roveredo, du défilé formidable de Calliano, de Trente, et enfin de la position importante du Lavis. L'occupation de cette dernière assura aux Français la possession des gorges de la Brenta.

Revenons maintenant au corps de Provera et aux événemens qui s'étaient passés sur le bas Adige.

Comme nous l'avons dit, ce général avait dirigé, le 12, une attaque infructueuse sur Vérone ; mais du côté de Legnago avait obligé Augereau à se replier sur la droite du fleuve. Le lendemain 13, il engagea,

de la rive gauche, une vive fusillade et chercha, à
l'aide de ses équipages de pont, à surprendre le passage. Il y parvint le soir à Anghiari, un peu au-dessus
de Legnago, malgré les efforts de Guyeux, accouru
avec 12 à 1,500 hommes, et qui dut céder à la supériorité du nombre. Provera, alors, se dirigea sur Mantoue, en laissant environ 2,000 hommes sur la rive
gauche de l'Adige. Augereau, ayant confié à un millier
de défenseurs la garde de Legnago, se porta sur le pont
d'Anghiari, qu'il brûla, puis se mit avec toutes ses
troupes à la poursuite de son adversaire. Il atteignit
son arrière-garde près de Céréa, lui enleva 1,500
prisonniers, 11 canons et continua à le suivre, en le
débordant sur les deux ailes, de manière à lui intercepter toute retraite. Provera arriva le 15 sous les
murs de Mantoue, qui offrait deux entrées aux armées
en opérations, l'une par la route de Legnago, l'autre
par celle de Vérone. La première de ces routes, celle
qu'avait suivie Provera, conduisait au faubourg de
Saint-Georges, occupé par 1,500 Français sous les
ordres du général Miollis, et retranché du côté de la
campagne comme du côté de la ville : la seconde menait à la citadelle qui était au pouvoir des Autrichiens;
mais pour en acquérir la libre circulation, il fallait
enlever deux positions fortifiées, celles de la favorite
et de San-Antonio, qui y étaient attenantes, et qu'occupait le corps de blocus aux ordres de Serrurier.

Provera se présenta donc devant Saint-Georges
qu'il espéra surprendre avec un régiment de hussards,
ayant comme ceux de Berchini, le manteau blanc.

Il fut reconnu et reçu à coups de canon par Miollis, qu'il somma vainement de se rendre. Le soir, il se décida à se porter du côté de la citadelle; et, ayant communiqué avec Wurmser, à l'aide d'une barque qui traversa le lac, il arrêta pour le lendemain matin, une attaque combinée sur les positions principales de San-Antonio et de la Favorite : mais déjà, Bonaparte se trouvait en mesure de s'opposer à ses desseins.

Comme nous l'avons vu, le général français, ayant appris, le 14 au soir, que Provera avait surpris le passage de l'Adige, était parti, sur l'heure même, avec la division Masséna, pour aller couvrir Mantoue. Les soldats qu'il emmenait ne s'étaient pas reposés depuis le 13. Ils avaient combattu le jour et marché la nuit : l'amour de la gloire les soutenait et leur faisait oublier les fatigues. Bonaparte les fait marcher encore toute la nuit du 14, toute la journée du lendemain, et, le 15 au soir, il arrive sous les murs de la place qu'il vient secourir. Chemin faisant, il a ramassé, à Villa-Franca, la réserve de Serrurier, sous les ordres de Victor, et a dirigé sur Roverbella la cavalerie du général Leclerc ainsi que la réserve de Dugua. Il prend aussitôt ses mesures pour s'opposer à la tentative de Provera et assurer sa perte. Dumas et Serrurier sont chargés de défendre, du côté de Mantoue, les postes de San-Antonio et de la Favorite. Victor, avec les dix-huitième et cinquante-septième demi-brigades, est dirigé sur le dernier, ainsi que le vingt-cinquième régiment de chasseurs et la réserve de Dugua, pour faire face aux impériaux, du côté de la campagne. Les trente-deuxième et soixante-quinzième demi-brigades sont envoyées en arrière du flanc droit de Provera, pour se lier à Augereau, qui arrive sur ses derrières. Miollis reçoit l'ordre d'assaillir son aile gauche au moment opportun. Enfin, la cavalerie de Leclerc, renforcée du huitième régiment de dragons, doit longer la Molinella, pour ramasser tout ce qui tenterait de s'échapper. Comme on le voit, les Autrichiens se trouvaient cernés de toutes parts, et leur ruine était infaillible.

Le 16, au point du jour, Wurmser, comme il avait été convenu, exécute sa sortie. Il attaque avec acharnement les positions de San-Antonio et de la Favorite, que Dumas et Serrurier défendent avec une égale énergie. Il s'empare d'abord de la première position; mais des renforts arrivent aux Français qui la reprennent, et le rejettent dans la place. Sur ces entrefaites, Victor aborde impétueusement le front de Provera, et renverse tout ce qui s'oppose à son passage. Dans le même temps, les trente-deuxième et soixante-quinzième assaillent de revers son flanc droit. Miollis, sorti de Saint-Georges, tombe sur son flanc gauche, et, enfin, Augereau débouche sur ses derrières. Le général autrichien, enveloppé de toutes parts, privé de l'appui de Wurmser, sans retraite possible, se voit réduit à capituler, avec les 6,000 hommes qui lui restent.

Ainsi, en trois jours, Bonaparte a anéanti une armée de 60,000 hommes, avec des forces moindres de moitié. Il lui a fait 20,000 prisonniers, lui a tué ou blessé 7 à 8,000 hommes, lui a enlevé une grande partie de son artillerie et de ses drapeaux, et a rejeté ses débris dans les montagnes.

La reddition de Mantoue fut le plus glorieux et le plus important trophée de ses victoires. Wurmser, réduit à l'extrémité, et désormais sans espoir de salut, se résigna à capituler. Le 2 février, il abandonna aux Français la place confiée à sa garde, après l'avoir défendue avec un courage et une opiniâtreté dignes d'un meilleur sort. Masséna s'empara de Vicence, de Bassano, et balaya les gorges de la Brenta, pour assurer sa position, et donner la main à Joubert. Augereau, à l'extrême droite, prit possession de Padoue et de Trévise; de sorte que l'armée française se trouva établie sur la Brenta, de la même manière qu'après la bataille d'Arcole.

Réflexions.

La campagne de Rivoli est, comme la précédente, fertile en utiles leçons. Les échecs des Autrichiens doivent y être attribués à l'aveuglement avec lequel ils persistèrent dans leurs anciennes fautes, et sacrifièrent à leur système favori, de cerner l'armée française.

D'abord, leur plan fut mal conçu : il divisait leur armée en deux corps séparés par une grande distance, et, bien que ces deux corps dussent rester indépendans, c'était là une faute, en présence d'un adversaire aussi habile, aussi actif et aussi entreprenant que Bonaparte. En outre, la répartition des

forces était vicieuse, en ce que les trois quarts avaient
à suivre la ligne d'opérations la plus longue, la plus
hérissée d'obstacles, pour arriver à l'objectif commun, qui était Mantoue.

Indépendamment de la mauvaise conception du
plan de campagne, qui fut le fait du conseil aulique,
Alvinzi et Provera commirent des fautes d'exécution,
qui eurent sur leurs revers une notable influence.
Tous deux dispersèrent mal à propos leurs troupes;
le premier, en marchant sur six colonnes, pour s'emparer du plateau de Rivoli; le second, en envoyant
Bayalistch faire une diversion sur Vérone, pendant
que lui-même se portait sur Mantoue. Tous deux
manquèrent d'activité et de vigueur; Alvinzi, en ne
profitant pas des avantages qu'il obtint le 13, pour
enlever le plateau de Rivoli, avant l'arrivée des renforts; Provera, en restant inactif, depuis le 9 jusqu'au
13, au soir, au lieu de passer l'Adige, et de marcher
à tire d'aile au secours de Wurmser.

Si l'armée autrichienne se fut réunie tout entière à
Bassano, elle aurait été évidemment dans les conditions les plus favorables, pour atteindre son double
but de débloquer Mantoue, et de battre en plaine
l'armée française, qui lui était inférieure de moitié.
Le passage de l'Adige ne lui eut pas été un obstacle
sérieux, avec ses deux équipages de pont; et, ce passage effectué, rien ne pouvait plus arrêter sa marche.
Ce projet était à la fois le plus raisonnable, le moins
dangereux, et celui qui présentait le plus de chances
de réussite.

Quoi qu'il en soit, en en adoptant un autre, qui consistait à porter au secours de Wurmser deux corps indépendans, l'un par le Tyrol et la vallée de l'Adige, l'autre par les plaines du Padouan, les impériaux, eu égard à la supériorité de leur nombre, avaient encore de grandes chances de succès. Seulement, il fallait qu'ils réglassent, d'une manière convenable, la répartition de leurs forces. Or, la ligne partant du Tyrol étant la plus longue et la plus hérissée d'obstacles, il valait mieux, à tout prendre, exercer le principal effort par le bas de l'Adige que par sa vallée supérieure. Si tout avait été égal de part et d'autre, le mode le plus rationel eut été de se conformer littéralement aux prescriptions de la vérité auxiliaire 14, et de partager l'armée en deux parties égales. Mais, dans les circonstances telles que les présentait, en réalité, le théâtre de la guerre, il convenait, pour se conformer à l'esprit de la règle, de porter dans les plaines du Padouan de 25 à 30,000 hommes, avec la plus grande partie de l'artillerie et de la cavalerie. En opérant vigoureusement de la sorte, on aurait fort embarrassé Bonaparte sur le choix de son principal objectif : on l'aurait empêché d'opposer des deux côtés une résistance efficace, et il ne semble pas douteux qu'un des deux corps d'opérations, au moins, fût arrivé à Mantoue.

Enfin, en regardant comme un fait accompli la mauvaise répartition des forces autrichiennes, il est manifeste qu'Alvinzi et Provera pouvaient encore sortir victorieux de la lutte, si, comme nous venons

de le dire, ils n'avaient pas manqué d'activité et d'é-
nergie; et s'ils n'avaient pas malencontreusement
disséminé les troupes de leurs corps respectifs.

Des six colonnes avec lesquelles Alvinzi voulut
envelopper l'armée française, la cinquième, qui était
la plus importante, qui contenait l'artillerie et la cavalerie, ne put déboucher. La sixième, qui venait
après elle, ne prit part à la bataille que pour lancer
quelques volées de canon.

La première, celle de Lusignan, n'entra sérieusement en action que lorsque l'affaire était décidée, et
vint alors se faire couper et prendre tout entière, en
voulant couper les Français. La quatrième déboucha
isolément, avant que les voisines fussent en mesure
de la seconder. Les deuxième et troisième seules
agirent de concert. Il n'y eut pas d'ensemble, et il
ne pouvait pas y en avoir dans l'action de forces aussi
divisées, opérant dans un terrain aussi difficile et
aussi accidenté. Pour qu'il en existât, il aurait fallu
réduire à trois le nombre des colonnes, ou, tout au
moins, supprimer celles des ailes; et prendre des
mesures qui, à l'aide de signaux, réglassent convenablement la marche des autres. Les manœuvres
tournantes sont toujours hasardeuses, et présentent
toujours plus ou moins de dangers. Lorsqu'on possède l'ascendant des armes, il peut être bon de les
tenter, en raison des résultats immenses qu'elles offrent en perspective. Dans le cas contraire, il vaut
mieux s'en abstenir. Nous avons expliqué déjà comment Alvinzi, malgré la faute que nous venons de

signaler, aurait pu réunir ses colonnes sur le plateau
de Rivoli, et éviter la bataille désastreuse qui amena
sa perte, en déployant, dans la journée du 13, plus
d'activité et d'énergie.

Quant à Provera, si, au lieu de disséminer ses forces
et de rester pendant cinq jours inactif, il eut résolu
de passer l'Adige, le 10 ou le 11, et de se porter avec
ses 15,000 hommes au secours de Wurmser, il serait advenu de deux choses l'une : ou bien il aurait
attiré sur le bas Adige une partie notable de l'armée
française ; ou bien il n'aurait eu affaire qu'à la division
d'Augereau. Dans le premier cas, il dégageait l'armée
du Tyrol et lui permettait de déboucher et de combattre en plaine, avec tous les avantages de sa supériorité numérique : dans le second, il avait de fortes
chances de délivrer Mantoue, et il l'eut fait en réalité, puisqu'Augereau, comme l'expérience le prouva,
n'était pas en mesure de l'arrêter.

C'était donc cette détermination qu'il devait prendre, et s'il ne réussissait pas, il n'avait d'ailleurs
aucun blâme à encourir. Il ne faisait, en effet, que se
conformer strictement à ses instructions, et se plaçait
dans les conditions les plus favorables, pour mener à
bonne fin la mission qui lui était confiée.

Si l'on en vient, maintenant, à examiner la conduite
de Bonaparte, on peut affirmer qu'elle fut en tous
points celle d'un grand capitaine. La critique la plus
sévère ne saurait y trouver à redire, et l'histoire militaire n'offre pas d'exemple d'une opération dirigée
avec plus de tact, de sûreté de jugement, de précision

et d'habileté. Ses troupes, de leur côté, furent admirables de bravoure et d'énergie physique. Celles de la division Masséna, surpassèrent la mobilité tant vantée des légions de César. Augereau seul manqua peut être de coup-d'œil et de vigilance, et ne prit pas toutes les précautions nécessaires, pour empêcher Provera d'arriver à Mantoue. S'il lui était difficile d'empêcher le passage de l'Adige, il pouvait, en se postant convenablement derrière le fleuve, prévenir les Autrichiens sur la Molinella et les y arrêter. Sa faute était de nature à compromettre les résultats de la grande victoire de Rivoli, en permettant à l'ennemi de ravitailler Mantoue et d'opérer une levée de boucliers dans la Romagne, conformément au plan du conseil aulique.

Quoi qu'il en soit, et tout en rendant justice aux combinaisons irréprochables de Bonaparte, on ne peut s'empêcher de remarquer que, par la faute de ses adversaires, sa tâche fut rendue beaucoup plus facile qu'elle n'aurait dû l'être, eu égard à l'infériorité de ses ressources. Si, comme nous l'avons dit, les impériaux, en conservant leurs deux lignes d'opérations convergentes, avaient porté 25 à 30,000 hommes sur celle du bas Adige; s'ils avaient pris leurs mesures pour forcer le passage du fleuve, le jour même de l'attaque du plateau de Rivoli, et que d'ailleurs, des deux côtés, ils eussent poussé résolument devant eux; certes, le général français aurait été très embarrassé dans le choix de son principal objectif, de celui où il aurait convenu d'exercer son premier effort.

D'une part ou de l'autre, un échec lui eut été funeste, et il n'était pas assez fort pour résister efficacement, des deux côtés à la fois.

Ce qu'il aurait eu de mieux à faire, c'eut été d'écraser d'abord Provera vers Legnago, en faisant concourir à la bataille le corps de Serrurier, nuitamment dérobé au siége de Mantoue; mais cette mesure aurait peut-être donné à Wurmser, le temps de se ravitailler ou de se jeter dans la Romagne.

Conclusion.   En résultat, l'analyse de la campagne de Rivoli, comme celle de toutes les campagnes précédentes, confirme entièrement les vérités que nous avons établies comme règles directrices de l'art de la guerre.

QUATRIÈME CAMPAGNE (1)

Tagliamento.

A peine Mantoue fut-elle rendue, que Bonaparte mit à exécution son projet contre la cour de Rome. Il résolut de la châtier de ses menées hostiles et de toutes les fourberies passées, en même temps qu'il en tirerait pour son armée les ressources qui lui man-

---

(1) Voir la carte n° 9.

quaient. Il prit donc avec lui la division Victor, rallia à elle une colonne mobile, partie de Tortone, et s'avança avec ces troupes contre les états du Saint-Siége, qu'il conquit au pas de course. Le pape, épouvanté, demanda la paix et consentit pour l'obtenir au traité de Tolentino, qui fut signé le 13 février. Ce traité l'obligeait d'abord à licencier ses nouvelles levées, à rompre avec les puissances en guerre avec la France, et à leur fermer ses ports ; en outre, il cédait Avignon, le comtat Venaissin et renonçait aux légations de Bologne, de Ferrare ainsi qu'à la Romagne ; il livrait Ancône jusqu'à la paix générale, donnait sur-le-champ trente millions et un grand nombre d'objets d'art ; enfin, il désavouait solennellement le meurtre de Basseville, et payait à sa famille un dédommagement de trois cent mille francs.

Cette expédition terminée, Bonaparte laissa à Victor le soin de faire exécuter le traité, et revint en hâte sur l'Adige, pour entreprendre une des opérations les plus hardies et les plus heureuses, dont fasse mention l'histoire militaire.

Les armées du Rhin ne pouvant entrer en campagne, faute d'argent, il avait sollicité et obtenu du directoire l'autorisation d'accomplir la mission qui leur était destinée. Malgré les rigueurs de la saison, malgré le danger de s'avancer encore, en laissant sur ses derrières une si grande étendue de pays sourdement hostiles, il allait franchir les Alpes et marcher sur Vienne, afin d'y imposer la paix à l'Autriche.

Pour exécuter une entreprise aussi audacieuse, il

n'avait reçu en renforts qu'environ 19,000 hommes, effectif des deux divisions Bernadotte et Delmas, venues de l'armée du Rhin. Dans les premiers jours de mars, ses forces actives s'élevaient à peu près à 59,000 hommes, répartis comme il suit :

Quatre divisions destinées à opérer dans le Frioul, se trouvaient réunies sous son commandement immédiat, et formaient la droite et le centre de l'armée. La première à l'extrême droite, forte de 10,000 soldats sous les ordres de Bernadotte, avait pris position à Padoue; à sa gauche, Sorrurier avec 9,500, occupait Castel-Franco; Masséna était à Bassano avec 11,000 hommes; Guyeux avec 9,800, tenait la position avancée de Trévise; enfin, Dugua commandait la réserve de cavalerie, forte de 1,100 chevaux.

L'aile gauche de l'armée, formée des divisions Joubert, Baraguay-D'Hilliers et Delmas, et composant un ensemble de 18,000 combattans, était opposée, dans le Tyrol, aux généraux Kerpen et Laudon, qui avaient, pour le moment, 2 ou 3,000 hommes de moins que les Français.

Indépendamment de ces troupes prêtes à entrer en campagne, Victor, qui était resté avec 6,500 hommes aux environs d'Ancône, pour surveiller l'exécution du traité de Tolentino, devait, après sa mission, venir prendre une position d'observation sur l'Adige. Sa division était destinée à former le noyau d'un corps de 18,000 à 20,000 hommes, dans lequel seraient incorporés les bataillons de marche Français et des bataillons Lombards, Cispadans et Polonais.

Le reste de l'armée républicaine, au nombre d'environ 9,000 hommes, était dispersé en Italie : à Vérone, à Mantoue, à Brescia, à Crémone, à Livourne, etc.

L'armée impériale, dont l'archiduc Charles avait pris le commandement, ne comptait guères que 53,000 à 54,000 hommes, dans les premiers jours de mars : elle était donc un peu inférieure à celle de Bonaparte; mais elle devait recevoir, au commencement d'avril, un renfort de six divisions, venant du Rhin et de l'Autriche. Cette armée avait le gros de ses forces derrière le Tagliamento, couvrant le Frioul. Son aile droite, sous Kerpen et Laudon, campait derrière le Lavis et la Noss, pour défendre l'entrée du Tyrol. L'intervalle entre cette aile et la masse principale n'était gardé que par une brigade de la division d'Ocksay, postée à Feltre et à Bellune, et par quelques troupes légères observant le cours de la Piave.

Voici, maintenant, les moyens qui s'offraient à Bonaparte pour l'exécution de son entreprise. Du Frioul, où il se trouvait avec la majeure partie de son armée, deux grandes routes conduisent à la capitale de l'Autriche. Celle de gauche, qui est la plus courte, tient à peu près le milieu de la plaine, passe par les points de Trévise, Conegliano, Sacile, Codroipo, Udine, Gemona, Venzone, la Chiusa-Veneta, traverse les Alpes Carniques aux gorges de la Ponteba et au col difficile de Tarvis, et vient sur le revers des montagnes, déboucher à Villach, dans la vallée de la Drave :

la seconde, après s'être confondue avec la première jusqu'à Codroipo, sur le Tagliamento, appuie à droite, par Palma-Nova, pour longer l'Adriatique, traverse les Alpes Juliennes vis-à-vis de Laybach, passe par ce point, puis par Marburg sur la Drave, puis par Gratz sur la Müer, et vient enfin se confondre de nouveau avec la première, à Bruck, à une trentaine de lieues de Vienne. Ces deux routes communiquent entr'elles par de bons chemins en deçà et au-delà des Alpes. Une de ces communications existe entre les points de Palma-Nova et d'Udine, vers le milieu de l'espace qui sépare le Tagliamento de l'Isonzo. Une autre, partant non loin de Gorizia de la route qui longe l'Adriatique, remonte la vallée de l'Isonzo, puis celle de la Corintiza, qui se rend dans cette dernière, et aboutit au col de Tarvis. Ces deux communications sont reliées elles-mêmes par un chemin qui part d'Udine, passe par Cividale, où il remonte la vallée du Natisone, et vient aboutir à Caporetto, sur l'Isonzo supérieur. De l'autre côté des monts, il existe une route carrossable entre Laybach et Villach.

Indépendamment des deux grandes voies qui parcourent les plaines du Frioul, un chemin praticable à une armée conduit à Vienne, à travers les montagnes du Tyrol. Ce chemin partant de Brixen vient rejoindre par Mulbach, Brunechen et Lienz la vallée de la Drave, qu'il descend ensuite jusqu'à Villach.

D'après ces dispositions du théâtre de la guerre, Bonaparte arrêta, comme il suit, son plan de campagne. Masséna fut chargé d'opérer contre la droite du

principal corps de l'ennemi, dans le Frioul. Il dut culbuter Ocksay à Feltre, à Bellune et sur la Piave, poursuivre ce général, l'épée dans les reins, en cherchant
à le prendre de revers, pénétrer dans la vallée de la
Fella où se trouvent les gorges de la Ponteba ; enfin,
s'emparer de ces gorges ainsi que du col de Tarvis, de
manière à y prévenir le gros des forces Autrichiennes. Pendant ce temps, Bonaparte avec les divisions
Guyeux, Serrurier et Bernadotte, marcherait de front
contre le centre et la gauche de l'ennemi, et portant
à droite son plus grand effort, s'efforcerait de les
rejeter sur le col occupé par Masséna. Les impériaux,
pris entre deux feux, après avoir eu leur retraite coupée, seraient ainsi perdus sans remède.

Quant à Joubert, il se tiendrait provisoirement sur
la défensive, et attendrait pour entrer en action que
le mouvement de retraite de l'Archiduc fût nettement
prononcé dans le Frioul. Alors, il attaquerait impétueusement les généraux Kerpen et Laudon et les rejetterait au-delà du Brenner ; puis, cette mission ac-
complie, il tournerait à droite pour gagner la vallée
de la Drave, et venir rejoindre à Villach le gros de
l'armée.

Le 10 mars, Bonaparte ébranla, à la fois, ses quatre
divisions. Masséna à la gauche, partit de Bassano et
se dirigea sur Feltre. Il en déposta l'ennemi, le rejetta
sur Bellune et, l'obligea, le 11, à évacuer cette nouvelle position ; remontant alors la Piave, à sa suite,
il atteignit son arrière-garde le 13, et lui enleva le
général Lusignan avec 700 prisonniers. Le lende-

main 14, il se rabattit vers Spilimbergo sur le Taglia-mento, afin de gagner en le remontant la vallée de la Fella.

Pendant ce temps, Bonaparte s'avançait sur la basse Piave, avec les divisions Guyeux, Bernadotte et Ser-rurier. Les deux premières effectuèrent leur passage le 12, et forcèrent le général Hohenzollern à se re-tirer sur le Tagliamento, après lui avoir enlevé quel-ques centaines de prisonniers. L'archiduc Charles rallia toutes ses troupes derrière le fleuve, qu'il avait fait garnir de retranchemens, et se disposa à recevoir la bataille. Heureusement pour les Français, le niveau des eaux avait baissé considérablement, par suite des gelées, et permit d'effectuer le passage à gué. Les divisions Guyeux et Bernadotte furent déployées en ligne, par demi-brigades ayant leurs premier et troisième bataillons ployés en arrière des ailes du se-cond. Ces demi-brigades durent s'avancer en éche-lons, de manière à se flanquer réciproquement. La cavalerie reçut l'ordre de suivre en arrière de leurs intervalles et sur les côtés, principalement à droite, où se trouvait déployée la majeure partie de celle de l'ennemi. La division Serrurier, qui marchait la der-nière, hâta le pas, pour servir de réserve aux deux autres.

Ces dispositions prises, une nuée de tirailleurs se répandent sur la rive droite, et Bonaparte fait avancer deux batteries de 12 pièces, l'une en face du village de Gradisca, l'autre vis-à-vis de Codroipo, où les divisions Guyeux et Bernadotte doivent effec-

tuer leur passage. Ces divisions, protégées par le feu
de l'artillerie et des tirailleurs, s'ébranlent, et traver-
sent le fleuve avec l'ordre et l'aplomb qu'elles auraient eu à une parade. La cavalerie autrichienne,
qui vient les assaillir, au sortir de l'eau, est chaude-
ment accueillie et repoussée. A la gauche, Guyeux
attaque et enlève le village de Gradisca, où l'ennemi
s'était retranché, et culbute tout ce qui s'oppose à son
passage. A la droite, Bernadotte se comporte de
même avec les soldats du Rhin, qui veulent ne le céder en rien à ceux d'Italie. Son aile droite, menacée
d'être débordée par les escadrons ennemis, ne s'en
émeut pas : Dugua culbute ceux-ci à la tête de notre
cavalerie de réserve et enlève leur général. De toutes
parts, les Autrichiens se mettent en retraite, après
nous avoir abandonné du canon et 500 prisonniers.
Bonaparte les poursuit sans relâche sur Palma-Nova,
dont les divisions Guyeux et Bernadotte s'emparent,
le 17, sans coup férir. Le 18, il vient s'établir sur les
bords de la Torre.

Cependant l'archiduc Charles, voyant son impuis-
sance à arrêter son intrépide et infatigable adversaire, est effrayé du danger qui le menace, si Masséna s'empare du col de Tarvis, dont dépend la possession de Villach. Il se décide donc à se retirer excentriquement, suivant deux directions différentes.
Bayalistch, avec trois divisions, convoyant les parcs
et les bagages de l'armée, remontera les vallées du
Natisone et l'Isonzo, pour chercher à prévenir, à Tarvis, le général français. Lui-même, avec le reste de

ses troupes, couvrira la Carniole et le port important de Trieste, et se retirera pied à pied sur le bas
Isonzo, puis sur Laybach.

Bonaparte reconnaît ces projets, et manœuvre en
conséquence. Il détache Guyeux sur sa gauche, par
Cormons et Cividale, pour harceler les troupes qui
ont remonté la vallée du Natisone; et, avec ses deux
autres divisions, suit l'archiduc sur Gradisca, où il
arrive le 19. Bernadotte s'avance directement vers la
place, qui est faiblement retranchée; tandis que Serrurier passe l'Isonzo, au-dessous d'elle, pour s'emparer des hauteurs qui la dominent, et couper la retraite à la garnison. Le premier, impatient de se signaler, somme la ville de se rendre, et, sur son refus,
veut l'emporter d'assaut. Il est accueilli par une effroyable fusillade et des volées de mitraille, qui lui
tuent 500 hommes, et l'obligent à se replier : mais,
sur ces entrefaites, le mouvement de Serrurier a
réussi, et la garnison, ne voyant pas de moyens de
salut, se décide à mettre bas les armes. Trois mille
prisonniers, 10 pièces de canon et 18 drapeaux sont
les fruits de la journée.

Les Autrichiens, remontant l'Isonzo, se retirent
sur Gorizia, dont les Français s'emparent le 21. A ce
point où aboutit la chaussée de Laybach, les premiers se séparent, pour exécuter le plan de leur général, et les autres font de même. Bernadotte seul
poursuit l'ennemi sur la route de la Carniole; tandis
que Bonaparte, avec la division Serrurier, remonte
l'Isonzo, à la suite des troupes de Bayalistch, et seconde ainsi Guyeux.

Pendant que ces événemens se passaient à notre droite, Masséna, comme nous l'avons vu, s'était rabattu, le 14, sur Spilimbergo. Le 16, jour de la bataille du Tagliamento, il avait traversé le fleuve sans grande résistance, et s'était dirigé, en remontant la rive gauche, sur Saint-Daniel, qu'il avait occupé le 17. De là, s'engageant dans les montagnes, il s'était emparé, le 18, d'Osopo et de Gemona, qui lui avaient ouvert, sur le Tagliamento, l'entrée de la vallée de la Fella. Poursuivant alors dans celle-ci, sa marche victorieuse, il avait enlevé, le 19, le fort de la Chiusa-Veneta. Enfin, le lendemain, il avait forcé les gorges de la Ponteba, et rejeté les débris d'Ocksay, au-delà du col de Tarvis, qu'il avait occupé.

Il résultait de ces succès rapides, que les trois divisions de Bayalistch se trouvaient coupées, et allaient être mises entre deux feux, dans des défilés qui rendaient leur perte certaine. Dès que l'archiduc apprit ces événemens, il en sentit toute la gravité, et vola de sa personne à Villach. Il y réunit à la hâte les débris du corps d'Ocksay, à 6,000 grenadiers qui arrivaient de l'armée du Rhin, et se porta sur le col de Tarvis, pour le reprendre. Masséna n'y avait encore établi qu'une avant-garde, qui fut assez facilement dépostée; mais, le lendemain 22, ce général, ayant rassemblé toute sa division, attaqua intrépidement la position dont la possession était décisive, et s'en empara de nouveau, après un combat des plus acharnés et des plus sanglans. Le prince Charles, refoulé au-delà de Villach, après s'être prodigué cent fois de sa personne, après avoir fait donner son dernier soldat, dut se résigner à la perte de son lieutenant.

Celui-ci, sans prévoir le sort qui l'attendait, remontait en diligence les vallées du Natisone et de l'Isonzo, poursuivi par Guyeux, et, en seconde ligne, par Serrurier, qui harcelaient et entamaient chaque jour son arrière-garde. Le 21, Guyeux, après avoir battu celle-ci à Puffero, sur le Natisone, l'avait refoulée à Caporetto, sur l'Isonzo. Le lendemain, 22, il l'avait suivie, l'épée dans les reins, avait remonté avec elle la vallée de la Corintiza, et lui avait enlevé, à l'entrée de cette vallée, le fort de la Chiusa-di-Plctz, avec les 500 hommes qui s'y trouvaient. Le 23, enfin, la poursuite avait continué, et, ce jour-là, Masséna, débarrassé de toute crainte, du côté de Villach, s'était borné à en faire observer la route, et avait poussé une partie de ses troupes à la rencontre de Bayalistch.

Lorsque le général Gontreuil, chargé d'ouvrir et de protéger la marche des impériaux, se vit arrêté en tête, il comprit qu'il n'avait d'autre alternative que de poser les armes, ou de passer sur le ventre des républicains. Il essaya donc de lutter; mais sa résistance fut inutile et de courte durée. Les Autrichiens, pris entre deux feux, capitulèrent, abandonnant aux Français 4 à 5,000 prisonniers, parmi lesquels 4 généraux, 32 pièces de canon et 400 voitures d'artillerie et de bagages. Un grand nombre de soldats, natifs de la Carniole et de la Croatie, se débandèrent, en jetant leurs armes, et gagnèrent leurs villages à travers les montagnes.

Après la capitulation de Bayalistch, Bonaparte, maître, au sommet des Alpes, des débouchés qui mènent des États vénitiens en Allemagne, établit les divisions Masséna, Guyeux et Serrurier près de Villach, sur la Drave, où elles furent réunies le 28. Là, ayant essayé vainement de communiquer avec Joubert, à travers le Tyrol en insurrection, et espérant que ce général et Bernadotte feraient diligence pour le rejoindre, il se décida à marcher sur Vienne, avec les forces qu'il avait sous la main.

Dès le 29 mars, il se porta donc sur Klagenfurth, dont il s'empara sans coup férir, et alla établir le lendemain son quartier général à Saint-Veith. Ce fut alors qu'agissant en homme d'état, autant qu'en général habile, il fit à l'Archiduc Charles des ouvertures de paix dans une lettre devenue célèbre. Ces ouvertures ayant été repoussées, Bonaparte poursuivit sa marche et occupa Freisach, le 1er avril. Le 2, Masséna et Guyeux culbutèrent l'ennemi dans les gorges de Dirnstein, le chassèrent successivement des villages où il s'était retranché et le poussèrent au-delà de Neumark, avec perte d'un millier d'hommes. Le 3, le village de Scheiffling fut occupé, à l'embranchement des routes d'Italie et d'Allemagne ; et Masséna s'empara de Hünsmark, après un rude combat contre de vieilles troupes, auxquelles il prit ou tua 400 hommes. Dès lors, l'archiduc Charles hâta sa retraite dans l'espoir de réunir, sous les murs de Vienne, assez de

monde pour tenter une affaire décisive. Mais l'empereur d'Autriche, effrayé des succès des républicains,
ne voulut pas exposer sa capitale aux chances d'un
assaut. Il fit donc demander un armistice de six jours
qu'il obtint, et qui ne fut que le précurseur des préliminaires de paix signés à Léoben, dix jours plus
tard.

Bonaparte était arrivé à Iudenbourg, le 7 avril, en
même temps que le parlementaire Autrichien, et s'é-
tait décidé à y attendre ses lieutenans, Bernadotte et
Joubert. Le premier, après avoir occupé, le 23 mars,
le port important de Trieste, après avoir jeté un détachement dans Idria, s'avançait à marches forcées
par Laybach. Le second avait exécuté à la lettre les
instructions qu'il avait reçues.

En effet, ayant appris, le 19, les succès de Bonaparte, il avait, dès le 20 au matin, passé le Lavis et s'é-
tait emparé de Saint-Michel, point de communication
entre les corps de Kerpen et de Laudon, à cheval sur
l'Adige. Ayant isolé ainsi ces deux corps, il avait
poursuivi le premier sur la rive gauche et lui avait, à
Cambra, tué 2,000 hommes et fait 3,000 prisonniers.
Le lendemain, après avoir d'abord refoulé Kerpen,
au-delà de Neumark, il avait traversé le fleuve et était
tombé sur Laudon, qu'il avait rejeté avec perte
de 2,500 hommes dans la vallée de la Meran. Repas-
sant ensuite sur la rive gauche pour revenir à Kerpen,
il l'avait, malgré deux renforts successivement venus
du Rhin, battu à Botzen, puis à Brixen, à Mittenwald,
et l'avait finalement repoussé au-delà du Brenner.

Ces résultats obtenus, Joubert s'était provisoirement concentré à Botzen et à Brixen, pour attendre
des nouvelles; mais ayant appris, le 3 avril, les succès de Bonaparte, il avait, le 5, fait un à-droite pour
aller le rejoindre par Brunecken, et la vallée de la
Drave, et était sans malencontre arrivé à Villach.

Toutes les forces de l'armée française se trouvèrent
ainsi réunies pendant l'armistice de Iudenbourg.
Bonaparte en profita pour assurer ses communications
et se mettre en mesure de reprendre, au besoin,
une prompte et vigoureuse offensive. Ses troupes
furent disposées de manière à déboucher en quelques
marches, dans les plaines de Vienne; mais elles
n'eurent pas à exécuter de nouveaux exploits.

L'Autriche effrayée ne voulut pas courir les chances d'une dernière bataille; elle se décida, si dures
qu'en pussent être les conditions, à entrer en négociations pour la paix, et en signa les préliminaires à
Léoben, le 17 avril.

Dans la campagne que nous venons de rapporter,   Réflexions
les Autrichiens commirent dans la défensive, des fautes
analogues à celles qui leur avaient été si funestes dans
l'offensive, depuis le commencement de la guerre.
D'abord, ils adoptèrent un mauvais plan, en voulant,
à la fois, couvrir matériellement le Tyrol et le Frioul,
et établissant leur corps le plus considérable, dans la
partie où il convenait précisément de ne pas le réunir.

Ensuite, ils exécutèrent mal ce plan, en répartissant et employant mal leurs forces, sur chacun des deux théâtres qu'ils avaient choisis.

Ils attendaient du Rhin, un renfort de six divisions, qui devait leur donner une grande supériorité numérique et pouvait arriver à Inspruck dans les premiers jours d'avril. Pour aller rejoindre l'armée dans le Frioul, en faisant le tour par la Carinthie, il fallait à ce renfort quinze ou vingt jours de plus, ce qui était une différence notable dans les circonstances où l'on se trouvait. C'était donc dans le Tyrol, qu'il convenait de réunir le gros des troupes, et de s'établir solidement, en fortifiant les positions du Lavis et rendant inexpugnables les gorges de la Brenta. On avait ainsi l'avantage de dominer à la fois l'Italie et l'Allemagne, par une bonne position de flanc. Bonaparte ne pouvait évidemment se hasarder à marcher sur Vienne, en laissant sur ses derrières une armée plus considérable que la sienne, au milieu de pays qui lui étaient hostiles. Cela étant, il suffisait de jeter dans le Frioul un corps d'observation de 7 à 8,000 hommes, et de retrancher fortement les défilés de la Carinthie.

L'Archiduc Charles, commandant le corps d'armée du Frioul, sacrifia trop au désir, naturel d'ailleurs, de protéger le port important de Trieste. Par suite de ce désir, il porta à sa gauche le majeure partie de ses forces, et laissa dans l'isolement la division d'Ocksay, chargée à la droite de se lier avec le corps du Tyrol, et de couvrir en même temps la communication principale et la plus directe du Frioul avec Vienne. La conséquence de cette faute fut de permettre à Masséna de s'emparer, presque sans coup férir, du col de Tarvis, ce qui fut pour les impériaux la cause la plus influente du désastre de la campagne.

Lorsqu'après son échec du Tagliamento, l'archiduc divisa son armée en deux, pour se retirer excentriquement sur Vienne, par les deux routes de Tarvis et de Laybach, sa résolution avait des excuses valables; mais, pour l'exécuter convenablement, il fallait opérer tout autrement qu'il ne le fit. Il fallait s'efforcer de prévenir Masséna à Tarvis, ce qui était possible, et pour cela, s'y diriger en toute hâte, par Udine, Cividale, Caporetto et la Chiusa autrichienne, non pas avec trois divisions escortant lentement un immense convoi, mais avec trois divisions sans bagages, s'y rendant à marches forcées. Les équipages devaient être expédiés en avant du corps qui se retirait, par Palma-Nova, sur Laybach. Ce n'était pas la route la plus courte pour arriver à Vienne; mais c'était la plus sûre pour les bagages : d'abord, parce qu'elle éloignait directement du front d'opérations des Français, tandis que celle par Udine et Cividale cheminait presque parallèlement à ce front; ensuite, parce qu'elle était couverte par l'Isonzo ; enfin, parce que Bonaparte ne pouvait la suivre avec le gros de son armée, qui devait nécessairement se rabattre du côté de Villach, pour se rapprocher de Masséna.

A l'armée du Tyrol, le général commandant Kerpen commit, de son côté, des fautes qui eurent une influence funeste sur les résultats de la campagne. Il eut, surtout, le grand tort de se mettre à cheval sur l'Adige, sans avoir des communications assurées entre les deux corps que séparait le fleuve; car il permit ainsi à Joubert d'écraser isolément ceux-ci, l'un après l'autre.

Quant à Bonaparte, ses glorieux et importans succès eurent, comme toujours, leur source dans l'intrépidité de ses troupes, dans son infatigable activité, dans son habileté et sa promptitude à profiter des fautes de son adversaire, et aussi, remarquons-le bien, dans l'extrême audace de sa marche sur Vienne; marche qui l'exposait à des périls manifestes, mais qui démoralisa les Autrichiens, et les mit complètement à sa discrétion, en les remplissant d'épouvante.

Nulle part sa conduite, et les résultats qui en furent la conséquence, ne confirment d'une manière plus frappante la plupart de nos vérités directrices (1), et ne démontrent mieux, surtout :

1° De quelle importance peut être, pour la conclusion de la paix, une menace opportune et sérieuse dirigée contre la capitale ennemie;

2° Combien la guerre est, en dehors des combinaisons militaires, une affaire de tact, d'habileté d'esprit, de juste appréciation des ressources et dispositions de l'adversaire;

3° Combien les déterminations à prendre, les options à faire entre la hardiesse et la prudence, com-

___
(1) Vérité relative au but d'une guerre. — Vérités auxiliaires 1, 2, 4, 7

bien, en d'autres termes, les objectifs à adopter présentent de difficultés sérieuses, et sont variables avec les qualités des armées et des chefs qui les commandent ;

4° A quel point l'audace est opportune et fertile en grands résultats, avec des troupes aguerries, ayant le moral exalté, contre des troupes en prise à la démoralisation.

Pour terminer ce chapitre, reproduisons, en quelques mots, le tableau des guerres à jamais mémorables que nous venons de relater.

RÉSUMÉ SUCCINCT

Des opérations de Bonaparte dans les campagnes d'Italie, de 1796 à 1797.

Deux armées, l'une piémontaise, l'autre autrichienne, sont réunies contre la France : elles occupent, dans le Piémont, le revers des Apennins, et il faut aller les chercher et les détruire, pour forcer à la paix les puissances coalisées.

Bonaparte arrive, et, au lieu de franchir les Alpes, comme Annibal, suivant son expression, il les tourne. Il fond sur le milieu de la ligne étendue des ennemis et la disjoint. Il refoule, à sa gauche, les Piémontais, les poursuit, les rejette, écrasés et soumis, sur leur

capitale ; puis revient aux Autrichiens. Par une marche habile et dérobée, il les tourne, passe le Pô sur
leurs derrières, bat les troupes qui veulent s'opposer
à son passage, et d'un premier effort, pousse derrière
l'Adda son nouvel adversaire. Là, il l'assaille, par le
centre, dans une position inexpugnable, le culbute,
et, par ce second coup, d'une extraordinaire audace,
il achève de le démoraliser. L'ennemi se retranche
derrière le Mincio : il tombe sur lui, le perce encore
par le milieu, le défait pour la troisième fois, et le
rejette anéanti dans les montagnes du Tyrol.

Une nouvelle armée se présente. Celle-ci est toute
composée d'Autrichiens. Elle descend du Tyrol, divisée en deux parties, qui suivent les deux rives du
lac de Garda. Bonaparte prévient leur réunion, fond
sur l'une d'elles, la bat, la refoule dans les montagnes ; puis, revient à l'autre, et lui fait éprouver le
même sort.

Cependant cette armée n'est pas anéantie : elle se
repose, se renforce, et vient de nouveau assaillir les
Français. Cette fois, sa double attaque doit se diriger, d'une part, de front, par les gorges de la Brenta ;
d'autre part, de flanc, par la vallée de l'Adige. Bonaparte monte dans le Tyrol, écrase le corps qui s'y
trouve ; puis, se précipite, à la suite de l'autre, dans
les gorges de la Brenta. Il l'atteint, en détruit et en
disperse la plus grande partie, et force le reste à se
réfugier dans Mantoue.

Arrive une troisième armée autrichienne, plus formidable que les précédentes, et trois fois plus nom-

breuse que l'armée française. Quarante mille hommes se dirigent du Frioul sur Vérone, tandis que dix-huit mille descendent du Tyrol, pour les rejoindre, et aller, avec eux, débloquer Mantoue. Bonaparte, placé entre les deux corps, marche en personne contre le premier, et fait contenir le second par le restant de ses forces. La fortune lui est d'abord contraire, et il est obligé de se retirer sur Vérone. Là, son génie, auquel rien n'échappe, lui fait découvrir, dans la position de l'ennemi, un moyen de l'attaquer en flanc et par derrière, en n'engageant que des têtes de colonnes. Il le met aussitôt à exécution ; désorganise, en trois jours de combats acharnés, le corps principal, le force à la retraite, puis va rejeter dans les montagnes le corps secondaire.

La lutte n'est pas encore terminée. L'armée battue se réorganise, et 50,000 hommes viennent fondre sur les républicains, par les deux rives de l'Adige ; tandis que 15,000 se dirigent sur Mantoue, par les plaines du Padouan. Bonaparte reste d'abord immobile, et laisse l'ennemi dévoiler ses projets. Dès qu'il les a reconnus, il court à la rencontre du corps le plus considérable, l'atteint au plateau de Rivoli, et l'y écrase. Six mille hommes du détachement secondaire sont parvenus à surprendre le passage de l'Adige, et vont se jeter dans Mantoue. Bonaparte y vole, les prévient, et les force à poser les armes.

L'Autriche, enfin, fait un dernier effort et lève une quatrième armée. Elle en confie le commandement à son plus habile général, l'archiduc Charles.

Cette armée, un peu inférieure d'abord à celle des Français, attend un renfort de six divisions, et doit, jusqu'à leur arrivée, garder la défensive. Le gros de ses forces est réuni derrière le Tagliamento, dans le Frioul : le reste est établi derrière le Lavis et la Noss, à l'entrée du Tyrol.

Bonaparte, prêt avant son adversaire, ne lui laisse pas le temps de recevoir ses renforts. Il charge un de ses lieutenans de battre et de disperser l'armée du Tyrol, et fond de sa personne sur celle du Frioul. Il la joint, lui tue ou lui enlève successivement la moitié de son monde, et la rejette, démoralisée, de l'autre côté des Alpes. Là, sa position devient des plus difficiles. Le chemin de Vienne lui est ouvert ; mais il n'a pas avec lui la moitié de ses forces. Le lieutenant qui opère dans le Tyrol, et doit le rejoindre à travers les montagnes, n'a pas donné de ses nouvelles, et peut se trouver compromis. Un autre lieutenant est détaché sur la droite, pour soumettre des pays hostiles, et assurer les derrières. Marcher en avant, dans cette situation, c'est s'exposer à de grands périls ; mais attendre, c'est ne pas profiter de la démoralisation de l'adversaire ; c'est lui donner le temps de se renforcer et de résister avec avantage. Bonaparte n'hésite pas, se porte en avant, et, par son incroyable audace, dicte enfin la paix à l'Autriche.

Les immenses résultats que nous venons de relater ont été recueillis dans une année. Dans ce court espace de temps, Bonaparte a détruit une armée piémontaise et quatre armées autrichiennes, dont trois ont été réorganisées après une première défaite. Excepté la dernière fois, il a lutté constamment contre des forces doubles ou triples des siennes. Il a été victorieux dans quatorze batailles rangées, et dans un nombre innombrable de combats. Il a tué ou blessé plus de 30,000 hommes et en a fait 90,000 prisonniers; il a soumis le Piémont, conquis l'Italie, porté ses armes jusqu'aux portes de Vienne, et forcé la superbe Autriche à implorer sa merci.

Les grands hommes sont grands en toutes choses, et dans ses mémorables campagnes de 1796, Bonaparte se montre aussi profond politique qu'admirable capitaine.

Toujours négociant, pendant qu'il fait la guerre, encourageant, ménageant, ou punissant à propos, il assure le salut de son armée, par son esprit habile autant que par ses exploits: il fait tourner à la fois au profit de la France, les sympathies, les duplicités et les haines.

D'abord, c'est le Piémont, auquel il laisse entrevoir la perspective d'un agrandissement et qu'il dispose à une alliance, après lui avoir imposé la paix. Ce sont ensuite les ducs de Parme, de Modène, les cours de Naples, de Rome, le gouvernement de Gênes que, tour à tour et suivant la gravité de leurs torts, il contient par la peur, rançonne, châtie ou renverse. C'est la république décrépite de Venise, dont il tire des subsides, dont il occupe le territoire; que malgré ses griefs, il ménage tant qu'elle peut lui nuire, et qu'il vient anéantir plus tard, quand elle a comblé la mesure des méfaits. Ce sont les patriotes de la Lombardie et de l'Italie entière, qu'il soutient et encourage pour se faire des partisans, et qu'il s'attache ensuite d'une manière indissoluble, par la création des républiques Cispadane et Cisalpine. C'est enfin l'Autriche qu'il oblige, à force de victoires, à demander la paix, et à laquelle il impose la cession de la Belgique, l'affranchissement de la Lombardie, la reconnaissance des limites de la France aux Alpes et au Rhin.

Jamais aucun homme ne fit en aussi peu de temps, d'aussi grandes choses. Ni Alexandre, ni César, ni Charlemagne ne donnèrent l'exemple d'un génie aussi actif, aussi fertile, aussi profond, aussi universel. Napoléon lui-même, dans le cours de son étonnante carrière, ne fut nulle part aussi brillant, aussi extraordinaire que dans ses premières campagnes d'Italie. C'est qu'en effet, la plupart des qualités qui rendent le génie fécond sont inhérentes à la jeunesse. C'est que celle-ci a sur la vieillesse et l'âge mûr, l'avantage d'une plus grande activité d'esprit et de corps, d'une imagination plus vaste et plus vivace, d'un courage plus entreprenant, plus infatigable et plus obstiné, d'une foi plus absolue dans les hommes et dans les choses; c'est surtout qu'elle a une ambition à satisfaire, de la renommée à acquérir, et que cette sorte de différence dans les mérites et dans le but, ne saurait être compensée chez les hommes transcendans, par un peu plus de savoir, d'expérience et de sagesse.

CHAPITRE III.

CAMPAGNE DE MARENGO EN 1800 [1].

Pendant que Bonaparte était occupé à conquérir l'Egypte, l'ineptie et la faiblesse du directoire avaient failli causer en Europe la ruine de la République. Nous avions perdu l'Italie; nous avions été refoulés sur la rive gauche du Rhin; et sans les succès de Brune en Hollande, surtout sans l'immortelle victoire de Zurich, qui nous maintenait en Suisse, la malheureuse campagne de 1799 aboutissait vraisemblablement à une catastrophe.

Notre armée d'Helvétie était dans les dispositions d'une armée victorieuse. Nous avions, sur le Rhin, des soldats qui avaient peu combattu et qui ne demandaient qu'à combattre; mais en Italie, il nous restait à peine 30,000 hommes désorganisés et manquant de

---

(1) Voir la carte n° 1.

tout: de vivres, d'armes, de munitions et de vête-
mens. Ces 30,000 hommes occupaient les sommets
et les versans méridionaux des Alpes et de l'Apennin,
depuis l'Argentière, en avant de Nice, jusqu'au-delà
de Gênes; ils se trouvaient ainsi disséminés sur une
ligne de plus de 50 lieues d'étendue.

Telle était la situation de la France à l'extérieur,
quand Bonaparte revint d'Egypte et fut nommé premier consul.

En Allemagne, le maréchal Kray commandait une
armée de 120,000 hommes, dont la plupart étaient
réunis en Souabe, dans l'angle formé par le Rhin. En
Italie, Mélas se trouvait à la tête de 125,000 combattans, dont 55,000 dispersés dans les places ou aux
débouchés des Alpes, dont 70,000 prêts à se mouvoir.
et à agir suivant les circonstances. Indépendamment
de ces forces, il se formait à Mahon, une armée
de 20,000 hommes, composée d'Anglais et d'émigrés.
Les flottes anglaises devaient jeter celle-ci, soit en
Italie, soit en France, au point où son concours serait
le plus utile.

Le plan des coalisés consistait à prendre l'initiative
en Italie. Ils voulaient forcer l'Apennin, refouler une
partie de l'armée française à Gênes et l'y bloquer;
rejeter l'autre partie au-delà du Var, et franchir la
rivière à sa suite: ils voulaient, enfin, s'emparer de
Toulon par une attaque combinée, où les Anglais et
les émigrés viendraient se joindre aux Autrichiens.
Pendant ce temps, le maréchal Kray se tiendrait sur
la défensive en Allemagne; puis, lorsque les Français

auraient dégarni le Rhin, pour courir au danger le
plus pressant, il franchirait le fleuve; et l'invasion de
la France se ferait alors de deux côtés à la fois, par
les provinces du Midi et par celles de l'Est.

Bonaparte saisit les desseins de l'ennemi avec sa
sagacité ordinaire, et prit ses mesures en conséquence. Après avoir donné tous ses soins à la réor-
ganisation de l'armée, il s'arrêta de son côté au
projet que voici :

Masséna, avec 36,000 à 40,000 hommes, dut couvrir Gênes et défendre l'Apennin. Trois passages
seulement donnent accès du revers septentrional au
revers méridional des monts, l'un dirigé sur Nice, le
second sur Finale et Savone, le troisième sur Gênes.
Masséna reçut pour instructions, de concentrer le
gros de ses forces autour de cette dernière place, de
n'observer les deux premiers passages qu'avec de
faibles détachemens, et d'écraser successivement,
avec sa masse compacte, les corps de l'adversaire
qui se présenteraient à sa portée.

Moreau fut chargé de prendre l'offensive en Allemagne, à la tête d'une armée active de plus de 100,000
hommes, formée de la réunion de l'armée du Rhin à
celle d'Helvétie. Entrant en action le premier, il dut
couper le maréchal Kray de ses communications avec
la Suisse, et s'il était possible, avec Vienne; le battre,
le refouler sur le Danube et chercher à l'y détruire.
Aussitôt qu'il aurait acquis, d'une manière bien marquée, l'ascendant des armes, il détacherait un corps
de 20 à 25,000 hommes vers le Saint-Gothard, pour

venir concourir, en Italie, à l'exécution de la troisième
et de la plus importante partie du plan de campagne.

Cette partie consistait à jeter 60,000 hommes sur
les derrières de Mélas, à le battre dans cette position,
et à le forcér à mettre bas les armes. Elle offrait des
difficultés immenses. Il fallait d'abord, indépendamment du grand détachement de Moreau, trouver
40,000 hommes dans les ressources désorganisées de
la France. Il fallait ensuite réunir et faire mouvoir
ces 40,000 hommes à l'insçu de l'ennemi, pour qu'il
ne pût faire échouer le projet et échapper au grand effet
moral qu'il devait produire. Il fallait enfin franchir
les sommets des Alpes, sans routes frayées, à travers
les précipices, les glaces, les neiges ; et il fallait le faire
avec du canon, ce qui rendait le passage plus audacieux et plus extraordinaire que celui d'Annibal.

La victoire du général Brune, au Texel, et la paci-
fication de la Vendée, fournirent au premier consul
les élémens d'une troisième armée, qu'il résolut de
commander en personne, sous le titre d'armée de
réserve.

Pour en cacher à l'adversaire la formation et le but,
Bonaparte fit annoncer pompeusement sa réunion à
Dijon : puis, il ne rassembla sur ce point que quelques
bataillons de conscrits et d'invalides, et dirigea sur
Genève, d'un grand nombre de points différens, ses
forces réelles, ses approvisionnemens et son artillerie.
Ce moyen était ingénieux et offrait le plus de chances
de réussite. On attirait en effet à Dijon, l'attention
des coalisés ; on leur faisait croire qu'on avait voulu

les effrayer par un danger imaginaire, par une menace que l'épuisement de la France ne permettait pas de tenir ; on se livrait à leurs railleries, et on les laissait dans la sécurité la plus complète : c'était bien l'objet qu'il fallait remplir. Quant aux rassemblemens de Genève, point intermédiaire entre l'armée du Rhin et celle du Var, ils s'expliquaient d'une façon toute naturelle : ils formaient le dépôt commun de ces deux armées.

Pour franchir les Alpes, on fit, aux points difficiles, marcher l'armée un par un, hommes et chevaux, les cavaliers conduisant leurs chevaux par la bride. On enleva les canons de leurs affûts ; on les encastra dans des troncs d'arbre qui servirent de traîneaux et furent montés et descendus à bras d'homme ; on démonta pièce à pièce les affûts, les caissons, les voitures et on les transporta de la même manière. Nous verrons bientôt les opérations complètes de l'immortelle armée de réserve. Reprenons les événemens dans l'ordre où ils se présentèrent.

Masséna qui avait à garder l'Apennin et Gênes, fut assailli le 6 avril, par le général Mélas, à la tête de 70,000 hommes. La ligne étendue sur laquelle il avait disséminé ses forces fut coupée par le milieu.

Suchet fut repoussé à gauche, du côté de Nice ; Soult et Masséna furent repoussés à droite, du côté opposé. Les généraux français cherchèrent à rétablir leur ligne, par une attaque simultanée contre les positions de l'ennemi ; mais ils ne purent y réussir, tant à cause de leur infériorité numérique, qu'à cause du défaut d'ensemble de leurs efforts. Finalement, Suchet fut rejeté sur la rive droite du Var, et, Masséna, le 21 avril, fut refoulé dans Gênes, où la famine l'obligea à capituler le 4 juin. Sa capitulation, du reste, fut on ne peut plus honorable; car les Français sortirent de la place avec armes et bagages, et sans être prisonniers de guerre.

Dans l'exécution de sa tâche pénible et difficile, le général français commit une faute, celle de disséminer ses forces sur une ligne trop étendue, au lieu de les concentrer, conformément à ses instructions; il éprouva un grand malheur, celui de capituler le jour même où, comme nous le verrons bientôt, le général Ott, recevait l'ordre de lever le blocus, par suite de l'arrivée de Bonaparte; il manqua peut-être un peu de perspicacité, en n'induisant pas, des concessions faites par l'ennemi pour sa capitulation, que le moment de sa délivrance était venu; mais il contribua puissamment au triomphe de l'armée de réserve, par les pertes considérables qu'il fit éprouver aux Autrichiens; enfin, il se couvrit de gloire par son héroïque résistance, par ses brillantes sorties, par le grand et noble caractère qu'il déploya dans la défense de Gênes.

Pendant que Masséna exécutait, comme nous l'avons brièvement indiqué, la partie du plan de campagne qui lui était dévolue, Moreau, de son côté, était entré en action le 25 du mois d'avril. Après avoir passé le Rhin sur trois points, il avait opéré contre la gauche du maréchal Kray, l'avait battu et rejeté sur le Danube, dans le camp retranché D'Ulm. Enfin, le 11 mai, il s'était trouvé en mesure de détacher Moncey avec 17 à 18,000 hommes, pour venir seconder en Italie l'armée de réserve. Examinons maintenant les opérations de cette dernière :

Bonaparte, après l'avoir réunie, comme il a été dit, aux environs de Genève, la mit en marche sur trois colonnes. La principale, forte de 36,000 hommes, avec 40 bouches à feu, partit de Lausanne le 4 mai, et se dirigea, par Saint-Pierre, sur le Saint-Bernard, où elle dut effectuer son passage : la seconde, forte de 4,000 hommes, sous Chabran, prit, à droite, le chemin du petit Saint-Bernard : la troisième, de 1,000 à 1,200 hommes seulement, commandée par Béthencourt, se dirigea, par le Simplon, sur Domo-d'Ossola, pour établir les communications avec le grand détachement de Moncey. Ce général, formant l'extrème gauche de l'armée, était en marche pour venir, par Lucerne, le Saint-Gothard et Bellinzona, déboucher aux environs de Milan, dans les bailliages italiens. Indépendamment des corps que nous venons de désigner, et qui composaient l'effectif de l'armée de réserve ; Thurreau, à l'extrème droite, devait chercher à forcer le passage du Mont-Cenis, et à déboucher sur Suze et Turin, à la tête de 5,000 hommes, tirés des places du Dauphiné. Le but de cette diversion était d'attirer l'ennemi, et de favoriser la réussite de l'opération principale.

L'armée mit quatre jours à franchir le Saint-Bernard, et se trouva réunie, le 20 au soir, dans les environs d'Aoste. De là, elle se dirigea, par la grande

route qui longe la Doria-Baltea, sur les points de
Châtillon, Bard, Ivrée et Chivasso. Déjà son avant-
garde avait culbuté, le 17, à Châtillon, un corps de
4 à 5,000 Autrichiens chargés de défendre les débouchés dans la plaine. A Bard, petite place qu'elle
comptait enlever, chemin faisant, elle trouva un obstacle imprévu, qui lui suscita plus de difficultés que
le passage même des Alpes. Le fort était imprenable
de vive force, et dominait, à portée de fusil, le village
traversé par la seule route praticable aux voitures.
A force de recherches, on découvrit, sur la gauche,
à travers des rochers escarpés, un sentier étroit et
difficile, par lequel hommes et chevaux purent défiler un à un ; mais, pour faire passer l'artillerie, il fal-
lut recourir à un expédient des plus périlleux. On
couvrit de paille et de fumier la rue du village ; on
entoura les pièces d'étoupes, pour en empêcher le
bruit, et on les fit traîner la nuit par les canonniers.
Heureusement, le moyen réussit et l'armée put continuer sa route, laissant le détachement de Chabran
pour bloquer le fort. Le 24, elle enleva la ville et la
citadelle d'Ivrée, et s'y trouva réunie avec son artillerie, dans la journée du 27. Enfin, le lendemain
28, Lannes ayant poussé jusqu'à Chivasso, avec
l'avant-garde, s'y empara d'un grand nombre de
barques, qui permirent d'effectuer le passage du Pô.

Sur ces entrefaites, le général Thurreau avait enlevé le débouché de Suze, et s'était établi à l'entrée
de la vallée, entre ce point et Bussolino. Moncey s'a-
vançait à marches forcées, et ne se trouvait plus qu'à

trois ou quatre journées de Bellinzona. Enfin, le général Lecchi, à la tête de 2,000 Italiens, avait péné-
tré dans la vallée de la Sésia, pour renforcer le détachement de Béthencourt, et communiquer avec
Moncey.

A son arrivée à Chivasso, deux moyens s'offraient
à Bonaparte d'atteindre le but général qu'il s'était
proposé. Les Autrichiens, auxquels Masséna et Suchet avaient pris ou mis hors de combat une vingtaine de mille hommes, se trouvaient alors divisés en
trois corps principaux. L'un, d'environ 25,000 hommes, couvrait Turin, où était établi le quartier-général : il était composé de deux divisions, accourues du
Var, avec Mélas, et des troupes refoulées par les généraux Lannes et Thurreau. Un autre, de 30,000 com-
battants, bloquait Gênes, sous les ordres du général
Ott. Enfin, le troisième, fort de 15,000 hommes,
était resté sur le Var, sous le commandement d'Es-
nitz. Indépendamment de ces corps, Wukassowich,
avec une quinzaine de mille soldats, la plupart de
cavalerie, était chargé de défendre les débouchés du
Simplon et du Saint-Gothard, et de couvrir Milan.
Le reste des forces était dispersé dans les places du
Piémont, de la Lombardie, des Légations, des États
de Venise, etc.

D'après cette distribution de l'armée opposée,
Bonaparte pouvait se proposer de marcher immédiatement contre ses corps séparés, et de les écraser
l'un après l'autre; ou bien, il pouvait se porter préalablement sur Milan, s'y joindre à Moncey, assurer

ainsi sa retraite par le Simplon et le Saint-Gothard, révolutionner la Lombardie, s'emparer des principaux magasins de l'ennemi, puis enfin, avec ses forces réunies, venir combattre celui-ci, coupé de ses communications directes avec l'Autriche. Il adopta ce dernier projet, et l'exécuta avec l'activité et la décision qui lui étaient ordinaires.

Lannes, après avoir donné le change à Mélas, par les préparatifs simulés d'un passage du Pô, descendit subitement le fleuve, et se porta sur Pavie : il s'en empara le 1ᵉʳ juin, et y trouva des approvisionnemens considérables et 200 pièces d'artillerie. Murat marcha sur Verceil et y passa la Sésia : le 31 mai, il franchit le Tésin, après un combat opiniâtre contre les troupes de Wukassowich, et rejeta ces troupes sur l'Adda. Il fut suivi par toute l'armée, qui fit son entrée à Milan, le 2 juin.

Ayant opéré ainsi sa jonction avec Moncey, dont l'avant-garde était arrivée le 31 à Bellinzona, Bonaparte songea à couper les Autrichiens de leur ligne de retraite. A cet effet, la division Chabran, qui s'était emparée, le 1ᵉʳ juin, du fort de Bard, vint, avec ses forces disponibles, remplacer des détachemens que Lannes avait laissés sur la Doria-Baltea, sur la Sésia, et sur la gauche du Pô, entre ces deux rivières. La division Lapoype, du corps de Moncey, s'établit derrière le Tésin, et couvrit le fleuve, depuis l'embouchure du Tésin, près de Pavie, jusqu'à la Sésia. Les divisions Duhesme et Loison suivirent sur Lodi, Pizzighittone, Crémone, les troupes de Wukassowich qui se repliaient sur le Mincio, et leur enlevèrent un millier de prisonniers. Lodi fut occupé, le 4 ; Pizzighittone, le 5, et le lendemain, Crémone. Ces divisions furent chargées d'observer l'Adda et le Pô inférieur, de contenir Wukassowich d'une part, et de l'autre, d'empêcher Mélas de traverser le fleuve au-dessous de Crémone. Lannes et Masséna se portèrent sur le Pô, l'un à Belgioso, l'autre à Plaisance. Moncey, arrivé le 6 à Milan, dut y rester avec 5 ou 6,000 hommes, pour bloquer le château renfermant une garnison autrichienne. Enfin, le détachement de Béthencourt et la légion italienne gardèrent les débouchés du Simplon, du Saint-Gothard, et éclairèrent le cours supérieur de l'Adda. De cette manière, les communications de l'ennemi furent interceptées sur la rive gauche, et celles des Français assurées par deux voies nouvelles. Il ne restait plus qu'à empêcher Mélas de s'échapper par la rive droite.

Dans ce but, Bonaparte choisit, pour y poster le gros de ses forces, la position de la Stradella, à cheval sur la route d'Alexandrie à Mantoue. Les Autrichiens devaient nécessairement passer par là, pour rétablir leurs communications directes avec cette dernière place et avec l'Autriche.

La position de la Stradella, formant une espèce de défilé long et étroit entre le Pô et les contreforts de l'Apennin, convenait admirablement, en effet, à l'armée française. Elle réunissait trois avantages fort importans. Elle était forte et de défense facile, s'appuyant, par la droite, au fleuve et à des plaines marécageuses; par le centre, à de gros villages en maçonnerie solide que traversait la chaussée; et, par la gauche, à de belles hauteurs. Elle empêchait l'ennemi de mettre en action sa nombreuse cavalerie, et amoindrissait aussi la puissance de son artillerie formidable. Enfin, elle se trouvait à proximité, presque au centre des positions occupées sur la rive gauche, et vis-à-vis le point de Belgioso, où Lannes devait effectuer son passage.

Reportons-nous maintenant aux opérations de l'armée autrichienne, avant de continuer le récit de celles de Bonaparte.

Mélas, longtemps incrédule à la nouvelle de la marche audacieuse de son adversaire, avait enfin perdu toute illusion à cet égard, et compris l'habileté de la manœuvre et la gravité de la situation où elle le plaçait. Sortant, en conséquence, de son système de tâtonnemens, de temporisations et de lenteurs, il s'efforça de prévenir les Français au point de Plaisance, pour y passer le Pô, rétablir ses communications directes, et livrer bataille, sans qu'un revers l'exposât à mettre bas les armes. À cet effet, il enjoignit à Elsnitz d'abandonner le Var, de se replier sur la Roya; puis, de venir, par le col de Tende, et la grande route de Limone, Coni, Asti, le rejoindre à Alexandrie, où il dirigeait lui-même les troupes qui couvraient Turin. Ott reçut l'ordre de se porter directement sur Plaisance, après avoir laissé 10,000 hommes à Gênes, qui venait de succomber. Le même ordre fut donné à un petit corps qui se

trouvait en Toscane, et à un détachement de cavalerie posté aux environs d'Alexandrie.

Elsnitz quitta le Var, le 29 mai, poursuivi par
Suchet qui, opérant par sa gauche, avec autant de
rapidité que de vigueur, le prévint au col de Tende
et le rejeta du côté de la mer, après lui avoir pris, tué
ou blessé beaucoup de monde. Le général autrichien
fut obligé de suivre jusqu'à Oneille, la route de la
Corniche, puis de gagner par Piève et Ormea, à travers d'horribles défilés, la vallée du Tanaro. Il essuya
encore dans ce trajet des pertes sensibles, et quand
il arriva à Ceva, le 7 juin, il ne comptait plus guères
que 8 à 10,000 hommes. De Ceva, il rejoignit par
Cherasco la route du col de Tende à Alexandrie.

Quant à Suchet, après avoir détaché une division
à la suite d'Elsnitz, il marcha sur Savone où il se réunit à la garnison de Gênes, sortie, d'après la capitulation, libre et avec armes et bagages. Masséna s'étant
blessé accidentellement, Suchet se trouva à la tête
d'une vingtaine de mille hommes qu'il porta par le
col de Cadibone, dans la vallée de la Bormida: il alla
s'établir en avant d'Acqui ; et, comme nous le verrons
bientôt, sa présence, en ce point, ne fut pas sans influence sur les événemens de Marengo.

A peine la capitulation de Gênes fut-elle signée,
qu'Ott, de son côté, se mit en marche pour Plaisance,
à la tête de 18 à 20,000 hommes. Afin d'atteindre
plus rapidement ce point important, il fit prendre à
une brigade d'infanterie débarrassée d'équipages, le
chemin de Scoffera et de Bobbio, longeant la vallée

de la Trebia. Lui-même avec le restant de ses troupes, suivit par le défilé de la Bocchetta, la route de
Novi et de Tortone.

La brigade d'infanterie arriva le 7, devant Plaisance, au moment où Murat venait d'en déboucher.
Elle fut culbutée et obligée de rebrousser chemin, en
désordre et en partie détruite. Le détachement de
Toscane et celui de cavalerie, parti d'Alexandrie,
arrivèrent le même jour, l'un après l'autre, et éprou-
vèrent le même sort. Quant au corps plus considérable qu'amenait le général Ott, au lieu d'opposer
une faible résistance à des forces supérieures, il livra
une véritable bataille, longue et acharnée, contre des
forces inférieures aux siennes d'un tiers : cependant,
comme nous allons le voir, il ne fut pas plus heureux.

Lannes, avons nous dit, s'était porté de Pavie à
Belgioso, pour y passer le Pô. Des barques, préparées
sur le Tesin, avaient été descendues à l'embouchure
de la rivière, et il effectua son passage, le 6 juin, sans
résistance sérieuse. Le lendemain, poussant devant
lui les troupes des garnisons d'Alexandrie et de Valence, qui avaient voulu le lui disputer, il alla s'établir
en avant de la Stradella, dans la position que nous
avons décrite ci-dessus.

Sur ces entrefaites, le général Ott s'avançait par
la route de Tortone, et recueillait, chemin faisant,
une partie des troupes battues devant Plaisance. Ses
forces totales, en y comprenant celles-ci, s'élevaient
à environ 18,000 hommes. Son avant-garde, composée de 4 à 5,000, arriva, le 8 au soir, devant Lan-

nes qui la força à se replier. Les deux armées prirent
position et bivouaquèrent en présence : l'armée autrichienne, le centre à Casteggio sur la route, la gauche au fleuve, la droite aux montagnes ; l'armée française, parallélement à elle, et un peu en avant de la
Stradella. Les Français ne comptaient que 8,000
hommes ; mais Masséna et les troupes qui avaient débouché le 7, à Plaisance, étaient heureusement en
marche pour venir les renforcer.

Le 9, au point du jour, le combat s'engagea des
deux parts, avec la plus grande ardeur. Il y allait
pour les Autrichiens du salut de leur armée et pour
les Français, du sort de la campagne et de celui de
l'Italie. Lannes, qui avait pour mission, non pas de
résister à Ott, mais de le battre pour affaiblir d'autant l'armée de Mélas, Lannes se porta avec son
centre sur le village de Casteggio, et chercha en
même temps à le tourner avec ses deux ailes. On
combattit partout avec le plus grand acharnement.
Le village, défendu par une nombreuse artillerie, fut
pris et repris plusieurs fois. Enfin, après des efforts
héroïques, les Français allaient céder au nombre,
quand arriva, sur le champ de bataille, la division
Chambarlhac : ce renfort de 5,000 hommes décida
la victoire. Culbutés sur tous les points, débordés à
leur centre par nos ailes, les impériaux se retirèrent
en hâte sur Montebello, village situé sur la route, en
arrière de celui de Casteggio. Delà, ils se replièrent
sur Alexandrie, où ils se réunirent à Mélas. Ils venaient de perdre environ 3,000 hommes tués ou

blessés, et 5,000 prisonniers, à la bataille du 9 juin, qui prit le nom de bataille de Montebello.

Bonaparte rejoignit l'armée, le 9 au soir, au moment où nous venions de remporter la victoire. Il la porta un peu en arrière, à la position même de la Stradella, qu'il résolut de rendre plus solide encore, en la retranchant. Il passa les journées du 10 et du 11 à ce soin, ainsi qu'à celui de concentrer ses forces, et d'assurer ses communications, par l'établissement de deux ponts sur le Pô, l'un à Belgioso, l'autre à Plaisance. Il en existait un sur ce dernier point ; mais les Autrichiens l'avaient détruit, pour s'opposer au passage de Masséna, qui avait été obligé de traverser le fleuve sur des barques.

Dans la journée du 11, on vit arriver à l'armée le général Desaix, récemment de retour d'Égypte. Il reçut immédiatement le commandement des divisions Boudet et Monnier. Sa présence équivalait à un puissant renfort : c'était, après le premier consul et Moreau, la première et la plus juste renommée militaire de la France.

Le 12, Bonaparte ne voyant pas venir l'ennemi qu'il attendait, conçut quelques vagues inquiétudes, et se décida à se porter à sa rencontre. Quittant donc sa position de la Stradella, si bonne et si bien préparée, il alla coucher à Voghera, sur les bords de la Scrivia, après avoir, chemin faisant, investi Tortone. Le 13, au point du jour, il traversa la rivière, et, débouchant dans l'immense plaine qui s'étend entre elle et la Bormida, il s'avança jusqu'au village de San-

Giuliano, à une lieue seulement d'Alexandrie. On
avait marché la moitié de la journée sans rencontrer
une patrouille autrichienne, et la cavalerie légère,
envoyée en reconnaissance de toutes parts, n'en
avait pas rencontré davantage. Dès-lors, il parut
certain que Mélas voulait s'échapper sans combattre.
Mais dans quelle direction cherchait-il à fuir? Comment l'atteindre dans sa fuite, et y mettre obstacle?

Bonaparte courut en arrière, pour avoir des nouvelles du Tésin et du Pô. Tout y était tranquille : on
n'avait pas vu d'ennemis de ce côté. Les Autrichiens
s'étaient donc portés sur Gênes, soit pour s'y renforcer de l'armée anglaise, et livrer bataille avec toutes leurs ressources, soit pour gagner Mantoue par
un détour, en passant par Parme et Modène. Dans
cette conjecture raisonnable, le premier consul détacha Desaix avec la division Boudet, du côté de
Novi, sur la route d'Alexandrie à Gênes. Vers le soir,
il porta Victor, avec les divisions Gardanne et Chambarlhac, au village de Marengo, situé sur la grande
chaussée de Plaisance, aux bords de la Bormida, et
en face d'Alexandrie. Lannes alla coucher dans la
plaine, en arrière et à droite de Victor. Celui-ci
rencontra à Marengo un détachement autrichien, qui
évacua le village sans résistance sérieuse, et passa la
Bormida. On reconnut mal la rivière, et l'on vint
rendre compte que l'ennemi n'y avait pas de ponts.
Tous ces faits confirmèrent le premier consul dans
l'opinion que les impériaux s'étaient jetés dans Gênes. Cependant il n'en était rien. Leur armée se

trouvait réunie à Alexandrie, au nombre de 40 à 45,000 hommes. Elle possédait une cavalerie nombreuse et parfaitement montée, et une artillerie de plus de 100 pièces de campagne. Quoi qu'il en soit, sa perplexité était grande, et d'ailleurs bien naturelle à concevoir. Il n'y avait pour elle d'autre alternative que de se faire jour l'épée à la main, ou de mettre bas les armes. Le choix ne pouvait être douteux pour de braves troupes; et Mélas arrêta comme il suit son plan de bataille, ainsi que l'emploi des 45,000 hommes dont il pouvait disposer (1):

Une même tête de pont, bien que les reconnaissances eussent indiqué le contraire, couvrait deux ponts établis sur la Bormida, vis-à-vis le village de Marengo. Il fut décidé, qu'à la pointe du jour, l'armée déboucherait par ces ponts, au nombre d'environ 36,000 hommes. Une division de 6,000, forte en cavalerie, remonterait, sous le général Oreilly, le cours de la Bormida, passerait à gué un petit ruisseau, le Fontanone, couvrant la position des Français, puis tomberait sur leur gauche, en cherchant à la tourner. La position serait attaquée de front par 20,000 hommes, conduits par les généraux Kaïm et Haddich, lesquels seraient chargés d'enlever Marengo, dont l'occupation était indispensable pour déboucher en plaine. Enfin, Ott, avec la réserve d'infanterie et la plus grande partie de la cavalerie sous Elsnitz, descendrait la rivière pour former la gauche de l'armée. Il

----

(1) Voir la carte n° 4.

devait s'emparer du village de Castel-Ceriolo, placé
sur la droite des Français, et se servir ensuite de ce
point d'appui pour les envelopper de ce côté. Quant
aux troupes restantes, elles se porteraient sur la haute
Bormida, pour observer le corps de Suchet, qu'on
savait avoir franchi le col de Cadibone. Par les mesures que nous venons d'énumérer, Mélas espéra
écraser rapidement la forte avant-garde qu'il avait
devant lui, et se faciliter ainsi les moyens de battre,
après elle, le corps principal de Bonaparte.

Le 14 juin, à quatre heures du matin, l'armée autrichienne commença à défiler sur les ponts de la
Bormida, dans l'ordre arrêté la veille. Oreilly, ayant
atteint la rive droite, se trouva en face de la division
Gardanne, portée le 13 au soir, au point de Pedra-
Bona, en avant de Marengo. Il l'attaqua avec une
artillerie nombreuse, la força à se replier dans le
village, et prit position pour donner aux divisions
Haddich et Kaïm, le temps de déboucher et de se
déployer derrière lui. Cela fait, il appuya à droite le
long de la Bormida, et, conformément à ses instructions, se disposa à seconder, par une attaque de flanc,
l'attaque directe qui allait être dirigée contre la position française. Pendant tous ces préparatifs longs et
méthodiques, Victor avait eu le temps de prendre ses
mesures et d'avertir le premier consul de ce qui se
passait. Gardanne fut chargé de défendre le village
même de Marengo, et Chambarlhac; le terrain situé à
gauche. De son côté, Lannes vint se mettre en ligne
à la droite de Victor, dans l'espace compris entre

II 18

Marengo et le bourg de Castel-Ceriolo. La cavalerie
des deux corps fut placée en arrière des flancs de la
ligne générale de bataille ; celle de Victor, sous Kellermann, en arrière du flanc gauche; celle de Lannes,
sous Champeaux, en arrière du flanc droit.

La division Haddich vint aborder, la première, le
front des Français. Elle fut culbutée dans le Fontanone
par les troupes sorties de Marengo, et eut son chef
mortellement blessé. La division Kaïm lui succéda et
combina une attaque simultanée avec les troupes
d'Oreilly, arrivées en position, et qui devaient, comme
il a été dit, tomber sur notre flanc gauche. Gardanne
et Chambarlhac empêchèrent, par leurs feux convergens, les soldats de Kaïm de franchir le ruisseau, et
Kellermann y rejeta deux mille chevaux qui l'avaient
traversé, sous la conduite d'Oreilly.

Sur ces entrefaites, le général Ott, qui avait défilé
le dernier sur les ponts de la Bormida, puis avait
descendu le cours de la rivière, s'établissait à l'aile
gauche des Autrichiens, et prenait position à Castel-Ceriolo, prêt à déborder notre aile droite. Mélas
alors, se décida à un effort considérable et général :
il déploya sur son front sa formidable artillerie,
forma en colonnes d'attaque les divisions ralliées
d'Haddich et de Kaïm, et les lança droit sur les positions de Victor et de Lannes, tandis qu'Oreilly et
Ott s'avancèrent à droite et à gauche pour assaillir
et tourner à la fois nos deux ailes. Les divisions Gardanne et Chambarlhac, du corps de Victor, marchèrent
résolument à la rencontre de l'ennemi et reçurent son

choc en troupes d'élite; mais écrasées par les ravages
horribles de son artillerie, elles furent, à la fin, obligées
de reculer. La première se replia sur Marengo, dé-
fendit ce village avec acharnement, le perdit; le reprit
ensuite, le perdit de nouveau et fut repoussée finalement dans les enclos et les jardins environnans: la
seconde, incessamment mitraillée dans une plaine sans
abri, attaquée en flanc et débordée en outre par les
troupes d'Oreilly, la seconde ne résista pas aussi bien
que la première, et fut rejetée, avec quelque désordre,
sur la route de Tortone. Les troupes de Lannes, seules,
restèrent inébranlables dans leur position, bien qu'assaillies de front par celles de Kaïm, bien que débordées à droite par celles de Ott, qui avaient débouché
de Castel-Ceriolo et s'avançaient sur leurs derrières.
La victoire héroïque de Montebello avait porté leur
courage au comble de l'exaltation et le soutenait encore. Leur situation cependant, devenait de plus en
plus critique, et leur valeur semblait condamnée à des
efforts stériles. Elles allaient en effet se trouver bientôt
enveloppées de toutes parts. Le général Champeaux
avait chargé l'ennemi avec la plus grande vigueur,
mais sans pouvoir arrêter ses progrès: il venait d'être
blessé à mort à la tête de sa brigade.

Les choses en étaient à ce point, quand, vers dix
heures, arriva Bonaparte suivi de la division Monnier,
de la garde consulaire, et de la cavalerie de réserve,
conduite par Murat. Il parcourt au galop le champ
de bataille, juge avec son coup-d'œil prompt et sûr
la gravité des circonstances, le remède à apporter au

mal, et les chances favorables qui lui restent. Aussitôt, il prend ses mesures et donne ses ordres avec une habileté et un sang-froid dignes d'être éternellement admirés.

Comme on l'a dit, Lannes résistait à la droite d'une manière héroïque et jusque-là efficace ; mais il était sur le point d'être entouré et accablé par le nombre. Du côté opposé, Victor ne tenait plus qu'à grand'peine, avec la division Gardanne, dans les jardins de Maren- go ; et la division Chambarlhac, formant notre ex- trême gauche, se retirait en désordre sur la route de San-Giuliano.

Lorsqu'une troupe dont le moral est exalté, résiste fermement à des forces supérieures en nombre, il suffit d'un faible secours pour la clouer, en quelque sorte, au sol. Quand au contraire, une troupe est démo- ralisée et en déroute, il faut des renforts notables, et surtout du temps, pour la rallier et la ramener au com- bat dans des conditions favorables. Sous ce rapport, il convenait donc de renforcer, en avant, le corps de Lannes, et de rallier, en arrière, celui-ci de Victor. Deux points d'appui solides se présentaient dans la plaine pour cette double opération : le premier était le bourg de Castel-Ceriolo, dont la droite de Lannes était peu éloignée ; le second était le village de San- Giuliano, sur lequel se rabattait la gauche de Victor. En adoptant ces deux points pour y appuyer l'armée et rétablir les affaires, la ligne de bataille se trouvait changée ; mais toutes les circonstances se prêtaient de la manière la plus heureuse à ce changement. Derrière Castel-Ceriolo, existait un excellent chemin, conduisant d'Alexandrie à Salé ; d'autres chemins menaient de Salé aux environs de Belgioso et de Plaisance, où se trouvaient établis nos ponts. La ligne de retraite était donc assurée. En outre, Desaix, pré-venu dès le commencement de l'action, avait reçu l'ordre de se diriger en toute hâte sur San-Giuliano ; et c'était là une circonstance on ne peut plus favorable au ralliement des troupes de Victor. Enfin si, comme il était permis de l'espérer, l'on ramenait la fortune, la position nouvelle des Français, la droite sur la Bormida à Castel-Ceriolo, la gauche refusée à San-Giuliano dans la plaine, tandis que celle des Autri-chiens était précisément inverse, cette position était excellente. Si l'on parvenait en effet à battre ceux-ci à Castel-Ceriolo, on pouvait les prévenir à leurs ponts, les rejeter sur la rivière, les y acculer et les détruire. Si au contraire, l'on perdait décidément la bataille, l'on se rabattait naturellement, et sans crainte d'un désastre, sur le point de Salé par où passait la nou-velle ligne de retraite.

Toutes ces alternatives, ces convenances, ces coïn-cidences heureuses, tous ces avantages sont embras-sés et appréciés par Bonaparte en moins de temps qu'il ne faut pour les dire. A peine son projet est-il arrêté dans sa tête, qu'il le met à exécution.

Le bataillon des 800 grenadiers à pied de la garde consulaire est porté en avant, à la droite de Lannes, et chargé de contenir les troupes qui menacent ses flancs et ses derrières. Un peu plus à droite, Carra Saint-Cyr marche à la tête de deux demi-brigades,

pour repousser les ennemis qui ont débouché de Castel-
Ceriolo, et leur enlever ce village. A la gauche, une
brigade va renforcer Gardanne, qui tient encore dans
les jardins de Marengo ; et, enfin, Murat, avec la cavalerie de réserve, s'avance par la route de San-Giuliano, pour rallier la partie de la division Chamber-
lhac, qui est en déroute. De toutes parts, la bataille
recommence avec une nouvelle ardeur et un nouvel
acharnement. La garde consulaire se forme en carré
et résiste, comme un mur d'airain, au choc de la cavalerie impériale. Carra Saint-Cyr culbute les soldats
de Ott et pénètre dans Castel-Ceriolo. Lannes se précipite sur ceux de Kaïm, et les refoule sur le Fonta-
nòne. Gardanne lui-même reprend avantageusement
l'offensive, et se rapproche de Marengo. Mélas, alors,
dont le salut dépend de l'issue de la bataille, fait
un effort désespéré. Il réunit, en face de Marengo,
une masse considérable, la forme en colonne d'attaque, et la pousse tout entière sur le village. Gardanne
ne peut résister à ce choc impétueux, et se voit
obligé de plier d'abord, puis de battre en retraite.
Les Autrichiens le suivent, le pressent l'épée dans
les reins, et parviennent à déboucher totalement de
Marengo, avec une artillerie formidable. Une partie
de celle-ci est aussitôt tournée contre le corps de
Lannes, qu'elle prend en travers, et auquel elle occasionne d'effroyables pertes. Le flanc gauche de ce
général se trouve entièrement découvert et débordé.

Persister à tenir dans une semblable position, c'é-
tait faire écharper sur place de braves soldats, avec

beaucoup d'honneur, sans doute, mais sans aucun profit; c'était scinder volontairement l'armée en deux, et la faire battre par parties; car il était évident que Desaix, Murat et les débris de Victor ne pourraient résister, quand Lannes, Carra Saint-Cyr et la garde consulaire auraient été cernés et écrasés avant eux. Au contraire, en ramenant en arrière les troupes de Lannes, et, peu à peu, après elles, celles qui se trouvaient à leur droite; en le faisant, non pas comme dans une retraite ordinaire, mais par un changement de front, suivant la direction nouvelle de Castel-Ceriolo à San-Giuliano; en d'autres termes, en pivotant en arrière autour du premier de ces points, jusqu'à ce que la gauche de Lannes vînt se placer à la droite du corps de Victor, rallié d'abord par Murat et ensuite par Desaix, on reliait ensemble toutes les parties de l'armée, et on se procurait les avantages que nous venons de signaler à l'instant.

Lannes reçoit donc l'ordre de rétrograder lentement, et il le fait, de la manière la plus héroïque, en se retirant par échelons successifs, en échiquier. Quatre-vingts bouches à feu vomissent la mort dans ses rangs, et il peut à peine leur en opposer quinze : la cavalerie se rue incessamment sur ses troupes : rien ne l'ébranle. Il met plus de deux heures à reculer d'une demi-lieue. A sa droite, la garde consulaire suit son exemple. Elle se retire formée en carré, sans se laisser rompre par les ravages que lui cause l'artillerie, par les charges que la cavalerie exécute contre elle. Enfin, à l'extrême droite, Carra Saint-Cyr, dont le rôle, à la vérité, est moins périlleux et moins difficile, imite Lannes et la garde consulaire. Il se replie lentement, abandonne en partie Castel-Ceriolo, mais y conserve quelques maisons qu'il a fait barricader, et tient ferme dans les jardins et les enclos qui l'environnent.

Sur ces entrefaites, Mélas, voyant l'armée française se retirer de toutes parts, et n'appréciant pas bien tous les motifs qui l'y déterminent, Mélas, accablé de fatigue, et croyant la victoire assurée, rentre à Alexandrie. Il confie le commandement au général Zach, son chef d'état-major, et celui-ci se dispose à couper la retraite aux Français, en s'emparant de la grande route de Tortone. A cet effet, il forme en colonne de marche le gros de l'armée autrichienne, la droite et une partie du centre, et le met en mouvement sur cette route. En tête de la colonne, se trouve une brigade d'infanterie, précédée par des tirailleurs : elle est suivie par 5,000 grenadiers, sous les ordres du général Lattermann. A droite et à gauche, s'avancent, en colonnes partielles, par échelons, d'un côté, quelques bataillons d'infanterie et la cavalerie d'Oreilly ; de l'autre côté, la cavalerie de Lichteinstein, et derrière elle, le gros des divisions d'Haddich et de Kaïm. A l'extrème gauche, le corps de Ott suit le mouvement, mais lentement, parce qu'il a devant lui les troupes de Carra Saint-Cyr et de la garde consulaire.

Les choses en étaient là, quand, vers quatre heures du soir, Desaix arrive à San-Giuliano. Il avait

marché au bruit du canon, avant que lui parvinssent
les ordres de son général en chef. Bonaparte, qui
l'attendait avec impatience, arrête aussitôt le mouvement rétrograde. Il se prépare à profiter, à la fois, de
la chance de succès qu'il s'est si bien ménagée, et de
la grande faute que l'ennemi vient de commettre, en
se mettant en colonne de route et lui prêtant le flanc.
Il parcourt les rangs des soldats, et s'adressant à eux :
C'est assez reculer, leur dit-il; *nous allons marcher
en avant : Rappelez-vous que mon habitude est de
coucher sur le champ de bataille.*

La division Boudet, qu'amène Desaix, et qui n'a
pas encore combattu, est formée à droite de la route
de San-Giuliano, un peu en avant du village, et derrière un pli de terrain qui la dérobe à l'adversaire. La
neuvième légère est disposée en colonne d'attaque :
les deux autres demi-brigades sont déployées derrière elle. Le front est couvert par une batterie de
19 pièces (1). A gauche de Desaix, et un peu en arrière, se trouve le corps rallié de Victor; à sa droite,
et un peu avant, le corps de Lannes; puis, dans la
même disposition échelonnée, la garde consulaire,
et, enfin, Carra Saint-Cyr, qui touche à Castel-Ceriolo. La cavalerie est formée en deuxième ligne : la
brigade Champeaux, derrière le corps de Victor, tou-
chant à la route de Tortone ; celle de Kellermann, au
centre, en arrière de l'intervalle qui sépare Lannes

---

(1) Douze de ces pièces étaient attachées à la division Boudet : les sept autres
furent tirées du parc de San-Giuliano, où leurs affûts, brisés le matin à Marengo,
avaient été réparés dans la journée.

de Desaix ; les grenadiers et chasseurs à cheval de la garde consulaire, à l'extrême droite, prêts à contenir la cavalerie d'Elsnitz, qui a tourné et débordé Castel-Ceriolo.

Pendant que l'armée française prenait ces dispositions, les Autrichiens continuaient à avancer sur la route de San-Giuliano et dans la plaine.

Bonaparte laisse approcher leur grande colonne jusqu'à demi-portée de canon ; puis, démasquant subitement ses pièces, en les portant en avant en batterie, il leur fait exécuter un feu vif à mitraille. Ce feu, continué pendant dix minutes, et aussi meurtrier qu'inattendu, arrête sur place la tête de la colonne et y jette le désordre. Saisissant le moment, Desaix se précipite sur elle, à la tête de la neuvième légère, et est suivi par toute la division Boudet. C'est alors que ce héros tombe, frappé mortellement d'une balle dans la poitrine. Sa mort enflamme l'ardeur de ses soldats : brûlant de venger leur chef, ils abordent au pas de course les impériaux qui ouvrent la marche, et les culbutent à la baïonnette, sur la colonne de grenadiers. Ceux-ci résistent en troupe d'élite, et la mêlée devient affreuse. Mais, pendant que l'on se bat ainsi corps à corps, Kellermann, qui, à la demande de Desaix, a reçu l'ordre de seconder son attaque, débouche par l'intervalle qui se trouve devant lui, laisse quelques escadrons en face de la cavalerie de Lichtenstein, et, conversant à gauche avec le reste, tombe avec furie sur le flanc de Lattermann. Cette charge vigoureuse décide du sort des grenadiers. Coupés du reste de l'armée, enveloppés de toutes parts, ils sont obligés de mettre bas les armes. Le général Zach se trouve parmi les prisonniers.

Le brillant exploit de l'infortuné Desaix et de Kellermann est le signal de l'attaque générale et du succès sur toute la ligne. Celui-ci, après avoir sabré les grenadiers, fond sur les dragons de Lichteinstein, et les culbute en désordre sur les troupes d'Haddich et de Kaïm. Boudet et Victor poursuivent les avantages à la gauche. Lannes refoule l'ennemi au centre : la garde consulaire et Carra Saint-Cyr le refoulent à la droite. Ce dernier reprend Castel-Ceriolo, avant que. Ott, qui l'a dépassé et débordé avec sa gauche, ait eu le temps d'y revenir. Le général autrichien est obligé de se faire jour, pour ne pas être coupé, et se décide à se replier vers les ponts de la Bormida.

Cependant les chefs ennemis, pour l'honneur et le salut de leur armée, prennent la résolution de faire une défense désespérée à Marengo, où sont refoulées concentriquement toutes leurs troupes.

Elsnitz est appelé, avec sa cavalerie, pour appuyer l'aile gauche. Weitenfeld, avec six bataillons de grenadiers, est posté en avant du village, à cheval sur la route de San-Giuliano. Il doit y tenir jusqu'à la dernière extrémité, pour donner à Oreilly, aventuré à l'extrême droite, le temps de se replier. Vains efforts ! rien ne peut arrêter l'élan des Français victorieux. Kellermann et les grenadiers et chasseurs à cheval de la garde, conduits par Bessières, enfoncent les escadrons d'Elsnitz. Weitenfeld, après une héroïque résistance, est rejeté sur Marengo, où nos soldats pénètrent après lui. Boudet s'empare du village, tandis que Lannes à sa droite, Victor à sa gauche, repoussent tout ce qui se trouve devant eux. Les Autrichiens sont culbutés de Marengo sur le Fontanone, et du Fontanone sur la Bormida. A ce dernier moment, leur désordre devient extrême. Leurs nombreux escadrons se précipitent vers la rivière, pour n'être pas coupés, et renversent en courant une partie de l'infanterie. Il règne aux ponts un encombrement et une confusion épouvantables. Une partie de l'artillerie, des bagages et un grand nombre de prisonniers restent en notre pouvoir. Heureusement pour l'ennemi, la nuit survient, et Mélas, accouru pour assister au désastre de son armée, peut regagner, à sa faveur, son camp retranché d'Alexandrie.

Telle fut cette célèbre bataille de Marengo, qui rendit à la France l'Italie perdue. La convention d'Alexandrie (1) stipula, en effet, la retraite de l'armée autrichienne derrière le Mincio, et la remise de Gênes, ainsi que des forteresses du Piémont, de la Lombardie et des Légations, aux troupes de Bonaparte. Aucune bataille des temps modernes ne fut plus sanglante et plus disputée. De 40,000 hommes environ, qu'ils avaient sur le champ de bataille, les

---

(1 Nous avons dit plus haut que la position prise à Acqui par le général Suchet, n'avait pas été sans influence sur les résultats de la campagne. En effet, outre qu'elle força Mélas à faire un détachement dont la présence aurait pu lui donner la victoire, il est probable que le général battu eût tenté de gagner Gênes par le col de Cadibone, si cette voie de salut ne lui eût été fermée.

Autrichiens eurent 10,000 hommes tués ou blessés, parmi lesquels la plupart de leurs généraux et près de 400 officiers. Ils perdirent, en outre, 6,000 prisonniers, 30 canons, des drapeaux et une grande partie de leurs bagages. Les Français, dont les forces s'élevaient à 28,169 hommes, en eurent 6,000 tués ou blessés, et 1,000 à 1,200 faits prisonniers. Leur perte la plus cruelle fut celle de Desaix, général hors ligne, organisateur et administrateur des plus habiles, aussi grand par le cœur que par l'esprit et le caractère.

— ⚬ —

La marche stratégique, à la suite de laquelle Bonaparte reconquit l'Italie en une seule victoire, est, sans contredit, la conception d'un grand génie, et l'une des opérations les plus habiles et les plus hardies qui aient jamais été exécutées. Mais le projet auquel il s'arrêta, étant arrivé à Chivasso, pour remporter cette victoire nécessaire, nous semble digne de critique et de blâme.

Lorsque, en effet, les Français eurent débouché sur les derrières de Mélas, ils avaient deux buts à poursuivre, à savoir : battre son armée, après l'avoir préalablement coupée de ses communications, ce qui devait occasionner sa perte : débloquer Gênes et délivrer Masséna.

La réalisation du premier but était d'un intérêt plus puissant que celle du second, qui n'en était évidemment qu'une conséquence ; mais, comme Gênes se trouvait réduite aux extrémités de la famine, il était essentiel que ce premier but fût atteint sans retard, pour que le second le fût sûrement de même. Or, dans l'état de dispersion de l'armée ennemie, le moyen qui offrait la meilleure chance d'arriver au double résultat que nous venons d'énoncer, était le suivant :

Il fallait, le 28, au matin, marcher sur Turin avec toutes ses forces, en ayant le soin de faire passer le Pô, au-dessous de Chivasso, à un détachement de 12 ou 15,000 hommes, qui se serait porté rapidement sur la route d'Alexandrie, pour couper Mélas de ce dernier point et de Gênes. Il fallait battre le corps qui couvrait Turin, et en rejeter les débris, soit sur la route du col de Tende, soit dans la citadelle, suivant que Mélas choisirait l'alternative de rejoindre Elsnitz, ou celle de s'enfermer.

Dans le premier cas, on suivrait le corps battu avec des troupes suffisantes, et on l'écraserait, simultanément avec Elsnitz, entre elles et le corps de Suchet. On dirigerait en même temps sur Gênes le restant de l'armée, et on chercherait, avec le concours de Masséna, à faire éprouver à Ott le même sort qu'à Elsnitz.

Dans le second cas, on laisserait devant Turin de 5 à 10,000 hommes, en se servant, autant que possible, du détachement de Thurreau ; puis, comme dans le premier cas, on se porterait à tire-d'aile sur Gênes avec les forces disponibles. Si Ott attendait l'armée de réserve, ou marchait à sa rencontre, on lui livrerait bataille et on l'écraserait, entre elle et le corps de Masséna. S'il levait le blocus et se retirait par la route de Plaisance, on le poursuivrait l'épée dans les reins, et on le rejetterait au-delà du Mincio, avec l'aide de Moncey rallié. En toute occurrence, on ferait, aussi promptement que possible, un détachement respectable, chargé de tomber sur les derrières d'Elsnitz, et de chercher, conjointement avec Suchet, à le cerner et à le détruire. Enfin, comme complément de ces mesures, on prescrirait à Moncey de s'assurer, avant tout, les débouchés du Simplon et et du Saint-Gothard, en se liant à Béthencourt et à Lecchi; de s'avancer ensuite avec circonspection contre les troupes de Wukassowich ; puis, à mesure que les événemens se dessineraient dans le Piémont, de marcher sur Milan, et de là sur le Pô.

En exécutant avec la vigueur et la rapidité convenables le plan que nous venons d'esquisser, ce plan n'offrait aucun inconvénient grave, aucun danger réel, et présentait, au contraire, tous les avantages désirables. Les revers ne semblaient pas possibles ; car on attaquait partout l'ennemi avec des forces supérieures, avec des soldats et surtout avec des chefs meilleurs que les siens. D'ailleurs, chaque corps français avait sa ligne de retraite ou son point d'appui assuré. Celui de Bonaparte, par sa liaison avec Thurreau, maître de la route de Suze, conservait ses communications avec le Dauphiné. Il pouvait, en outre, reprendre le chemin par lequel il était venu, sauf à surmonter les mêmes difficultés, sauf à abandonner peut-être son artillerie, dans le cas où le fort de Bard n'aurait pas encore succombé. Le corps de Suchet avait la ligne du Var. Enfin, celui de Masséna s'appuyait à Gênes.

La chance la moins défavorable qui s'offrit aux Autrichiens était, en réalité, celle de sauver le corps de Ott, par une prompte retraite sur la route de Plaisance. Mais ce corps, évidemment, n'avait d'autre alternative finale que de se réfugier derrière le Mincio, où il arriverait plus ou moins entamé, au plus, avec 20 ou 25,000 hommes. Quant aux corps de Mélas et d'Elsnitz, ils devaient être anéantis, et leurs faibles débris, refoulés dans une ou deux forteresses, ne tarderaient pas à y capituler. C'était un résultat équivalant bien à la victoire de Marengo, obtenu beaucoup plus promptement, sauvant Gênes et Masséna, et dont la poursuite surtout n'exposait pas aux hasards et aux dangers de la détermination qui fut adoptée.

En se portant sur Milan, au lieu d'écraser, l'un après l'autre, les trois corps dispersés de Mélas, Bonaparte laissa les impériaux revenir de leur stupeur, organiser leurs ressources, et les tripler en les réunissant. Il négligea ainsi, pour le présent, l'élément de succès le plus puissant et le plus justement recommandé à la guerre, à savoir, l'emploi judicieux et simultané des moyens d'action matériels et moraux (Vér. cap. 3). En voulant barrer le passage aux Autrichiens, sur les deux rives du Pô, en s'éloignant pour le faire, au lieu de rester en contact avec eux, il s'astreignit à un déploiement de forces mortes de plus de 25,000 hommes : il diminua de moitié son armée active, et se réduisit à la nécessité de livrer une bataille décisive avec 28,000 hommes contre 45,000. Encore l'ennemi pouvait-il être beaucoup plus nombreux à cette bataille, s'il avait mis à profit les loisirs qu'on lui avait laissés. Enfin, en exécutant son projet, Bonaparte sacrifia Gênes, et là chute de Gênes devait avoir pour conséquence naturelle :

1° De le priver du concours de Masséna, dans l'engagement général qui déciderait bientôt du sort de la campagne ;

2° D'annuler l'effet des mesures prises pour couper Mélas de ses communications, puisque, maître de Gênes, il pouvait s'échapper par le chemin de la corniche, et par les duchés de Parme et de Modène ;

3° De donner à l'ennemi, s'il voulait combattre, les moyens de se renforcer de l'armée anglaise et des contingens des États d'Italie ; ce qui lui assurerait une grande supériorité numérique.

Si, en réalité, le premier consul n'eut à subir que le premier de ces inconvéniens graves, cela tint uniquement aux fautes du général autrichien, qui ne sut pas profiter de ses avantages.

Les motifs que Bonaparte allègue pour expliquer sa conduite, ne sont pas de nature à la justifier. Les corps de Moncey, de Béthencourt et de Lecchi, qui se trouvaient aux débouchés du Saint-Gothard et du Simplon, étaient plus que suffisans pour les garder. Si l'armée de réserve, contre toute probabilité, battue, choisissait ceux-ci pour se retirer, ce ne seraient certes pas les 45,000 hommes épars de Wukassowich, qui se met-

traient entre deux feux pour l'en empêcher. Ce général,
au contraire, aux premières nouvelles de nos succès
en Piémont, aurait hâte de se replier derrière l'Adda,
et Moncey, alors, pourrait s'emparer de Milan, et s'a-
vancer jusqu'au Pô. Loin de profiter de sa réunion
aux 17,000 hommes de Moncey, pour augmenter le
nombre de ses troupes actives, Bonaparte les laissa,
avec 8,000 autres, aux débouchés des Alpes, à Milan, sur le Tésin, sur l'Adda, sur le Pô; et, comme
nous venons de l'observer, ce fut avec 28,000 hommes seulement qu'il alla livrer bataille. Il est vrai de
dire que si Mélas fut venu l'attaquer dans sa position
de la Stradella, ou sur la rive gauche du fleuve, toutes les forces françaises étaient disposées de manière
à se prêter rapidement un mutuel secours. Mais, par
le fait de la prise de Gênes, Mélas n'était pas obligé à
cela, et c'est ce qui rend le projet de Bonaparte le
plus digne de blâme. Outre les inconvéniens graves
qui y étaient inhérens, ce projet avait le défaut de ne
pas remplir le but qu'il était destiné à atteindre.

Au reste, la conviction du premier consul, lui-
même, sur l'excellence de son plan, ne pouvait pas
être bien profonde. Il mandait, en effet, à Masséna,
dans une dépêche du commencement de floréal, que,
du 28 au 30 de ce mois, il serait arrivé à Ivrée, et
que de là il marcherait à grandes journées sur Gênes.
Or, quand il eut débouché des Alpes, toutes les circonstances étaient on ne peut plus favorables à l'exécution de ce projet. S'il ne l'exécuta pas, cela tint,
comme nous l'avons dit ailleurs (Vol. Ier, p. 161) à

un de ces entraînemens instinctifs plutôt que raisonnés, auxquels cèdent souvent les esprits les plus éminens, dans les momens décisifs.

Si, de l'analyse du plan général de campagne, on passe à celle des principaux détails d'exécution, on y trouve encore quelques sujets de critique.

A la Stradella, Lannes, d'abord, n'aurait pas dû quitter le défilé pour livrer bataille; car il se priva, en le faisant, de l'avantage d'avoir ses extrémités solidement appuyées. Dans l'action même, où il n'avait pas, en commençant, la moitié des forces de Ott, il eut le tort d'attaquer à la fois par le centre et par les deux ailes. Il aurait dû refuser, au moins, une de celles-ci, jusqu'à l'arrivée des renforts amenés par Chambarlhac. S'il remporta la victoire, il le dut moins à l'habileté de ses combinaisons qu'à la vigueur incomparable de ses attaques, au courage héroïque qu'il déploya et sut communiquer à ses troupes (1).

Lorsque, après la bataille de Montebello, à laquelle avaient pris part 18,000 Autrichiens, Bonaparte perdit de vue les mouvemens de leur armée, au point de ne pas savoir si elle avait passé le Pô, si elle s'était portée sur Gênes, ou si elle se trouvait à Alexandrie, il se rendit incontestablement coupable d'une grande négligence (2). Quand, à la recherche de cette armée perdue, il éparpilla la sienne, déjà inférieure en nombre, dans la plaine de Marengo; quand il porta

---

(1) Vérité capitale 3, et vérités auxiliaires 1 et 8.
(2) Vérité auxiliaire 10.

en avant, les faibles divisions de Chambarlhac, de
Gardanne et de Watrin, tandis que celle de Boudet
était détachée à une demi-marche sur la gauche, tandis que celle de Monnier était à trois lieues en arrière,
échelonnée sur la route de San-Giuliano à la Scrivia ;
il se montra encore imprévoyant, et commit une imprudence fort grande et fort inutile. Si les Autrichiens
avaient débouché d'Alexandrie avec plus de rapidité et de vigueur, les corps de Victor et de Lannes
pouvaient être détruits, avant qu'on eût le temps de
venir à leur secours. Pour opérer convenablement,
il fallait ne pas hasarder ces corps sur la Bormida,
sans avoir celui de Desaix réuni à San-Giuliano, pour
les soutenir. Il n'était nullement besoin d'une division tout entière pour explorer la route de Novi :
quelques centaines de bons chevaux, guidés par des
officiers intelligens, suffisaient à cette tâche. Les 6,000
hommes de Boudet étaient impuissans contre l'armée
de Mélas, et, s'ils s'avançaient un peu trop, s'ils
tombaient mal, ils pouvaient être cernés et détruits
par elle. Ce n'était donc pas la peine de les aventurer (1).

Ne poussons pas plus loin la critique. Elle doit
s'arrêter au moment où, par les fautes que nous venons de dire, Bonaparte se trouva surpris et inopinément attaqué à Marengo par l'armée autrichienne.

A partir de ce moment, en effet, sa conduite fut,
en tous points, celle d'un grand homme de guerre,

---

(1) Vérité capitale 9, et vérités auxiliaires 8 et 10.

d'un chef ayant autant de talent que de résolution,
de sang-froid et de persévérance. Nous ne comprenons pas que des écrivains militaires aient cherché à
en atténuer le mérite, et prétendu que la victoire de
Marengo était celle dont Bonaparte devait le moins
s'enorgueillir. Nulle part, au contraire, il ne déploya
plus complètement toutes les qualités qui constituent
les grands capitaines. Nulle part, il ne montra plus
de calme et de présence d'esprit dans la position la
plus critique. Nulle part, il ne sut mieux reconnaître
le mal et le réparer avec promptitude ; saisir plus sûrement les bonnes chances laissées par les fautes de
l'ennemi, et poursuivre ces chances avec plus d'habileté et de judicieuse obstination. Ce sont là des qualités
exceptionnelles, qu'on ne rencontre pas chez les généraux de second ordre, et dont peuvent toujours s'enorgueillir ceux qui les possèdent et savent les utiliser.

Si l'on en vient maintenant à apprécier les opérations de l'armée impériale, on peut affirmer que,
malgré l'habileté et la profondeur du plan de son adversaire, Mélas dut uniquement sa perte aux fautes
qu'il commit.

D'abord, le génie entreprenant de Bonaparte, génie
qui s'était assez manifesté dans la campagne de
1796, imposait à Mélas l'obligation d'être très circonspect. Bien que les bruits sur l'armée de réserve
n'eussent pas de créance, il devait se conduire comme
s'ils étaient fondés, et se mettre en mesure de s'opposer à une diversion venant de la France. A cet effet, il devait éviter de disséminer, dans les différentes

places du Piémont, de la Lombardie et des Légations,
les 55,000 hommes dont il disposait, en sus des 70,000
destinés à combattre Masséna. Il fallait, au contraire,
concentrer ces forces autour de deux ou trois points
judicieusement choisis; appuyer 35,000 hommes
environ à Milan et à Turin, et une dixaine de mille,
comme réserve, à Alexandrie (1). De cette manière,
et, en se tenant sur ses gardes, en déployant, au moment opportun, une activité convenable, il pouvait,
indépendamment des forces employées à Gênes, ou
sur le Var, opposer une quarantaine de mille hommes
à l'armée de réserve, de quelque côté qu'elle se présentât. Il livrait donc, au débouché des Alpes, une
première bataille, dans laquelle il entamait, au moins,
fortement son adversaire. S'il était battu, il se re-
pliait sur le Pô, où, sans rien compromettre, il était
renforcé de 15 à 20,000 hommes, tirés des corps de
Ott et d'Elsnitz. Il se trouvait ainsi en mesure de
combattre de nouveau, et, cette fois, sans contredit,
avec de grandes chances de succès, eu égard à sa
supériorité numérique. Enfin, si la fortune lui était
encore contraire, si, contre toute probabilité, il était
encore vaincu ; Ott et Elsnitz pouvaient se dérober à
la fois par une marche de nuit, et lui apporter un
renfort de 40,000 hommes. Il était impossible qu'a-
lors il ne battît pas l'armée de réserve ; il était impossible que cette armée de 35,000 hommes, presque sans artillerie et sans chevaux, détruisît, en trois

----

(1) Vérité auxiliaire 5.

batailles successives, plus de 100,000 hommes, amplement pourvus et de cavalerie et de canons.

Lorsque, le 28 mai, Bonaparte, au lieu de marcher sur Turin, se porta subitement sur Milan, Mélas n'avait pas à hésiter et à tâtonner, pendant huit jours, pour aboutir finalement à faire battre, les uns après les autres, d'abord le corps d'Elsnitz, puis deux détachemens, puis le corps de Ott, puis enfin les restes incomplètement réunis de ses forces éparses (1). Il fallait, avant tout, se défaire de Suchet, ou le mettre, en l'isolant, hors d'état de tenir la campagne. Il fallait rallier Elsnitz, se porter avec lui sur Gênes, accélérer la chute de cette place, qui était d'une importance vitale ; puis, avec toutes ses forces réunies, marcher contre l'armée de réserve. Du moment que les Français, au nombre de 30 à 35,000 hommes seulement, se dirigeaient sur Milan, il était évident qu'ils y attendaient des renforts, par le Simplon ou le Saint-Gothard. Or, avant qu'ils les eussent ralliés, qu'ils eussent pris position aux débouchés des Alpes, à Milan et sur le Pô ; avant qu'ils eussent traversé le fleuve et fussent arrivés à Gênes, pour en faire lever le blocus, il devait s'écouler au moins quinze jours. En se concentrant donc autour de cette place, on avait quinze jours devant soi, et il était presque indubitable que, dans cet intervalle, on en amènerait la reddition.

En conséquence, Mélas devait, dès le 29, se porter

---

(1) Vérité auxiliaire 7.

sur Coni et enjoindre à Elsnitz de se retirer, en longeant la côte, derrière la Roya. Si, comme cela était plus que probable, celui-ci était suivi par les Français, il les attirait entre la mer et l'Apennin : Mélas, par le col de Tende, tombait sur leurs derrières; et on les écrasait entre deux feux. Si, contre toute vraisemblance, Suchet restait dans ses positions du Var, on l'y laissait, pour ne pas perdre inutilement du temps et du monde. Il était évident qu'avec ses 15,000 hommes, Suchet serait impuissant contre l'armée de 90,000 environ, qui se trouverait réunie à Gênes.

Le général en chef autrichien et son lieutenant Elsnitz arrivaient ainsi à Gênes, le 4 ou le 5 juin, c'est-à-dire, au moment de la capitulation. Au lieu de laisser à Masséna la latitude de sortir en toute liberté, avec armes et bagages, on lui imposait la condition de se retirer en France et de ne pas servir pendant le reste de la campagne. Cette condition retardait vraisemblablement de deux ou trois jours la reddition de la place; et il était permis, à la rigueur, de n'y pas tenir, si l'on avait détruit précédemment le corps de Suchet. Dans le cas contraire, elle devait être obligatoire; car Masséna et Suchet pouvaient, le jour de la bataille décisive, mettre 25,000 hommes dans la balance, tandis que l'armée autrichienne se trouverait, au contraire, diminuée d'une garnison d'au moins 6 à 8,000. Quoi qu'il arrivât, Gênes succombait infailliblement du 5 au 10 juin, et, aussitôt après sa chute, Mélas s'y appuyant, marchait à la tête de 80,000 soldats contre l'armée de réserve. Wukassowich, prévenu à temps, venait le rejoindre au lieu de se réfugier isolément derrière le Mincio, et Bonaparte, avec ses 50,000 hommes épars sur le Tesin, sur l'Adda, sur le Pô et aux débouchés des Alpes, avait sur les bras une armée de plus de 90,000. Il n'était guère possible qu'il sortît vainqueur d'une lutte aussi disproportionnée. Quoi qu'il en soit, et en admettant même qu'il eût l'avantage, il était évident qu'il y perdrait la plus grande partie de son armée, et que les forces qui lui resteraient ne pourraient pas tenir contre une nouvelle attaque des Autrichiens, renforcés à Gênes, de 20 à 25,000 Anglais.

A Marengo, Mélas avait encore deux belles chances de sauver l'Italie et son armée, ou, tout au moins, cette dernière. Il pouvait, d'abord, vaincre les Français dans la bataille qu'il allait livrer ; les refouler sur le Pô, les battre, de nouveau, avec l'aide de Wukassowich, et finalement les rejeter dans les gorges du Simplon et du Saint-Gothard. Il pouvait encore, en admettant qu'il fût battu dans la première bataille, se retirer, non pas dans Alexandrie, mais sur Gênes ; et de là se réfugier à Mantoue, s'il ne préférait tenter, une seconde fois, le sort des armes, avec le concours des Anglais.

Pour profiter de ces chances, il fallait, avant tout, qu'il fît combattre toutes les troupes dont il pouvait disposer. Or, en supprimant les garnisons et les détachemens inutiles, il pouvait réunir 15,000 hommes de plus, et ces 15,000 hommes lui eussent indubitablement assuré la victoire. Il fallait en outre, qu'au lieu d'établir ses ponts sur la Bormida, vis-à-vis le village de Castel-Ceriolo, il les plaçât plus à droite, entre la route de Plaisance et Marengo. Il fallait, enfin, qu'il livrât bataille, la gauche appuyée à ce dernier village, le centre à Longo-Fame, sur ladite route, la droite à Parodi et à Lodola, ayant derrière lui la route de Novi et de Gênes.

Non seulement, Mélas ne prit pas ces bonnes mesures, mais il ajouta d'autres fautes à celle qu'il commit en les négligeant. Depuis l'engagement de la bataille jusqu'à l'arrivée de Desaix, il eut un avantage constant sur les Français, grâce à son énorme supériorité numérique. Il resta donc, pendant huit ou dix heures, avec des forces doubles de celles de son adversaire, sans pouvoir convertir un succès marqué en succès décisif. Au lieu de faire un vigoureux effort par sa droite ou par sa gauche, d'aborder simultanément à la baïonnette le front et le flanc gauche de Lannes, ou bien le front et le flanc droit de Carra-Saint-Cyr; il se borna, en quelque sorte, à les menacer en les débordant, et à les couvrir de mitraille. Il fit céder fort peu de terrain au dernier général qui avait l'appui d'un village, et n'entama pas le premier qui mit quatre heures à reculer d'une demi-lieue. Il laissa aux troupes de l'un et de l'autre, tout leur moral qu'il devait s'attacher à abattre, par une attaque irrésistible, engagée corps à corps. Enfin, dans le but de couper la retraite à son adversaire, but qui ne pouvait être atteint, puisque la direction de celle-ci avait changé, il commit une imprudence impardonnable. Il se hasarda en colonne, sur la route de Tortone, sans avoir préalablement déposté les Français de Castel-Ceriolo, et forcé leur droite à se replier. Il leur livra ainsi le flanc de son armée; et celle-ci devait être inévitablement perdue, du moment que la tête de colonne se trouverait arrêtée et mise en déroute (1).

En résumé, Bonaparte, après avoir conçu et exécuté, dans sa première et principale partie, l'opération la plus belle et la plus hardie qu'ait jamais entreprise homme de guerre, Bonaparte se trouva embarrassé par les difficultés du choix à faire entre un objectif d'armée et un objectif de terrain. Après s'être prononcé d'abord pour le meilleur de ces objectifs, il l'abandonna, sans motifs plausibles, et adopta l'autre qui, indépendamment d'inconvéniens graves, avait le défaut de ne remplir qu'incomplètement le but auquel il était destiné. Il montra d'abord une circonspection exagérée et blamable, en renonçant, pour sa sûreté qui n'était pas compromise, à l'avantage d'écraser successivement, avec une masse plus forte, les trois corps disséminés de l'ennemi. Quelques jours plus tard, loin de conserver cette excessive réserve, il poussa au contraire la hardiesse jusqu'à la témérité, sinon jusqu'à l'imprudence : il quitta une position formidable, pour aller combattre, avec 28,000 hommes seulement, l'armée impériale alors réunie et plus que double de la sienne. Ayant perdu de vue, par une fatale négligence, cette armée qu'il avait déjà partiellement combattue trois jours auparavant, il dispersa

_____

(1.) Vérités auxiliaires 3, 4 et 17.

ses faibles corps pour la chercher, et ajouta ainsi un danger imminent aux dangers déjà fort grands de son expédition téméraire. Finalement, il se trouva surpris dans la position la plus précaire, le jour d'une bataille décisive,

Qu'on n'aille pas conclure pourtant de cette juste critique, que la campagne de Marengo ne fut pas glorieuse pour Bonaparte, Non, car l'idée mère de cette campagne était magnifique, et telle qu'en peuvent concevoir seulement les plus grands capitaines ; non, car jamais homme de guerre, surpris par l'ennemi, ne déploya plus de sang froid et de talent que n'en déploya le général français, dans une bataille décisive. Tout ce qu'on peut dire, c'est qu'entre un début et une fin admirables, Bonaparte commit des fautes. Tout ce qu'on peut conclure, c'est que l'art de la guerre est un art tellement difficile, qu'on voit faillir dans ses applications les esprits les plus éminens, ceux qu'on ne rencontre que de loin en loin dans la suite des siècles. Bonaparte, malgré ses fautes, demeura et devait demeurer vainqueur ; car son adversaire n'était pas assez habile pour en profiter et en commit lui-même de bien plus nombreuses et de plus graves. En outre, le courage héroïque des soldats français, conduits par leurs intrépides généraux, était bien supérieur à la fermeté des troupes impériales.

Quant à Mélas, il manqua d'abord de circonspection et de prudence, en se disséminant sous la menace d'un adversaire tel que le sien. Surpris dans cette situation critique , sans être immédiatement attaqué, il ne sut pas employer des instans précieux à en sortir, à juger sa position sainement et avec calme, à profiter des chances qu'il avait, non seulement de préserver son armée, mais encore de sortir vainqueur de la lutte et de conserver l'Italie. Au lieu de rassembler rapidement toutes ses forces, de se défaire d'abord de Suchet, puis de Masséna ; au lieu d'appuyer à Gênes, tombée en son pouvoir, une masse de 90,000 hommes, de baser sur cette forteresse et sur cette masse une résistance, qui, seule, pouvait tout sauver, il s'exagéra ses périls, perdit son sang-froid et sacrifia l'Italie pour ne songer qu'au salut de ses troupes. Dans cette préoccupation exclusive et fatale, il jugea qu'il fallait, sans perdre une minute, rétablir ses communications avec Mantoue : il poursuivit donc ce but en toute hâte et, dans sa précipitation à l'atteindre, il fit écraser partiellement plusieurs détachemens, et perdit une première bataille importante. Dans une seconde bataille décisive où, par une sorte d'obstination de la fortune à le favoriser, il pouvait faire combattre deux fois plus de monde que son adversaire, il négligea ce soin et ne sut pas profiter des avantages qu'il obtint, malgré cela, pendant les deux tiers de la journée. Enfin, il finit par commettre une faute capitale ; et celle-ci, en lui arrachant la victoire, causa la ruine de son armée et lui fit, en même tems, perdre l'Italie.

Nous terminerons nos réflexions sur la campagne de Marengo, par une observation relative à un événement important, et qui démontre combien sont étranges parfois les destins de la guerre.

Lorsque le général Ott fut rappelé subitement du blocus de Gênes, la possession de cette place était tellement importante pour les Autrichiens, qu'il devait évidemment en accepter la capitulation, quelques conditions qu'y missent les Français. Or, par le fait des concessions accordées à Masséna, et de la faute que commit Mélas en basant mal ses opérations, la conquête de Gênes fut exclusivement préjudiciable aux impériaux, puisqu'elle leur enleva pour sa garde 10,000 hommes qui, employés ailleurs, eussent changé la tournure des affaires. Ott, qui fut battu à Montebello, après s'être conduit rationnellement, aurait vraisemblablement été vainqueur, et eut décidé le succès de la campagne, s'il avait levé simplement le blocus de Gênes, en laissant cette ville au pouvoir des Français; c'est-à-dire, s'il avait négligé la prise de possession d'une forteresse qui était pour les impériaux d'une importance vitale.

D'un autre côté, si Masséna, après avoir évacué Gênes, avait rallié promptement Suchet et était venu assister et contribuer, comme il le pouvait, à la victoire de Marengo, il est probable que sa capitulation, considérée uniquement comme un glorieux malheur, eut passé pour un trait d'habileté consommée. Elle eut, en effet, le jour de l'engagement décisif, mis 20,000 hommes de plus, dans la balance, en faveur des Français, en même temps qu'elle en eut enlevé 10,000 à leurs adversaires.

Ces faits démontrent clairement combien la réussite d'une opération de guerre, dépend de l'enchaînement et de l'accord parfaits de toutes les parties qui la composent ; combien il est essentiel qu'un chef d'armée soit nettement fixé sur le but qu'il veut atteindre, et y fasse concourir tous ses lieutenans ; combien, en dehors de là, de chances sont laissées au hasard ; combien celui-ci, en raison des fautes commises par les uns ou par les autres, joue un rôle important dans les événemens militaires ; combien enfin, il peut faire avorter de résolutions raisonnables. et mener à bien, de projets vicieux, de manœuvres fautives.

CHAPITRE IV.

CAMPAGNE DE 1800 EN ALLEMAGNE [1].

PREMIÈRE PÉRIODE

ENGEN. — MOESKIRCH. — HOCHSTEDT.

Nous allons terminer cette seconde partie de notre ouvrage par l'analyse critique de la célèbre campagne de 1800, en Allemagne, analyse dont nous avons tracé déjà quelques traits principaux [2], et que nous compléterons maintenant, aussi succinctement que possible.

Comme nous l'avons dit dans les pages précédentes, Moreau et Bonaparte devaient concourir simultanément à un vaste plan de campagne, dirigé contre

---

[1] V. la carte n° 5.
[2] Premier vol., pages 129, 149, 174.

l'Autriche, et opérer, l'un en Allemagne, l'autre en Italie. Moreau, entrant en action le premier, et pourvu des moyens les plus puissans, devait commencer par couper l'armée impériale du versant septentrional des Alpes, la battre et la refouler sur le Danube; puis, quand il aurait acquis suffisamment l'ascendant des armes, il détacherait 20,000 hommes à travers les montagnes, pour venir seconder, en Italie, l'armée de Bonaparte.

Nous venons de voir comment celui-ci s'acquitta de sa tâche: examinons de quelle manière Moreau s'acquitta de la sienne:

L'armée française comptait en tout 140,000 hommes, dont 105,000 environ à l'armée active, répartis en quatre corps. Elle avait 120 pièces de campagne et 12 à 15,000 chevaux. Lecourbe, avec l'aile droite, forte de 26,000 combattans, occupait la ligne du Rhin helvétique, depuis le lac de Constance jusqu'à Lauffenbourg: à sa gauche, Moreau, avec 29,000 hommes, composant la réserve, était établi dans les environs de Bâle et dans la haute Alsace, ayant derrière lui la grosse cavalerie commandée par d'Hautpoul: 28,000 soldats, formant le corps du centre, sous Saint-Cyr, étaient cantonnés à droite et à gauche de Vieux-Brisach: enfin, la gauche, forte de 20,000, sous Sainte-Suzanne, se trouvait à Kehl, à Strasbourg et dans les lieux environnans.

Indépendamment de ces forces, destinées à entrer immédiatement en campagne, 25,000 hommes étaient répartis dans les places et les têtes de pont sur le

Rhin. En outre, deux divisions, sous Collaud et Moncey, gardaient, en Suisse, les débouchés du Simplon,
du Saint-Gothard et du Splugen, se liant à Lecourbe,
à la pointe méridionale du lac de Constance.

L'armée autrichienne, en y comprenant les troupes
de l'empire et celles à la solde de l'Angleterre, était
forte d'environ 150,000 hommes. Parmi ce nombre,
35,000 occupaient les places du Rhin et du Danube ;
et les 115,000 restans se trouvaient à l'armée active.
Celle-ci comptait 350 pièces de campagne, et une
cavalerie composée de plus de 25,000 chevaux.
Elle était, comme l'armée française, divisée en quatre
corps, et occupait une ligne qui s'étendait du Tyrol
au Mein, en passant par le lac de Constance et les
sources du Danube. Près de ces dernières, autour
de Donaueschingen, était réuni, avec le quartier-
général, le gros de l'armée. Il formait une masse de
60,000 combattans ; mais, dans ce nombre, étaient
comprises trois avant-gardes détachées sur le Rhin,
l'une sous Kienmayer, vis-à-vis de Kelh ; une autre,
sous le major Giulay, dans le Val-d'Enfer, observant
Vieux-Brisach ; la troisième, dans les villes fores-
tières des environs de Bâle, sous les ordres du prince
Ferdinand. A la gauche, et un peu en arrière de Donaueschingen, près du lac de Constance, le prince
de Vaudémont gardait, avec 12,000 hommes, le
point de Stockach, où se trouvaient des magasins
considérables. Enfin, à l'extrême droite, Starray, à
la tête de 16 à 18,000 hommes, était posté entre le
Rhin et le Mein, aux environs de Mayence ; et, à l'ex-

trême gauche, le prince de Reuss, avec 20,000 hommes de troupes régulières et 10,000 de milices, occupait le Tyrol, vers les sources de l'Inn, du Lech, de l'Iller, et vers la pointe orientale du lac de Constance.

Bonaparte, en sa qualité de premier consul, avait arrêté le plan général de la double campagne. Il voulait que l'armée d'Allemagne, se réunissant rapidement et tout entière sur le seul point de Schaffouse, y franchît le Rhin, se précipitât subitement sur le flanc gauche et les derrières des Autrichiens, et les détruisît entre le Rhin, le Danube et les montagnes de la Forêt-Noire. Il comptait, qu'en opérant avec la vivacité convenable, l'ennemi pouvait être anéanti et la campagne terminée, en une quinzaine de jours. Cette conception était grande, hardie, nouvelle, bien moins extraordinaire, toutefois, et moins difficile à exécuter que celle du passage des Alpes. Elle était à la hauteur du génie de Bonaparte, mais au-dessus du caractère et de la portée d'esprit de Moreau. Celui-ci la trouva téméraire, presque impossible à réaliser, et, comme en définitive, il avait la direction et la responsabilité de la campagne, on le laissa, après quelques discussions, maître d'agir comme il l'entendrait.

Moreau projeta de franchir le Rhin sur trois points: à Vieux-Brisach, à Bâle et à Schaffouse. Les corps du centre et de la réserve durent le traverser d'abord et simultanément, le premier à Vieux-Brisach, le second à Bâle, où les Français avaient des têtes de pont. Le même jour, l'extrême gauche passerait le fleuve à Kelh, où une tête de pont se trouvait égalment établie ; mais dans le but unique de faire une démonstration. Sainte-Suzanne et Saint-Cyr s'avanceraient, l'un dans la vallée de la Kintzig, l'autre sur Fribourg et le Val-d'Enfer, pour attirer l'ennemi, en lui faisant croire qu'ils voulaient déboucher et se réunir aux sources du Danube. Puis, quand leurs mouvemens auraient atteint leur but ; Saint-Cyr tournerait brusquement à droite, et, remontant la rive droite du Rhin, irait rejoindre la réserve, qui l'attendrait en avant de Bâle : Sainte-Suzanne, au contraire, repasserait le fleuve à Kelh, en remonterait la rive gauche, le franchirait de nouveau à Vieux-Brisach, et viendrait prendre la place de Saint-Cyr. Celui-ci et Moreau, réunis, se porteraient en avant dans l'angle formé par le Rhin, la droite au fleuve, la gauche vers les gorges du Val-d'Enfer, jusqu'à ce qu'ils fussent arrivés à la hauteur de Lecourbe. Alors, ce dernier effectuerait, à son tour, son passage, à l'aide d'un pont préparé dans l'Aar. Enfin, la droite, la réserve et le centre de l'armée s'avanceraient ensemble, en appuyant à droite, pour couper les Autrichiens des Alpes, et les refouler sur le Danube, conformément au plan convenu. Aussitôt que ce mouvement aurait décidé la retraite de l'ennemi, et rendu libres les débouchés du Val-d'Enfer, Sainte-Suzanne en sortirait, pour se diriger sur la rive gauche du Danube, et éclairer l'armée de ce côté.

Comme on le voit, ce projet avait quelque chose de celui du premier consul ; puisqu'il consistait à réu-

nir le gros de l'armée, et à faire le principal effort sur
la gauche et le flanc gauche des Autrichiens : mais il
était moins prompt, moins complet, moins décisif, et
présentait aussi moins d'unité, à cause de l'isolement
et de l'inaction momentanés de Sainte-Suzanne. S'il
était plus facile à exécuter, il offrait peut-être, dans
l'exécution, plus de dangers réels. C'était, en un mot,
la conception d'un esprit un peu lent et un peu timide, d'un général prudent et réservé ; et non celle
d'un guerrier entreprenant et sûr de lui, à l'imagination vaste et rapide, comme Bonaparte.

Quoi qu'il en soit, Moreau exécuta son plan tel
qu'il le conçut, et de la manière la plus heureuse.
Sainte-Suzanne, Saint-Cyr et le corps de la réserve
passèrent le Rhin le 25 avril. Le premier repoussa
l'ennemi sur la route qui longe la Kintzig ; le second,
sur celle de Fribourg, point dont il s'empara. Tous
deux restèrent en position, dans les journées du 26
et du 27, pour attirer les impériaux, qui, en effet,
envoyèrent de ces côtés des renforts assez considérables. Le 28, ils se dérobèrent tout-à-coup, Sainte-
Suzanne pour venir prendre, par la rive gauche, la
place de Saint-Cyr, qu'il occupa le 30 ; celui-ci, pour
se réunir, en longeant la rive droite, au corps de la
réserve, qu'il joignit le 29, à Saint-Blaize, sur la
petite rivière de l'Alb. Le 30, Saint-Cyr demeura en
place, pour rassembler ses troupes et se tenir à proximité de Sainte-Suzanne. Moreau, avec la réserve,
s'avança sur la Wuttach. Enfin, le 1er mai, tandis que
Sainte-Suzanne s'engageait dans le Val-d'Enfer, à la

suite de Giulay, tandis que Saint-Cyr gagnait Stühlingen, sur la Wuttach, poussant devant lui l'archiduc
Ferdinand, Moreau se porta sur Schaffouse, et s'y lia
à Lecourbe. Celui-ci, alors, effectua son passage au
petit village de Richlingen, sous la protection d'une
trentaine de canons, et de deux bataillons jetés sur la
rive droite. Le passage opéré, il se porta sur la route
de Stockach, où il s'empara, sans coup férir, du fort
important d'Hohentwiel.

Ainsi, dans la soirée du 1er mai, toute l'armée
avait traversé le Rhin. Elle occupait, avec trois de
ses corps, une ligne s'étendant du lac de Constance
aux débouchés du Val-d'Enfer; et le quatrième, encore engagé dans le Val, n'attendait, pour en sortir,
que le moment où il pourrait le faire sans danger.

Moreau se borna, dans la journée du 2, à porter
sa réserve à Blumenfeld, pour la mettre à hauteur
de sa droite. Il rectifia ensuite sa position, et se pré-
para à marcher en avant, en appuyant sur la droite,
pour couper, comme il a été dit, les Autrichiens du
Tyrol, et les refouler sur le Danube.

Cependant le maréchal Kray, qui avait pris d'abord
pour des manœuvres sérieuses le passage des Français à Kehl et à Brisach, et s'était attendu à une attaque de front, le maréchal Kray avait fini par reconnaître le piége. Voyant les soldats de Moreau
s'accumuler successivement sur sa gauche, il avait
compris les intentions de celui-ci, et s'était mis en
mesure de parer aux dangers qui le menaçaient.
Rassemblant donc les troupes qu'il avait sous sa main

à Donaueschingen, rappelant à lui Starray, Kienmayer, Giulay et le prince Ferdinand, il s'était dirigé sans retard sur Stockach, pour renforcer sa gauche, et particulièrement ce point, où se trouvaient des magasins considérables. Grâce au répit que lui avait laissé son adversaire, par ses démonstrations et la rectification de sa ligne, le général autrichien était arrivé, le 2 au soir, au village d'Engen, point intermédiaire entre Donaueschingen et Stockach, et à quatre lieues environ de ce dernier.

Moreau, reconnaissant, le 2, l'empressement que l'ennemi mettait à se concentrer, résolut de brusquer son attaque (1). En conséquence, il enjoignit à Lecourbe d'assaillir, le lendemain matin, Stockach, pendant que lui-même se porterait sur Engen. En même temps, il envoya à Saint-Cyr l'ordre de partir au point du jour, pour venir le rejoindre, en ne laissant qu'une division pour se lier à Sainte-Suzanne. Saint-Cyr, malheureusement, se trouvait encore à Stühlingen, à cinq ou six lieues en arrière, sur la gauche.

Le 3, au matin, Kray, voyant venir à lui les Français, arrêta court son mouvement de concentration, et se disposa à recevoir la bataille. Il avait alors à Engen environ 45,000 hommes, et 12,000 seulement à Stockach.

Lecourbe dirigea sur ce dernier point la division Montrichard pour l'attaquer de front, tandis que la

(1) Voir la carte n° 6

division Vandamme le tournait par la droite, tandis
que le général Lorges avec une de ses brigades, coupait à gauche la communication avec Engen, et allait
seconder avec l'autre le corps de Moreau. Cette attaque eut un succès complet, et les Autrichiens, après
avoir opposé quelque résistance, furent mis en déroute sur la route de Mœskirch.

Lecourbe, dont les instructions se bornaient à enlever Stockach, ne voulut pas s'engager trop avant
sans ordres, et prit position. Il venait de faire 3,000
prisonniers, de s'emparer de drapeaux, de 8 pièces de
canon, de 500 chevaux et de magasins considérables.

Pendant que ces événemens se passaient à notre
droite, Moreau engageait à Engen, avec des avantages
beaucoup plus disputés, une lutte plus acharnée et
plus longue. La position de l'ennemi, établie sur un
terrain couvert de hauteurs, de bois, de villages, et
entrecoupé de ravins, était on ne peut plus favorable
à la défensive; et Kray en avait tiré un parti habile.

Le village d'Engen est situé à l'entrée d'une petite
vallée étroite et oblongue, courant du nord à l'est, et
partagée en deux par un affluent de l'Aach qui se rend
dans le lac de Constance. A une lieue d'Engen, vers
le milieu de la vallée, on rencontre un autre petit village, Ehingen, placé comme le premier sur la rive
gauche du ruisseau. Entre ces deux points, s'étendait
la ligne de bataille des Autrichiens. Sa droite, derrière laquelle se trouvaient les principales communications, s'appuyait non seulement à Engen, mais
encore à des hauteurs qui la mettaient hors d'atteinte.

Sa gauche, appuyée à Ehingen, pouvait être tournée; mais par une disposition heureuse du terrain, il y avait là un élargissement du Vallon, favorable à un déploiement de troupes, et Kray y avait posté une forte réserve des trois armes. Enfin, son front était couvert par le ruisseau en avant duquel s'étendait la plus grande partie de la plaine et était formée la masse de la cavalerie. Ce n'étaient pourtant pas encore là les élémens qui constituaient la force principale de la position ennemie. En avant et sur les côtés du Vallon, régnait une ligne de hauteurs boisées, parsemée de villages, coupée de bas fonds et de ravins, qui en rendait les accès fort difficiles. A leur droite, les Français rencontraient, d'abord, le village de Wolterdingen, puis, derrière lui, la hauteur de Mülhausen, tous deux bien garnis de troupes et d'artillerie. A leur gauche, ils trouvaient le pic élevé et escarpé de Hohenhewen, que les impériaux avaient retranché et fortement défendu par de l'infanterie et du canon. Au centre, entre les points de Mülhausen et de Hohenhewen, était placé le village de Welschengen qui donnait entrée dans la vallée par l'ouest, vers le milieu de la ligne autrichienne. Ce village était entouré de plateaux boisés qui le dominaient et qui étaient dominés eux-mêmes par les deux hauteurs que nous venons de désigner. Enfin, à l'extrème gauche et en avant du pic de Hohenhewen, se trouvaient postées aux villages de Waterdingen et de Leipferdingen, les troupes de Kray, arrivées les dernières sur le champ de bataille.

Moreau, ayant reconnu les positions de l'ennemi, porta sur Wolterdingen les divisions Delmas et Bastoul, auxquelles se joignirent la brigade amenée par le général Lorges, et la réserve de cavalerie commandée par d'Hautpoul. Richepause fut dirigé, par Blumenfeld, sur Waterdingen et sur Leipferdingen, pour tourner le redoutable pic. Il dut y être rejoint par le corps de Saint-Cyr, parti le matin de Stühlingen.

Delmas culbuta l'avant-garde qui défendait le village de Wolterdingen sur celui de Welschengen, en avant duquel elle se rallia sur un plateau boisé. Elle jeta dans le bois huit bataillons d'infanterie, déploya avantageusement son artillerie et quelques escadrons, et attendit dans cette position, une nouvelle attaque. Avant de la livrer, il fallait, pour n'être pas pris de revers, se rendre maître du Mülhausen, et c'est ce que fit Lorges, avec autant de célérité que de bravoure. Delmas alors, protégé par les feux de la hauteur, n'eut pas grande peine à conquérir le plateau. Il marcha de front sur le bois, tandis qu'un détachement le tournait, et déposta à la bayonnette les bataillons ennemis. Ceux-ci se réfugièrent sur le pic de Hohenhewen, et l'artillerie ainsi que la cavalerie se retirèrent dans la vallée. Désormais, aucun obstacle matériel n'empêchait les Français de descendre également dans celle-ci, et de marcher sur Engen par la route de Stockach ; mais en le faisant, ils exposaient leur flanc gauche aux feux meurtriers du pic, et leur flanc droit à une attaque de toute la ligne oblique qui s'étendait d'Engen à Ehingen. Moreau, résolut donc d'attendre les résultats de l'attaque de Richepanse, qui ne devait plus tarder à être renforcé par Saint-Cyr, et étendit vers lui la gauche de la division Delmas.

Richepanse, aux prises avec un ennemi très supérieur en nombre, combattait avec le plus vif acharnement, aux villages de Waterdingen et de Leipferdingen, sans pouvoir en déboucher. Kray avait compris l'importance de ces points et dirigé sur eux des renforts considérables. Il essaya même d'envelopper totalement Richepanse, en perçant la ligne française, au village de Welschengen ; mais son attaque contre ce village fut heureusement repoussée. Moreau, jugeant par cette tentative et la vivacité des feux du péril de son lieutenant, se décida à opérer une vigoureuse diversion sur Ehingen, pour attirer de ce côté l'attention de l'ennemi. Une des brigades du général Bastoul, suivie par quelques escadrons, commença l'attaque. La 67ᵐᵉ demi-brigade de ligne et deux bataillons de la 10ᵐᵉ légère marchèrent bravement sur le village, sous le feu de l'artillerie, et l'emportèrent ; mais Kray, usant à propos de la réserve qu'il avait sous la main, le reprit à l'aide de huit bataillons de grenadiers, appuyés par une batterie de 12 pièces, et par la masse de sa cavalerie. Moreau alors, ralliant ses troupes ramenées, réunissant celles qui lui restent, et se mettant lui-même à la tête de quelques compagnies, fond, tête baissée, sur les Autrichiens. La lutte est longue et sanglante, mais enfin, les Français finissent par l'emporter et par rester maîtres de cette partie du champ de bataille. Il était environ six heures du soir.

Sur ces entrefaites, Richepanse, qui se maintenait à notre gauche, mais qui se maintenait avec peine et sans faire de progrès, venait d'être rejoint par l'avant-garde des troupes de Saint-Cyr. La victoire allait donc se décider aussi pour nous de ce côté. Saint-Cyr avait été retardé dans sa marche par la difficulté des chemins et par les combats qu'il avait dû livrer à l'arrière-garde de l'archiduc Ferdinand, rejoignant, à Engen, son général en chef. La brigade du général Roussel, qui arriva la première, se porta intrépidement en avant sur la gauche débordée de Richepanse, y attaqua les impériaux et les culbuta. Le reste de la division Baraguay-D'Hilliers, qui suivait à peu de distance, attaqua à son tour et eut peu à faire pour décider à la retraite la droite de l'ennemi. Dès-lors, Richepanse put déboucher des villages où il combattait depuis si longtemps, et marcher sur le pic de Hohenhowen. Il assaillit ce pic de concert avec Delmas, et l'enleva vers huit heures du soir, après une vive résistance et des combats, où les Autrichiens montrèrent encore beaucoup de vigueur et d'obstination.

La bataille était alors complètement perdue pour eux. Leurs deux ailes avaient été enfoncées et culbutées sur le centre. L'armée française occupait toutes les hauteurs qui dominaient leur position dans la vallée, et il ne leur restait plus qu'à battre en retraite. Kray l'effectua sur deux directions. Il porta sa droite sur Liptingen et Tuttlingen et marcha sur Moeskirch,

avec son centre et sa gauche. Il avait perdu à la bataille d'Engen 3,000 hommes tués ou blessés et 5,000
prisonniers. La perte des Français, sauf les prisonniers, n'était guère moins considérable; mais leur
moral s'était accru de la force que donne la victoire.

Le 4, l'armée de Moreau poursuivit celle de Kray
sur les deux directions qu'elle avait prises. Saint-Cyr
marcha sur Liptingen, et Lecourbe sur Mœskirch,
détachant la division Vandamme vers Pfullendorf,
pour observer, sur la droite, le corps du prince de
Reuss. Moreau, avec la réserve, suivit en deuxième
ligne le corps de Lecourbe. Quant à Sainte-Suzanne,
qui avait débouché, le 3, du Val-d'Enfer, il arrivait
à Donaueschingen, pour éclairer, en la descendant,
la rive gauche du Danube, conformément à ses
instructions.

Cependant Kray, qui avait projeté d'abord de tenir la campagne entre le Danube et le Tyrol allemand, de faire des cours d'eau qui sillonnent le pays
et se jettent dans le fleuve, ses lignes de défense successives, Kray ne voulut pas renoncer à son plan,
après la perte d'une seule bataille. Il se trouvait, à la
vérité, coupé du prince de Reuss, qui formait son
extrême gauche; et c'était là une raison pour porter
la guerre sur la rive gauche du fleuve : mais il avait
à Mœskirch, et plus loin, à Biberach, des magasins
considérables, d'autant plus précieux pour lui, qu'il
avait perdu ceux de Stockach; et c'était là un motif
pour tenir encore la campagne sur la rive droite. Il
résolut, en conséquence, de profiter de la forte posi-

tion de Mœskirch, pour livrer, le 5, une seconde bataille, et ordonna au prince Ferdinand ainsi qu'au
général Giulay, qui formaient sa droite, de se rabattre de ce côté (1).

La position désignée se compose d'une suite de
hauteurs décrivant, à gauche de la grande route de
Stockach, une espèce de demi-cercle, dont le diamètre est la partie de cette route comprise entre le
hameau de Krumbach et le village de Mœskirch. Vers
le tiers du demi-cercle, à partir de ce dernier point,
on rencontre le village de Heudorf, puis un bois
touffu, qui lui est attenant. Entre Mœskirch et Heudorf, et, un peu en arrière, au-delà d'un ruisseau qui
les traverse, s'étend un vaste plateau dominant les
hauteurs et tous les alentours. Après avoir dépassé
Krumbach, la route de Stockach s'engage dans une
forêt épaisse, circonscrite par les hauteurs, et dont
le débouché se trouve à 1,500 ou 1,800 mètres de
Mœskirch, et à peu près à la même distance de Heudorf. Les Autrichiens avaient appuyé leur ligne à ces
deux points, et déployé sur le plateau 25 pièces d'artillerie, qui battaient la route de front et d'écharpe.
On comprend les difficultés que devaient rencontrer
les colonnes françaises, à leur sortie de la forêt de
Krumbach.

Lecourbe, ainsi qu'il a été dit, marchait le premier,
en tête des divisions Montrichard et Lorges, et de la
cavalerie de réserve, qui lui avait été adjointe. D'a-

(1) Voir la carte n° 6.

près les renseignemens communiqués par Moreau et d'après les siens propres, il s'attendait à avoir à Mœskirch un combat, mais non pas un engagement général. En conséquence, il avait pris des dispositions analogues à celles qui lui avaient si bien réussi à Stockach. Vandamme, laissant une de ses brigades en observation aux débouchés du Vorarlberg et du Tyrol, devait, avec l'autre, se diriger sur Klosterwald, pour tourner Mœskirch, et seconder l'attaque directe par une attaque de flanc.

Le 5, au matin, la division Montrichard, arrivée au débouché de la forêt, fit avancer, pour protéger son déploiement, une batterie de 15 pièces, qui ne tarda pas à être démontée par les feux supérieurs et convergens de l'artillerie autrichienne. Le déploiement s'effectua, toutefois, sur la lisière de la forêt. On marcha contre les troupes qui défendaient les abords de Mœskirch, et on les força à se replier; mais on ne put déboucher sur le village, à cause des ravages affreux, causés dans les rangs par le canon ennemi. Lecourbe remit l'attaque à l'arrivée de Vandamme. En attendant, il dirigea la division Lorges sur Heudorf, par la lisière latérale du bois de Krumbach, et chercha à faire tomber la ligne de Kray, en l'assaillant sur son flanc droit. La lutte sur ce point fut longue et acharnée. Le village de Heudorf fut successivement pris, perdu et repris par les Français. Lorges s'en était emparé, pour la seconde fois, lorsqu'une réserve de huit bataillons de grenadiers fut portée sur son flanc gauche, et le força à plier. As-

sailli de front et débordé, il allait succomber à cette
double attaque, quand, heureusement, arriva la première division de la réserve, celle de Delmas, qui
rétablit le combat. Il était environ une heure de
l'après-midi.

Sur ces entrefaites, le général Vandamme était
parvenu à hauteur de Mœskirsch, et l'attaquait de
flanc, en même temps que Montrichard l'abordait de
front. Le village fut enlevé, et les Français débouchèrent sur le terrible plateau. Kray, alors, jugeant
sa position avec beaucoup de sang-froid et un coup
d'œil remarquable, exécuta une manœuvre des plus
habiles, et qui avait quelque chose de celle de Bonaparte, à Marengo. Il refusa sa gauche, et dirigea le
gros de ses forces sur sa droite, de manière à tomber, par les hauteurs, sur le flanc et les derrières des
républicains, en marche sur Mœskirsch. Par l'effet de
ce changement de front, Delmas se trouva bientôt
débordé, et dans une situation aussi critique que l'é-
tait Lorges, avant son arrivée. Il commençait déjà à
perdre du terrain, quand la division Bastoul vint, fort
à propos, le dégager. Mais celle-ci, par l'affluence
incessante de l'ennemi de ce côté, par l'arrivée des
troupes du prince Ferdinand sur son flanc gauche et
sur ses derrières, ne tarda pas à être aussi compromise
que l'avaient été, avant elle, les divisions de Lorges
et de Delmas. Heureusement, il restait aux Français
une dernière et puissante ressource; tandis qu'il n'en
restait plus aux Autrichiens. Richepanse vint se placer à la gauche de Bastoul, tourna et culbuta les trou-

pes du prince Ferdinand, qui voulaient nous tourner, et fixa définitivement la victoire. La bataille de Mœskirch coûta aux Français 3,000 hommes hors de combat, et aux impériaux 5,000 environ, et de plus 3 à 4,000 prisonniers. La lutte y fut aussi meurtrière et le succès aussi disputé qu'à Engen, parce que Moreau n'y combattit, comme à ce dernier point, qu'avec une partie de ses forces. A Engen, la division de Saint-Cyr n'avait, pour ainsi dire, pas donné; à Mœskriesh, elle ne parut même pas sur le champ de bataille. Elle n'en était pourtant qu'à deux ou trois lieues, à gauche et un peu en arrière, observant le Danube, auquel elle s'appuyait.

Quoi qu'il en soit, avant de tenter de nouveau le sort des armes, le maréchal Kray jugea prudent de passer le fleuve, autant pour rétablir le moral de son armée, que pour opérer sa jonction avec Kienmayer, qui venait d'arriver, et avec Starray, qui ne tarderait pas à le faire. En conséquence de cette résolution, il se porta, le 6, sur Sigmaringen. Saint-Cyr, qui était à portée de ce point, vit l'armée autrichienne s'amonceler dans le rentrant qu'y forme le Danube, et prendre à la hâte les dispositions de passage. Il reconnut à ces signes qu'elle était fortement ébranlée, et qu'en l'attaquant brusquement avec son corps, il la détruirait en partie; mais il n'osa pas agir sans ordres, et se borna à engager une canonnade, pour attirer l'attention de Moreau, qui ne vint pas. Les Autrichiens purent ainsi s'échapper sans dommages. Saint-Cyr, en froid avec son chef, qu'il accusait de partialité pour le corps de la réserve, affectait de se renfermer dans la stricte exécution des prescriptions officielles.

Moreau, voyant les impériaux passés sur la rive gauche du Danube, supposa qu'ils se retiraient à Ulm, pour y trouver un appui solide, et pour aller défendre la ligne de l'Iller qui se jette dans le fleuve, un peu au-dessus de la ville. Il s'avança donc carrément vers la rivière, la droite sur Wurzach, le centre sur Buchau, serrant de près le Danube, la réserve entre les corps précédens, et un peu en arrière. Quant à Sainte-Suzanne, il suivit le mouvement général des autres troupes, avec lesquelles il se trouva à peu près en ligne, dès le 7, au soir. Une brigade de Vandamme continuait à flanquer l'armée, le long des débouchés du Tyrol et du Voralberg.

Cependant le maréchal Kray n'avait pas l'intention que lui prêtait son adversaire. Avant de se réfugier sous le canon d'Ulm, il résolut de tenter, une troisième fois, le sort des armes, et de défendre la ligne de la Riess, sur laquelle se trouvaient les magasins importans de Biberach. En conséquence, il repassa le Danube à Riedlingen, dans la journée du 7, et, par une marche forcée de nuit, vint prendre position à Biberach même. Cette petite ville est située sur la rive gauche de la Riess, dans un terrain de marécages, et on y arrive par un défilé étroit, pratiqué entre des hauteurs. De l'autre côté de la ville, se trouve un pont sur lequel on traverse la rivière, et, au-delà du pont, un rideau d'élévations dominantes, terminées, à gauche, par un plateau dit *le Mettenberg*, très favorable au déploiement des troupes et de l'artillerie. Telle était la position qu'occupait l'armée autrichienne. Kray avait posté 10 bataillons, 16 escadrons et 15 pièces, en avant du défilé, pour défendre la ville et se donner le temps d'en évacuer les magasins. Le reste des troupes et de l'artillerie était établi sur les hauteurs, en arrière de Biberach, la droite sur le plateau de Mettenberg, le centre vis-à-vis de la ville, et la gauche appuyée à la route de Memmingen.

Sur ces entrefaites, Lecourbe avait atteint, le 8, Wurzach; Saint-Cyr Buchau, et la réserve se trouvait entre ces deux points, à une ou deux lieues en arrière. Saint-Cyr se dirigea, le 9 au matin, sur Biberach, avec les divisions Tharreau et Baraguay-d'Hilliers; tandis que celle de Ney éclairait, à gauche, le Danube. Arrivé devant le défilé, il reconnut le peu de consistance de la position qui le précédait, l'assaillit brusquement, l'enleva, en prenant beaucoup de monde, et pénétra dans Biberach, pêle-mêle avec les Autrichiens. Profitant alors de l'élan de ses troupes, et de l'ébranlement clairement apparent de l'ennemi, soutenu, d'ailleurs, par Richepanse, qui venait de le rejoindre, avec la première division de la réserve, il traversa le pont de la Riess, et marcha résolument à l'assaut des hauteurs. Les divisions Richepanse, Tharreau et Baraguay-d'Hilliers, formées en colonnes d'attaque, gravirent simultanément le Mettenberg et les élévations en face et sur la droite de Biberach;

tandis que la cavalerie les appuyait sur les deux ailes. Les impériaux essayèrent de résister, et suppor-
tèrent assez bien le premier choc ; mais, voyant,
malgré leur énorme supériorité numérique, malgré
l'effroyable feu de leur artillerie et de leur mousqueterie, les Français venir à eux, l'arme au bras, ils perdirent bientôt contenance, et abandonnèrent précipitamment leurs positions. La journée leur coûta
2,000 hommes hors de combat et 2,000 prisonniers,
sans compter des approvisionnemens considérables.

Après cette troisième et infructueuse tentative,
Kray renonça momentanément à tenir la campagne
sur la rive droite du Danube. Il se retira derrière l'Iller, puis dans le vaste camp retranché d'Ulm, depuis
longtemps préparé pour ses troupes, et où celles-ci
se trouvèrent réunies le 12 au soir. Les Français le
suivirent dans sa retraite. La droite se porta sur
Memmingen, y culbuta, le 10, l'arrière-garde autrichienne et lui fit 1,800 prisonniers. La réserve se
dirigea sur Illertiessen, le centre vers le confluent de
l'Iller avec le Danube. La gauche, sous Sainte-Suzanne, suivit le mouvement général, et vint s'établir sur le ruisseau, la Blau, à deux lieues environ
d'Ulm.

Le moment était venu pour Moreau de faire le détachement promis à l'armée d'Italie. Cette opération
s'effectua le 12 mai. Douze mille hommes furent pré-
levés sur les différens corps, sans toucher à leur
composition générale, et partirent pour la Suisse,
avec le général Lorges. Là, ils se réunirent à 6,000

hommes de Moncey, qui prit le commandement
de l'expédition et se dirigea sur Milan, où il arriva
dans les premiers jours de juin. Le départ de
Lorges et les pertes éprouvées depuis l'ouverture de
la campagne, réduisirent à 70,000 hommes environ
l'armée de Moreau. Celle de Kray, bien qu'elle eût
fait des pertes beaucoup plus considérables que l'armée française, comptait alors près de 80,000 combattans. Elle venait d'être rejointe par le corps du
général Starray, et il ne restait plus en arrière qu'un
faible détachement de 5 à 6,000 hommes, parti de
Manheim.

Dans les conjonctures présentes, Moreau pouvait
choisir entre trois partis, savoir : passer sur la rive
gauche du Danube, avec toutes ses forces, et donner
l'assaut à l'ennemi dans son camp retranché; ou bien,
réunir ces forces sur la rive droite, et marcher résolument avec elles sur le Lech, sur la Bavière, et sur
Vienne, ce qui ferait inévitablement sortir les Autrichiens de leurs retranchemens ; ou bien, enfin, jeter
son armée sur la rive gauche, au-dessous d'Ulm, et,
suivant les circonstances, attaquer le camp de ce côté,
ou se borner à couper l'adversaire de ses communications avec l'Autriche.

Le premier de ces projets offrait l'occasion d'en
finir avec les impériaux, d'un seul coup, et de terminer
la campagne par une bataille générale et décisive.
Soldats et généraux demandaient, à grands cris, à
l'exécuter, et eu égard à l'exaltation de leur moral, eu
égard à la démoralisation de l'ennemi, le succès né-

semblait pas douteux. Moreau, cependant, le trouva
trop hardi, trop hasardeux, et refusa de l'adopter. Le
second projet avait l'avantage de faire conquérir, sans
combattre, une grande étendue de pays; mais il avait
l'inconvénient de laisser libres les communications
des impériaux avec l'Italie. En outre, Moreau, admettant la possibilité que Kray le laissât avancer,
sans venir défendre les lignes du Lech, de l'Iser, etc.,
et jugeant que, dans ce cas, ses derrières seraient fortement compromis entre l'armée d'Ulm, établie en
arrière de son flanc gauche, et le corps du prince
de Reuss, posté en arrière de son flanc droit, Moreau
trouva ce projet plus imprudent encore que le premier,
et n'en voulut pas davantage. Quant au troisième,
qui réunissait, en quelque sorte, à lui seul, les inconvéniens reprochés aux précédens, il fut naturellement rejeté comme eux. Restait l'emploi des moyens
termes, des démonstrations, et c'est à quoi le général
français se décida à recourir.

D'abord, laissant Sainte-Suzanne en position sur
la gauche du Danube, et Saint-Cyr au confluent du
fleuve et de l'Iller, il porta sa droite et sa réserve en
avant par échelons vers le Lech. Il espéra, par cette
menace contre Augsbourg, faire sortir l'ennemi de ses
retranchemens; mais, celui-ci ne donna pas dans le
piége. Loin de se laisser intimider, Kray profita, au
contraire, de l'isolement et de la situation précaire de
Sainte-Suzanne, pour l'attaquer, le 16, avec des forces
considérables, et chercher à l'enlever. Les divisions
Legrand et Souham, assaillies isolément, l'une sur

les bords du Danube, l'autre sur les bords de la Blau,
résistèrent avec le plus grand aplomb et la plus grande
énergie. La division Colaud se partagea en deux pour
se porter à leur secours, et combattit également avec
une vigueur remarquable. Mais, aux prises avec un
ennemi deux fois plus nombreux, exposées de toutes
parts aux charges d'une cavalerie formidable, ces
trois divisions finirent par épuiser leurs forces. Après
des efforts incroyables de tenacité et de courage,
après avoir disputé, pendant six heures, le terrain
pied à pied, elles allaient succomber au nombre,
quand, heureusement, Saint-Cyr arriva pour les dégager. Ce général, accouru en toute hâte vers le lieu
du combat, se mit aussitôt en devoir de passer le
fleuve, et commença par engager, de la rive droite,
une vive canonnade avec les impériaux. Ceux-ci, en
voyant les préparatifs faits contre eux, conçurent des
craintes pour leurs communications et se décidèrent
à regagner Ulm. L'exagération de ces craintes prouve
combien leur moral était affecté. S'ils avaient opéré
leur attaque avec plus de vigueur et de persistance,
s'ils y avaient employé toutes les forces dont ils pouvaient disposer; non seulement ils auraient détruit le
corps de Sainte-Suzanne, mais ils auraient fait un
mauvais parti aux troupes de Saint-Cyr, qui se seraient engagées pour le secourir.

Moreau rappelé à sa gauche, par le danger imminent qu'elle venait de courir, ramena en arrière sa
droite et sa réserve et renonça, pour le moment, à sa
démonstration sur Augsbourg. Le 17 et le 18, Saint-

Cyr passa le Danube pour appuyer Sainte-Suzanne
qui, par un mouvement en avant, alla prendre position au nord d'Ulm. La réserve vint se placer contre
le fleuve; et la droite, entre lui et l'Iller. L'armée
française se trouva ainsi à cheval sur le Danube, débordant avec sa gauche le camp des impériaux, et
occupant une ligne totale de douze lieues de développement. Moreau espéra, par ce moyen, décider l'ennemi à sortir de ses retranchemens et à venir l'attaquer.
Les vices de sa position si longue et si décousue,
étaient, en effet, de nature à exciter la tentation. Kray
pourtant, sut y résister, et tenant compte de l'infériorité morale de ses soldats, il eut le bon esprit de
ne pas bouger de place. Le général français voyant
alors que sa nouvelle tentative n'aboutissait à rien,
revint, après quatre jours d'attente, à son projet primitif de menacer Augsbourg et la Bavière; mais il
voulut, cette fois, donner à sa démonstration un caractère de vérité plus sérieux que la première. A cet
effet, il porta toute son armée sur la droite du Danube, dans les journées du 21 et du 22, et la dirigea
par échelons sur le Lech, la droite sur Landsberg, la
réserve au-delà de la Güntz, le centre sur la Güntz
même; enfin, Sainte-Suzanne sur Achstetten, entre
le Danube et l'Iller, un peu en arrière de la position
qu'avait occupée Saint-Cyr, à leur confluent. Ces
mouvemens s'opérèrent du 24 au 28, jour où Lecourbe entra à Augsbourg, après avoir, la veille, enlevé de vive force le pont de Landsberg.

Le 24 mai, pendant que les Français étaient en mar-

che, une forte avant-garde, composée en grande partie
de cavalerie, vint attaquer leur gauche. L'engagement
fut vif, mais sans avantage décisif de part ni d'autre,
et les Autrichiens à la nuit repassèrent le Danube.
Cette attaque décida Moreau à éloigner Sainte-Suzanne
du fleuve. Il lui enjoignit de remonter la rive gauche
de l'Iller et de venir s'y appuyer, aux environs de Kellmüntz, de façon que ses divers corps, arrivés en position, déterminâssent de ce point à Augsbourg, une ligne parallèle au Danube. Cette ligne avait environ vingt
lieues d'étendue ; mais Lecourbe devait la resserrer,
après avoir prélevé à la hâte à Augsbourg, un impôt
d'argent et surtout de vivres, dont on commençait à
manquer. En cas d'attaque nouvelle, la concentration
de l'armée s'opérerait sur l'Iller, des deux côtés à la
fois. Sainte-Suzanne s'y replierait à gauche ; le centre
et la réserve s'y replieraient à droite, se liant au premier, par le pont de Kellmüntz. Lecourbe accour-
rait du Lech pour prêter son appui, tomber sur le
flanc des impériaux et chercher à les couper d'Ulm.

Tandis que Moreau combinait ainsi ses mesures,
les Autrichiens se préparaient à attaquer de nouveau
sa gauche, toujours aventurée fort loin de sa droite :
mais au lieu de diriger contre elle une simple avant-
garde, ils voulaient, cette fois, l'assaillir et l'accabler
avec la majorité de leurs forces. Le 4 juin, au matin,
56,000 hommes débouchèrent d'Ulm, en deux masses
de 30,000 et de 26,000 qui se portèrent en avant,
l'une sur la gauche, et l'autre sur la droite de l'Iller.
Kray voulait, avec la première, écraser le corps de

Sainte-Suzanne, pendant qu'avec la seconde, il contiendrait les autres corps et les empêcherait de lui porter secours.

Sainte-Suzanne, assailli par des forces plus que doubles des siennes, résista avec le plus grand courage, comme il l'avait fait quelques jours auparavant, sur les bords du Danube ; mais ici, comme là, il finit par s'épuiser dans l'opiniâtreté de la lutte, et allait succomber au nombre, quand Saint-Cyr et l'arrière-garde de la réserve arrivèrent à son secours. Ces renforts, accourus en toute hâte, eurent à livrer un combat acharné, au village de Kellmüntz, qui couvrait les communications, par les ponts de l'Iller, et était, par conséquent, le point décisif de l'action. Enfin, après des efforts vigoureux et réitérés, ils finirent par culbuter les 26,000 impériaux qui leur étaient opposés et par rester maîtres du terrain. Dès lors, le général Ney put déboucher avec sa division, sur la gauche de l'Iller, où il rétablit les affaires de Sainte-Suzanne. Les Autrichiens regagnèrent le soir leurs retranchemens ; ils avaient perdu dans la journée 4,000 hommes hors de combat ou prisonniers, la plupart au combat de Kellmüntz.

Lecourbe qui, ainsi qu'il a été dit, était chargé de ramasser à Augsbourg, de l'argent et des vivres, ne fut en mesure de rétrograder que le 3, et ne put, par conséquent, pas assister à l'affaire de Kellmüntz. Il se rapprocha du reste de l'armée, aussitôt que sa mission fut remplie, et ne laissa à Augsbourg qu'une faible arrière-garde. Moreau alors, resserra et rectifia sa ligne dont les derrières, du côté du Tyrol, restèrent couverts par une des brigades de Vandamme. Voyant l'inefficacité des demi-mesures employées pour faire sortir Kray de ses retranchemens, il résolut d'entreprendre contre lui une manœuvre décisive. Toutefois, il voulut, avant de l'exécuter, connaître le sort de l'armée d'Italie, et demeura inactif dans sa position, en attendant des nouvelles.

Les tatonnemens, les lenteurs que nous venons de mentionner, l'inaction finale du général en chef, sa partialité pour le corps de la réserve, enfin, l'inutilité des remontrances pour faire cesser les fautes ou les abus, décidèrent Saint-Cyr et Sainte-Suzanne, à solliciter leur changement. Ils quittèrent l'armée et furent remplacés dans leurs commandemens respectifs, le premier par le général Grenier, qui venait d'arriver; le second par Richepanse.

Sur ces entrefaites, Moreau, ayant appris l'heureux début de Bonaparte en Italie, se disposa à recourir aux moyens efficaces. Il résolut de passer le Danube, au-dessous d'Ulm, par une conversion de toute son armée autour de sa gauche, et de ne laisser sur la droite du fleuve, que le faible corps de Richepanse et une partie de celui de Grenier, pour intercepter les communications des impériaux avec le Léch. Le but de cette manœuvre fut d'isoler Kray, de le couper à la fois de la Bavière, de l'Autriche, des magasins de Donauwerth et de Ratisbonne, et de le forcer à accepter la bataille dans cette position critique.

L'armée française se mit en mouvement le 15 juin.

Lecourbe, après avoir jeté des détachemens à Landsberg et à Augsbourg sur le Lech, pour couvrir ses derrières, se porta vis-à-vis de Hochstedt sur le Danube. La réserve et le centre suivirent son mouvement et se dirigèrent, l'une sur Dillingen, l'autre sur Guntzbourg. Le corps de Richepanse, servant en quelque sorte de pivot, resta en observation sur l'Iller, vis-à-vis et près d'Ulm. Le 19, au point du jour, Lecourbe balaya la rive gauche du fleuve, au moyen de batteries établies sur la rive droite et de quelques compagnies de tirailleurs qui le traversèrent à la nage : en même temps, il répara avec des poutrelles et des madriers les ponts imparfaitement détruits de Blindeim et de Gremheim. Dès que ces ponts furent rétablis, il y fit passer ses trois divisions ainsi que la cavalerie de réserve du général d'Hautpoul, toujours placée sous ses ordres. Une brigade descendit vers Donauwerth, pour couvrir les derrières et s'opposer aux tentatives qui viendraient de ce côté. Le reste des troupes remonta vers Ulm, d'où devait partir manifestement la résistance principale. La brigade eut à soutenir, au village de Schwenningen, un combat des plus acharnés contre 4,000 hommes d'infanterie autrichienne, soutenus par une batterie de six pièces et par 500 chevaux. Arrivée au village sans être au complet, elle le perdit d'abord et fut obligée de rétrograder; mais secourue à temps par les bataillons restés en arrière et par quelques escadrons, elle reprit l'avantage et mit les impériaux en déroute, en leur enlevant 2,000 prisonniers, leurs pièces et la moitié de leurs chevaux.

Les divisions qui remontaient, vers Ulm, la rive gauche du Danube, rencontrèrent à Hochstedt une avant-garde du général Starray, qui se replia sur Dillingen. Là, 8,000 hommes d'infanterie s'appuyaient au village et au fleuve, tandis qu'une nombreuse cavalerie était rangée à leur gauche dans la plaine. L'infanterie française aborda Dillingen, et Lecourbe à la tête de la cavalerie de réserve assaillit les escadrons autrichiens. Après un vif combat, Starray fut culbuté, avec perte de 1,800 fantassins, que notre cavalerie coupa et fit prisonniers. Cependant, un renfort de 7,000 hommes d'infanterie et de 2,000 chevaux, soutenu par une forte batterie, accourait au secours des impériaux, qui se rallièrent en arrière du village de Lauingen. Un nouveau combat, plus acharné que le précédent, s'engagea sur ce point, et les Autrichiens, grâce surtout à leurs nombreux escadrons, y obtinrent d'abord quelque avantage. Mais Lecourbe, rassemblant toute la cavalerie de d'Hautpoul et celle des divisions, en même temps qu'il était renforcé d'une partie de la réserve débouchant par le pont rétabli de Dillingen, Lecourbe fit un effort général et vigoureux qui lui assura la victoire. Les impériaux se retirèrent à Ulm, nous laissant entre les mains, pour prix de la journée, 5,000 prisonniers, 20 canons, 4 drapeaux, une grande quantité de chevaux et de bagages, et les magasins considérables de Donauwerth.

La réserve acheva de traverser le fleuve pendant la nuit ; et le centre, n'ayant pu rétablir le pont de Güntzbourg, vint passer le lendemain sur celui de Dillingen. Quant au corps de Richepanse, il resta en position près d'Ulm, sur la rive droite, pour observer les mouvemens de l'ennemi.

Moreau, après le brillânt succès de son passage, succès dû surtout aux exploits de sa cavalerie, pensa que Kray allait venir lui livrer bataille, pour rétablir ses communications. Il s'établit, en conséquence, de son mieux sur la gauche du Danube, et attendit patiemment, pendant quatre jours, l'attaque du général autrichien. Mais celui-ci, dans l'état de démoralisation où se trouvaient ses troupes, ne voulut pas confier son sort aux chances d'une grande bataille. Laissant donc à Ulm une garnison de 10,000 hommes, il décampa dans la nuit même du 19 au 20, et, tournant la droite des Français, se dirigea à marches forcées, par Néreishem, Nordlingen et Manheim, sur Neubourg, où il arriva le 26. Là, il passa le Danube, prit position face au Lech, et livra, le 28, à l'avant-garde de Lecourbe, un combat où les Français, mal engagés, perdirent assez de monde. Le brave Latour d'Auvergne, premier grenadier de la République, y fut tué, et ce fut pour l'armée la perte la plus cruelle. De Neubourg, Kray partit le 29, pour Ingolstadt, où il jeta une garnison; puis gagna Landshut, sur l'I-ser, où il entra le 1er juillet, et donna deux jours de repos à ses troupes. Enfin, ayant laissé à Landshut l'archiduc Ferdinand avec une respectable arrière-garde, il se porta sur l'Inn, au camp retranché d'Ampfing. Il arriva dans ce camp le 7 juillet, et y rallia les corps du général Merfeld et du prince de Condé, lesquels avaient défendu successivement le Lech et l'Iser.

Toute cette retraite des Autrichiens s'effectua, sans être sérieusement inquiétée par les Français. Les engagemens qui eurent lieu se bornèrent à une petite affaire à Nereisheim, où l'avant-garde de Lecourbe atteignit l'arrière-garde de l'ennemi, qui s'échappait; au combat de Neubourg; enfin, à ceux de Freysingen et de Landshut, sur l'Iser, où les divisions Legrand et Leclerc culbutèrent successivement les impériaux, avec perte de quelques mille hommes.

Richepanse, qui observait Ulm, ne s'aperçut que le 22 du départ de Kray, et Moreau, prévenu le 22 au soir, n'était plus en mesure de s'opposer efficacement à la retraite. Après l'avoir tenté, cependant, mais sans succès, il ne songea plus qu'à s'établir dans une position avantageuse, la plus avancée possible, et à se procurer de bons cantonnemens pour faire vivre son armée. A cet effet, ayant laissé un détachement à Donauwerth, il y repassa le Danube, dans la journée du 26, et se porta en avant, la droite sur Augsbourg et Munich, la gauche sur Rain, Neubourg, Ingolstadt et Landshut, pour prendre possession de la plus grande partie de la Bavière, comprise entre le Lech et l'Iser. Une division occupa Augsbourg, où fut établi le quartier-général. Munich, Freysingen, Moosbourg et Landshut furent occupés sur l'Iser. Enfin, la division Ney bloqua Ingolstadt, tandis que le corps de Richepanse, laissé en arrière, bloquait Ulm.

Moreau, au point où il était arrivé, avait dépassé les débouchés du Tyrol. Pour couvrir définitivement, de ce côté, son flanc droit et ses derrières, sans y employer sans cesse des détachemens mobiles de son armée, il y envoya Lecourbe à la tête d'une vingtaine de mille hommes. Ce général dut s'emparer de la position de Fussen, aux sources du Lech, tandis que Molitor, renforcé d'une partie des troupes expéditionnaires, enleverait le camp retranché de Feldkirch, aux sources de l'Iller. Cette opération s'accomplit avec autant de succès que de promptitude. Le corps du prince de Reuss fut refoulé dans les montagnes, et la position des Français, sur l'Iller, se trouva ainsi complètement assurée.

On avait reçu depuis quelques jours la nouvelle de l'armistice conclu en Italie; et Moreau, qui, avant de s'être convenablement établi, avait refusé à Kray d'imiter cet exemple, n'avait plus de motifs pour le faire maintenant. Les troupes, longtemps fatiguées par les marches, les combats et les privations, avaient besoin de repos et pouvaient se reposer dans l'abondance. La paix, suivant toutes les vraisemblances, allait se conclure prochainement. Tout concourait donc à décider le général français à une suspension d'armes. Il s'y décida, en effet, et la signa à Parsdorf, dans la journée du 15 juillet. D'après cette suspension, les deux armées durent se tenir respectivement en de-çà d'une ligne de démarcation, qui, partant de Balzers, dans les Grisons, et aboutissant au confluent du Mein et du Rhin, à Mayence, partageait en deux

parties égales le pays compris entre l'Iser et l'Inn.
On convint que les hostilités ne pourraient être reprises, qu'après s'être prévenu douze jours à l'a-
vance.

DEUXIÈME PÉRIODE

ROSENLINDEN.

Cependant les prévisions sur la paix, que tout le
monde désirait si ardemment, ne se réalisèrent pas.

L'Autriche refusa de la conclure, à l'instigation de
l'Angleterre ; et les hostilités furent reprises en Allemagne, comme en Italie, après quatre mois et demi
de suspension d'armes. Sur le théâtre de guerre que
nous venons de quitter, les opérations recommen-
cèrent le 28 novembre. Voici quelles étaient alors
la composition et les positions respectives des deux
armées.

Trois corps, s'élevant à un effectif de 82,000 hommes, et formant la partie principale de l'armée française, occupaient le pays compris entre l'Iser et l'Inn.
Lecourbe, avec la droite, forte de 26,000 hommes,
était posté vis-à-vis de Rosenheim, vers le cours supérieur de l'Inn, ayant une de ses divisions en observation aux débouchés du Tyrol. Le centre, de 30,000
combattans, sous Moreau, était à cheval sur la route de

Wasserbourg, en avant de Munich, où se trouvait le
quartier-général. Grenier, avec la gauche, comptant
26,000 hommes, était en position sur la route qui
se rend, en obliquant à gauche, de Munich à Mühldorf, et s'étendait de là vers le Danube. Indépendamment des points qu'ils possédaient sur l'Iser et sur le
Lech, et que couvrait leur front d'opérations, les
Français occupaient sur le Danube les points importans d'Ulm et d'Ingoldstadt. Les Autrichiens les leur
avaient livré, ainsi que Philisbourg, sur le Rhin,
pour prolonger de quarante-cinq jours, à dater du
1er octobre, l'armistice de Parsdorf. La gauche de
l'armée française était flanquée, au loin, par un corps
de 20,000 Français et Hollandais, remontant le
Mein, sous Augereau, et chargé de surveiller le général Simbschen, qui levait des troupes en Franconie
et en Souabe. Elle était protégée de près par 12,000
hommes, aux ordres de Sainte-Suzanne, placés à cheval
sur le Danube, près d'Ingoldstadt. Ceux-ci se liaient
à Grenier, et observaient le général Klénau, posté,
comme eux, sur les deux rives du fleuve, en avant de
Ratisbonne. Le flanc droit était couvert par Molitor,
établi aux débouchés du Tyrol, et par Macdonald, qui
occupait les Grisons avec 15,000 hommes, prêt à
déboucher, soit dans le Tyrol allemand, soit dans le
Tyrol italien. Macdonald, ainsi placé, défendait, à la
fois, la droite de l'armée d'Allemagne et la gauche
de celle d'Italie.

L'armée autrichienne, dont l'archiduc Jean venait
de prendre le commandement en chef, avait environ

85,000 hommes, répandus sur l'Inn, de Kufstein à Braunau. Vingt mille à peu près étaient répartis dans ces deux places, ainsi que dans les têtes de pont de Rosenheim, de Wasserbourg, de Mülhdorf, et dans les retranchemens élevés derrière l'Inn. Les 65,000 autres étaient prêts à jouer un rôle actif, et se trouvaient concentrés dans les environs de Mülhdorf. A sa droite, cette armée était soutenue par les généraux Simbschen et Klenau, placés et occupés comme il a été dit, et comptant à eux deux de 26 à 27,000 hommes de troupes régulières. A sa gauche, elle avait l'appui du général Hiller, qui avait remplacé le prince de Reuss dans le Tyrol allemand, et qui occupait celui-ci avec un corps de 20,000 hommes, sans compter les milices.

La ligne de l'Inn offre, pour la défensive, des moyens de résistance formidables; et si les impériaux s'étaient d'abord bornés à la défendre, ils eussent, à coup sûr, donné à leurs adversaires beaucoup d'embarras. Mais l'archiduc Jean, avec la présomption naturelle à un jeune prince, prétendit non-seulement prendre l'offensive, mais encore attaquer et défaire les Français, à la manière dont on attaque et on défait un ennemi peu redoutable, inférieur en talent comme en force morale. Il prétendit, en un mot, les envelopper et les détruire. Voici de quelle façon :

Des environs de Mühldorf, où se trouvaient concentrés les 65,000 Autrichiens destinés à entrer en action, un corps d'une vingtaine de mille hommes se porterait sur Landshut, pour tourner la gauche de l'adversaire. Ce corps serait appuyé par celui de Klenau, qui tiendrait en échec les troupes de Sainte-Suzanne, et par celui de Simbschen, qui tiendrait en échec celles d'Augereau. Le reste des forces, marchant directement de Mühldorf sur Munich, aborderait de front l'armée opposée, qui ne pourrait résister à un choc ainsi combiné, et serait obligée de rétrograder. Alors, la général Hiller, débouchant rapidement du Tyrol, préviendrait cette armée sur le Lech ou sur l'Iller, et lui couperait la retraite. La perte des Français serait la conséquence naturelle de toutes ces manœuvres.

Comme on le voit, le plan de l'archiduc Jean était un plan à la Bonaparte ; mais il lui manquait, pour l'exécuter, le génie du grand homme et les soldats de Marengo.

Quoi qu'il en soit, la droite de l'armée autrichienne, sous les ordres du général Kienmayer, déboucha le 29, par le pont de Neu-Œtting, un peu au-dessous de Mühldorf, et se porta sur Landshut. Le 1er décembre, le gros de l'armée se mit en marche sur trois colonnes dans la direction de Munich. L'une d'elles prit la grande route de Mühldorf, passant par Ampfing, Haag, Hohenlinden et Parsdorf ; une seconde, débouchant de Kraybourg, suivit à gauche un chemin en terre, situé entre la route précédente et celle de Wasserbourg à Munich ; la troisième enfin, obliquant un peu à droite, remonta par Ampfing, Dorfen et Lendorf, la petite vallée de l'Isen, qui débouche par deux ouvertures principales, sur un vaste plateau découvert, au nord de Hohenlinden.

De son côté, Moreau s'était avancé le 28, vers l'Inn, pour juger des positions et des projets de l'ennemi. Lecourbe s'était approché de Rosenheim ; Moreau, de Wasserbourg : enfin, Grenier avec la gauche, se dirigeait sur les hauteurs d'Ampfing, marchant à la fois, par la chaussée de Mühldorf et par la vallée de l'Isen. Il était suivi par la division Grandjean, détachée du centre pour le soutenir. Par suite de ces mouvemens, un peu à l'aventure, des deux armées, le corps de Grenier allait heurter de front 45,000 hommes, pendant que 20,000 étaient occupés à le tourner par sa gauche. Une circonstance fortuite, amenée par la précipitation irréfléchie du prince Jean, devait rendre sa position encore plus critique. Ce prince, en effet, avait engagé Kienmayer, sur la route de Landshut, sans la bien reconnaître à l'avance. Kienmayer trouva, à travers un pays tourmenté, coupé de ruisseaux et de ravins, des chemins défoncés, impraticables aux voitures et en prévint son général en chef. Celui-ci, se voyant obligé de rappeler son lieutenant, voulut profiter, au moins, du hasard heureux qui le plaçait sur la gauche et les derrières des Français, et réalisait, en quelque sorte, le but de sa manœuvre. Il enjoignit donc à Kienmayer de se rabattre sur sa gauche, de porter la queue de sa colonne sur Ampfing, pour y rallier le gros de l'armée, et la tête sur Dorfen, pour prendre les Français de revers. La rencontre eut lieu le 1er décembre. Ney, alors, était arrivé avec sa division, sur les hauteurs qui environnent Ampfing et dominent les abords de la rivière. Grandjean, qui le suivait en deuxième ligne, se trouvait en avant de Haag. Legrand, engagé dans la vallée de l'Isen, avait dépassé Dorfen et avait, en réserve derrière lui, la division Bastoul.

La division Ney, qui se trouvait la plus avancée, eut à soutenir le premier choc et le plus rude. Assaillie de front et sur sa droite, par les troupes qui suivaient la grande chaussée de Munich, ou la flanquaient à gauche; attaquée sur son flanc gauche, par celles qui remontaient la vallée de l'Isen, elle combattit comme toujours, avec le plus opiniâtre courage : mais accablée par le nombre, entourée de toutes parts, elle était à bout de résistance, quand la division Grandjean arriva heureusement à son secours. Celle-ci la dégagea et lui permit d'opérer sa retraite en bon ordre.

Legrand, de son côté, soutint avec une grande vigueur, à Dorfen, un combat acharné où Bastoul eut de la peine à le secourir, à cause des difficultés excessives du terrain. Tous deux se replièrent sur Lendorf.

L'archiduc Jean, enhardi et enflammé par ce petit succès d'avant-garde, comme si c'eût été une grande victoire, s'imagina qu'aucun obstacle ne pourrait, désormais, arrêter l'élan de ses troupes. En conséquence, et sans même se donner la peine de bien reconnaître le terrain qu'il allait parcourir, il résolut de pousser les Français, l'épée dans les reins. Pour s'écarter, le moins possible, du plan de campagne qui

avait été arrêté à l'origine, il dirigea le général Me-
zerai avec un détachement de troupes légères sur
Landshut, et enjoignit à Klénau ainsi qu'à Simbschen,
de suivre et d'appuyer son mouvement. Lui-même,
après avoir laissé reposer son armée jusqu'au 2 à
midi, se mit à poursuivre les Français dans les directions qu'il avait prises, en débouchant de Mühldorf.
Moreau continua à se retirer devant les impériaux, et
il avait pour cela des raisons excellentes. Il voulait
attirer son jeune et présomptueux adversaire, sur un
champ de bataille qu'il avait reconnu depuis longtemps, et où il venait de découvrir un moyen presqu'infaillible de lui faire éprouver un échec décisif (1).

Entre l'Iser et l'Inn, vers le milieu de la distance,
de 10 à 12 lieues, qui les sépare dans leurs cours parallèles, s'étend une forêt de sept lieues de long sur
une lieue et demie de large. Cette forêt formait la
partie principale du terrain qu'embrassaient en ce moment les deux armées. La route de Wasserbourg à
Munich, passant par Ebersberg, la traversait dans une
éclaircie, vers le point où elle est limitée au sud. Celle
de Mühldorf à Munich, courant de l'est au sud, la traversait obliquement dans son épaisseur. Elle y pé-
nétrait au village de Mattenboët et y formait un défilé
d'environ une lieue et demie de longueur. Tournant
alors brusquement au nord-ouest, elle débouchait
dans une plaine oblongue, qui en suivait la direction
sur un parcours de deux à trois mille mètres, et qui s'é-

(1) V. la carte n° 6.

largissait, après ce parcours, en un vaste plateau circulaire. Au point où cet élargissement avait lieu, la
route se bifurquait en deux parties. L'une d'elles,
suivant la direction primitive, menait à Freysingen
sur l'Iser, en laissant à sa gauche les deux tiers du
plateau; l'autre tournant à gauche, conduisait à Munich. A droite et à gauche de la route, un peu avant
le point de sa bifurcation, était situé le village de
Hohenlinden. A une demi-lieue plus loin, à droite de
la partie qui allait à Freysingen, se trouvait le village
de Preisendorf; à une lieue plus loin encore, celui de
Harthofen, placé à l'extrémité septentrionale du plateau. Aux deux derniers villages, aboutissaient les
ouvertures par lesquelles, ainsi qu'il a été dit, la
vallée de l'Isen débouchait au nord de Hohenlinden.

Telle était la position que Moreau avait choisie,
pour écraser l'armée autrichienne. Son projet était
aussi simple que la réussite en paraissait assurée. Il
voulait laisser s'engager dans le défilé de Mattenboët, le gros des forces opposées qui suivait, comme
on l'a vu, la route de Mühldorf; puis, quand toutes
ces forces auraient dépassé le village, il jetterait son
corps du centre sur leurs derrières, en même temps
qu'il les arrêterait de front, et les détruirait ainsi entre
deux feux. Voyons, maintenant, les mesures et les
dispositions qu'il prit pour assurer le succès de son
entreprise.

Il envoya aux généraux Richepanse et Decaen, qui
se trouvaient avec leurs divisions aux environs d'E-
berberg, l'ordre de se porter le lendemain matin sur

Mattenboël, et d'y tomber sur la queue de la grande colonne ennemie. Cet ordre n'était ni explicatif, ni bien précis, et c'est ce qui fit dire à quelques critiques, qu'il n'avait pas été donné. Il le fut cependant d'une manière formelle : seulement, sa rédaction était vague, sans détails, et ne résolvait ni ne prévoyait aucune des difficultés qui pouvaient surgir des événemens.

Moreau enjoignit également aux généraux Lecourbe et Sainte-Suzanne, de se rapprocher en hâte de lui ; mais ils étaient trop éloignés l'un et l'autre, pour arriver en temps opportun. Quant aux troupes qu'il avait sous la main, le général français les disposa comme il suit, sur son champ de bataille :

Les divisions Ney, Legrand et Bastoul, formant sous Grenier le corps de gauche, furent déployées en avant des villages de Harthofen et de Preisendorf, et à gauche de celui de Hohenlinden, auquel la première appuya sa droite. Derrière elles, dans la partie la plus large du plateau découvert, on forma les principales réserves, entre autres, celle de l'artillerie, et celle de la cavalerie, sous d'Hautpoul. La division Grandjean, commandée, en son absence, par le général Grouchy, s'appuya par la gauche à Hohenlinden et refusa fortement la droite, de manière à ne pas prêter le flanc aux troupes qui déboucheraient du défilé, mais à les recevoir au contraire de face. Cette division eut une de ses demi-brigades déployée ; deux autres, formées en colonnes, en arrière des ailes, et la quatrième en réserve, avec sa cavalerie.

L'ordre de bataille de l'armée française fut ainsi un

ordre saillant, en ligne droite brisée, ou plutôt un ordre en ligne droite, avec un grand crochet en arrière de son flanc droit. Le 3, au point du jour, toutes ces dispositions étaient prises, et Moreau attendait impatiemment les Autrichiens, après avoir eu l'air de fuir devant eux.

Ceux-ci, comme on le sait, cheminaient sur trois colonnes qui, toutes, devaient déboucher sur la position des Français. Celle du centre, suivant la grande chaussée de Mühldorf à Munich, se composait du gros de l'armée, environ 28,000 hommes, et comprenait, indépendamment des grenadiers Hongrois, des Bavarois et de la réserve d'infanterie, la plus grande partie de l'artillerie, de la cavalerie, et tous les bagages. Celle de droite, forte de 20 à 22,000 hommes, était composée des corps de Kienmayer et de Baillet-Latour, et remontait la vallée de l'Isen. Arrivée à Lendorf, elle devait se partager en deux, pour déboucher à la fois, par les deux ouvertures dont il a été fait mention. Kienmayer, avec son corps, se dirigerait par Buch sur Harthofen; Baillet-Latour, avec le sien, se porterait par le village d'Isen sur celui de Preïsendorf. La colonne de gauche enfin, forte de 11 à 12,000 hommes, sous le général Riesch, laquelle après avoir traversé l'Inn, au pont de Kraibourg, avait suivi un chemin intermédiaire entre les grandes routes de Mühldorf et de Wasserbourg à Munich, cette colonne avait reçu pour objectif, le village de Saint-Cristophe, situé un peu en avant et à gauche de Mattenboët. Elle avait pour mission de flanquer la gauche de l'armée et devait, après avoir atteint le point assigné, attendre les événemens et, suivant les circonstances, se porter sur Hohenlinden ou sur Ebersberg.

De ces trois colonnes, une seule, celle du centre, suivait une grande route ferrée. Les deux autres cheminaient sur des routes en terre, mal frayées, mal entretenues, et à moitié défoncées par la pluie et le mauvais temps. L'archiduc Jean, qui marchait avec la première, et qui le faisait avec l'ardeur et la diligence d'un homme sûr de la victoire, devait donc arriver sur le champ de bataille, bien avant ses lieutenans. Il atteignit, en effet, l'extrémité du défilé de Mattenboët, lorsque ceux-ci étaient encore à deux ou trois lieues en arrière. Quoi qu'il en soit, il résolut d'attaquer sur-le-champ, et fit ses dispositions en conséquence sur la lisière de la forêt.

La bataille s'engagea par une vive canonnade, après laquelle les impériaux abordèrent la division Grandjean. Celle-ci accueillit vigoureusement leur attaque et la repoussa. L'ennemi, alors, fit filer sur notre droite 6,000 grenadiers, pour la tourner et la prendre en flanc. Cette manœuvre obligea la cent-huitième demi-brigade, qui était déployée en ligne, à faire un mouvement rétrograde; mais la quarante-sixième et la cinquante-septième, formées en colonnes derrière elle, marchèrent contre les grenadiers, et, après un combat acharné à la bayonnette, les culbutèrent dans la forêt. Cet échec décida l'archiduc Jean à diriger une nouvelle attaque générale sur notre ligne. Il ébranla donc ses troupes et les lança une se-

conde fois sur celles de Grandjean, qui reçurent ce
choc comme le premier, et le repoussèrent.

Pendant que des deux parts on reprenait haleine,
pour continuer la lutte, on entendit tout-à-coup le
bruit de l'artillerie se produire sur les derrières de la
colonne dont nous étions occupés à combattre la
tête. Moreau en conclut sur-le-champ que Richepanse et Decaen étaient arrivés à Mattenboët, et
que le moment était venu de prendre à son tour
l'offensive, et de faire un effort décisif. En conséquence, formant en colonnes d'attaque la division
Grandjean et l'une des brigades de Ney, il lança
la première droit sur le défilé, et porta la seconde dans une éclaircie, vis-à-vis de Hohenlinden, de laquelle elle pouvait, à volonté, assaillir le
flanc droit de l'ennemi, ou gagner Mattenboët, pour
tomber sur ses derrières. Cette double attaque, conduite avec la plus grande vigueur, eut un entier succès. La tête de la grande colonne autrichienne fut
refoulée dans la forêt, d'où elle avait essayé de déboucher.

Pendant que ces événemens se passaient à Hohenlinden, voyons ce qui se passait au village de Mattenboët. Moreau, en devinant la vérité, n'en avait
deviné qu'une partie; car Richepanse était arrivé
seul à Mattenboët, et encore n'y était-il arrivé qu'a-
vec la moitié de ses forces, ce qui rendait sa position
fort critique. Ce général, parti d'Ebersberg avant
Decaen, avait dépassé, avec une de ses brigades, six
pièces de 4 et un régiment de cavalerie, le village de

Saint-Christophe, lorsque Riesch y entra, venant de l'Inn, et le coupa du reste de sa colonne. Comprenant alors l'importance du temps, et comptant, d'ailleurs, sur Decaen pour dégager sa deuxième brigade, Richepanse la laissa aux prises avec l'adversaire, et poussa hardiment en avant. Arrivé à Mattenboët, il trouva un corps de 1,000 à 1,200 chevaux qui gardait l'entrée du défilé. Il l'attaqua avec une de ses demi-brigades, son artillerie et sa cavalerie, et le mit en déroute. La situation était décisive, et l'hésitation de nature à tout perdre. Les impériaux, en effet, pouvaient revenir en forces, reconnaître la faiblesse des Français, les envelopper et les détruire. Aussi, Richepanse prit-il son parti sur le champ.

Laissant à Mattenboët les troupes qui avaient repoussé les cavaliers ennemis, il s'enfonça résolument dans le défilé avec la demi-brigade qui lui restait. Trois bataillons, venus à sa rencontre, furent culbutés en un instant, et rejetés sur le convoi de l'armée autrichienne, qui cheminait péniblement à travers la forêt.

En ce moment, Grandjean refoulait dans le défilé la tête de la colonne ennemie, et Ney l'attaquait impétueusement sur son flanc droit. Le désordre alors devint extrême. Les impériaux, entendant le feu de toutes parts, se voyant assaillis en avant, en arrière et sur le côté, perdirent entièrement contenance, et ne songèrent plus qu'à prendre la fuite. Les deux tiers furent mis hors de combat ou faits prisonniers. Toute leur artillerie, tous leurs bagages tombèrent au pouvoir des Français.

Richepanse, rejoint par Ney, lui laisse le soin de ramasser les trophées, et court aux troupes qu'il a laissées à Mattenboët. Il les trouve encore aux prises avec l'ennemi, les dégage et repousse celui-ci sur la route de Mühldorf. De Mattenboët, il vole à Ebersberg ; mais ici il n'y a plus rien à faire. Selon ses prévisions, Decaen est arrivé à temps au secours de sa deuxième brigade, et a forcé le général Riesch à battre en retraite. La bataille était donc gagnée au centre et à la droite, et il ne restait plus qu'à la décider également à l'aile gauche.

Sur ce point, les divisions Legrand et Bastoul, assaillies impétueusement par les corps de Baillet-Latour et de Kienmayer, avaient résisté avec la plus grande énergie. D'abord, leur résistance avait été heureuse ; mais l'adversaire, très-supérieur en nombre, leur opposant incessamment des forces nouvelles, les avait à la fin forcées à un mouvement rétrograde. La brigade laissée en position par Ney et la cavalerie de réserve, étaient alors venues à leur secours, et avaient rétabli les affaires. Le combat avait repris avec une nouvelle vigueur, et se continuait avec des chances balancées, quand on apprit enfin les événemens de la droite et du centre. Cette nouvelle redoubla l'ardeur des Français, et fit passer le découragement dans les rangs autrichiens.

Moreau, arrivé en ce moment, ordonna une attaque générale, qui fut couronnée d'un plein succès. L'archiduc Jean, revenu des erreurs de la présomption, et jugeant l'inutilité de nouveaux efforts, ordonna la retraite, et se replia sur ses positions de l'Inn, qu'il aurait dû ne pas quitter.

Telle fut la bataille de Hohenlinden, l'une des plus célèbres de la République et des annales militaires, par l'éclat de la victoire et l'importance des résultats. Elle valut aux Français 12,000 prisonniers, 100 pièces de canon, une grande quantité de drapeaux, et tous les bagages de l'armée ennemie. Les impériaux eurent, en outre, 7,000 hommes tués ou blessés.

Après un succès aussi brillant et aussi considérable, il était essentiel de se porter rapidement en avant, pour profiter de la démoralisation de l'adversaire. Aussi, Moreau marcha-t-il sur l'Inn, dès le lendemain matin.

Deux moyens se présentaient à lui pour effectuer le passage si important de la rivière. Il pouvait la traverser dans son cours inférieur, au-dessous de Braunau, ou dans son cours supérieur. Le premier mode faisait éviter le passage de la Salza, et portait directement sur la ligne de retraite de l'ennemi, la plus belle et la plus courte ; mais il avait aussi des inconvéniens : il obligeait à franchir l'Inn de vive force, en présence du gros de l'armée autrichienne, et il obligeait à le faire, sans équipage de pont, préparé, dans un endroit où la rivière était large et profonde. Le second mode imposait la nécessité de passer la Salza et même avant elle, l'Alz ; mais il avait l'avantage d'offrir, pour points de passage, des endroits peu larges et peu profonds où, selon toute vraisemblance, les impériaux ne seraient pas en mesure de résister. En outre, il permettait de séparer ceux-ci de leur corps du Tyrol, et de menacer les communications de l'Autriche avec l'Italie.

Ces motifs déterminèrent Moreau à passer l'Inn à Neubern, point choisi par Lecourbe, un peu au-dessus de Rosenheim. Pour tromper l'archiduc Jean, sur son projet, le général français s'avança parallèlement à l'Inn et porta sa gauche sur Mühldorf, son centre sur Wasserbourg, tandis que Lecourbe s'approchait du véritable point de passage. Ce général mit quatre jours à réunir les bateaux et le matériel nécessaire, et pendant ce temps, Moreau retint, par des démonstrations, les Autrichiens du côté de Mühldorf. Enfin, le 9 au matin, le pont fut jetté sous la protection d'une forte batterie, établie sur la rive gauche, et les troupes de l'aile droite franchirent immédiatement la rivière, refoulant devant elles le faible corps du prince de Condé, posté à Rosenheim. Moreau alors, rabattit promptement de ce côté, son centre et sa gauche, qui effectuèrent leur passage dans la journée du 10, le premier à Neubern, la seconde, sur les ponts de Wasserbourg et de Mühldorf, que les impériaux laissèrent intacts en se retirant.

Pendant ce temps, Sainte-Suzanne qui avait reçu, comme nous l'avons dit, l'ordre de se rapprocher, avait franchi l'Iser à Freysingen, et était venu prendre position à Erding. Klenau, qui, après la bataille de Hohenlinden, n'aurait pu que se compromettre en s'opposant à ce mouvement, avait repassé le Danube et s'était joint à Simbschen, pour chercher à écraser avec lui, le corps d'Augereau. Sainte-Suzanne fut chargé d'investir Braunau et de garder les derrières de l'armée, pendant qu'elle marchait sur Vienne.

Celle-ci, après avoir franchi l'Inn, se porta en avant ; la droite sur Salzbourg, le centre sur Laufen, la gauche sur les routes de Linz et de Lambach, qui longent la rive droite du Danube.

L'armée autrichienne, au nombre de 40,000 hommes, environ, s'était retirée le 13, dans une forte position, située sous les murs de Salzbourg, couverte par la Saal, et comprise dans l'angle formé par cette rivière et la Salza, à leur confluent. Lecourbe l'attaqua résolument le 14, après avoir franchi le Saal à gué ; mais accueilli vigoureusement, par un adversaire qui avait le double avantage d'une grande supériorité numérique, et d'un terrain très-favorable à la défensive, il fut repoussé avec des pertes assez sensibles. Sur ces entrefaites, la division Decaen, du centre, avait surpris à Laufen, le passage de la Salza et en avait remonté la rive droite. L'archiduc Jean, voyant alors ses communications menacées, s'empressa de battre en retraite, et tira ainsi Lecourbe d'un grand embarras.

A partir de ce moment, les Autrichiens n'opposèrent plus de résistance sérieuse et ne songèrent plus qu'à s'échapper. Richepanse, qui poursuivait avec l'avant-garde, le gros de leurs forces, l'épée dans les reins, n'eut à recueillir désormais que de faciles trophées. L'armée le suivait, la droite au pied des montagnes, à travers les plus mauvais chemins, la gauche au Danube, sur les bonnes routes qui le longent, le

centre entre les deux, dans la direction de Vocklabruck et de Steyer, tous trois convergeant vers l'objectif commun qui était Vienne.

On franchit la Traun, le 19 décembre, après avoir
enlevé beaucoup de prisonniers, de canons et de matériel, aux combats livrés par l'avant-garde à Stein-
dorf, à Vocklabruck et à Schwanstadt. Le 20, on
atteignit l'arrière-garde ennemie au défilé de Krems-
Munster, en avant de l'Ens, et on la mit dans une
déroute complète.

L'archiduc Charles venait de remplacer l'archiduc
Jean, dans le commandement de l'armée autrichienne,
avec la mission d'arrêter les Français. Ce prince, reconnut à la démoralisation de ses troupes, que sa
tâche était impossible à remplir, et fit proposer à
Moreau un armistice. Il promit, sur sa parole, que
les hostilités ne seraient suspendues que pour traiter
immédiatement de la paix, aux conditions antérieure-
ment exigées par la France. Moreau accorda qua-
rante-huit heures, pour obtenir de Vienne les pleins
pouvoirs de l'empereur. Toutefois, il se réserva la
faculté de passer l'Ens, qu'il franchit le 21 à Steyer.

En ce lieu, furent enfin signées, le 25 décembre,
les conditions d'une suspension d'armes, en attendant
la paix. Les clauses principales de cette suspension
furent les suivantes :

L'autriche s'engageait à traiter séparément de la
paix, sans le concours de l'Angleterre. On abandon-
nait à l'armée française la vallée du Danube, le Tyrol,
les places de Braunau sur l'Inn, de Wurtzbourg sur

le Mein, les forts de Scharnitz, de Kufstein et tous les passages fortifiés sur les communications de l'Autriche avec l'Italie.

Ainsi, en vingt jours, du premier au vingt décembre, Moreau avait pris ou mis hors de combat, près de 35,000 hommes. Il avait enlevé 130 pièces de canon, un grand nombre de drapeaux, presque tous les bagages d'une armée considérable, et couronné ses succès, en imposant la paix à l'Autriche. Ces résultats de sa campagne d'hiver étaient plus glorieux et plus beaux encore, que ceux qu'il avait obtenus dans sa campagne du printemps.

Terminons, en renfermant dans un cadre restreint, les traits les plus caractéristiques des événemens que nous venons de rapporter, et de la conduite qu'y tinrent les armées opposées.

Réflexions.

D'abord, Moreau, comme nous l'avons dit ailleurs, fit bien d'adopter, pour passer le Rhin, le projet qu'il avait conçu lui-même et dans lequel il avait toute confiance. Ce projet, il est vrai, n'était pas sans défauts et avait, entre autres, celui d'obliger deux corps de l'armée à faire, le long du fleuve, des marches de flanc, en présence de l'ennemi. Mais, comme Moreau était le directeur responsable de l'opération, il valait mieux, en définitive, qu'il exécutât sa propre conception que celle de Bonaparte. Trouvant celle-ci trop téméraire, trop difficilement réalisable, il est probable qu'il n'eût pas su l'exécuter convenablement. Tout ce qu'on peut reprocher, avec raison, au général français, c'est de n'avoir pas imprimé à ses passages successifs, toute l'activité possible : c'est, quand il les eut effectués, d'avoir employé trop de temps à réunir ses troupes et à rectifier ses positions : c'est enfin, d'avoir laissé à l'adversaire trop de latitude pour se concentrer et se mettre en mesure de se défendre (1).

A sa première bataille, Moreau eut le tort de ne pas bien reconnaître la position des impériaux, d'attaquer à Stockach avec le double des forces qu'il fallait, et à Engen avec des forces insuffisantes. L'attaque de Stockach devait commencer à trois ou quatre heures du matin, trois heures avant celle d'Engen. Lecourbe, après y avoir culbuté l'ennemi, devait le poursuivre sur Mœskirch, avec les troupes nécessaires, et rabattre rapidement le reste sur Engen. Ce renfort, envoyé à Moreau, lui aurait épargné des pertes cruelles, et fait remporter un succès plus prompt et plus décisif. En outre, la présence des Français à Mœskirch, sur les derrières des Autrichiens, eut placé ceux-ci dans la position la plus critique (2).

On peut encore reprocher à Moreau, de n'avoir pas su hâter les mouvemens de concentration de Saint-Cyr et de Sainte-Suzanne, par des ordres opportuns et impératifs, assez précis et assez détaillés

(1) Vérité cap. 1, et vérité auxiliaire 7.
(2) Vérités auxiliaires 10 et 2.

pour prévenir les objections. Saint-Cyr pouvait arriver deux ou trois heures plus tôt sur le champ de bataille d'Engen, et prendre à l'affaire une part sérieuse.
Quand un lieutenant manque d'activité et de vigilance, il y a presque toujours de la faute du général
en chef.

À Mœskirch, l'armée française fut engagée à l'a-
venture, sans qu'on eût reconnu ni la force ni la position de l'ennemi. Au lieu de marcher en avant du
corps de la réserve, d'attaquer directement, et avec
deux divisions seulement, cette position, qui était formidable, Lecourbe aurait dû être porté sur la droite,
pour assaillir Mœskirch de flanc, en même temps que
Moreau l'aborderait de front. Saint-Cyr aurait dû
également assister à la bataille, et y former la gauche
de l'armée : s'il ne le fit pas, la faute doit en être
attribuée exclusivement à Moreau ; car celui-ci est
coupable, soit de n'avoir pas donné d'ordres, soit
de ne s'être pas fait obéir. Il existait, comme nous
l'avons dit déjà, entre ces deux généraux du même
grade, un de ces désaccords si funestes à la guerre,
et malheureusement si communs, lorsque le chef ne
sait pas commander le respect et l'obéissance, par
l'énergie de son caractère et la supériorité de son ta
lent.

Le lendemain de la bataille de Mœskirch, quand
Saint-Cyr vit les Autrichiens s'amonceler à Sigmaringen, et se mettre en mesure de passer le Danube,
avec la précipitation et toute l'apparence de soldats
démoralisés, il devait les assaillir sur-le-champ, sans

en référer à son général en chef. Lorsque le commandant d'un corps de 25,000 hommes est sûr de battre l'ennemi, il ne demande pas la permission de le faire : il attaque et fait prévenir son supérieur, si celui-ci se trouve à sa portée. Quelques jours plus tard, Saint-Cyr agit de la sorte à Biberach, et il aurait dû agir de même à Sigmaringen. Au reste, la conduite de Saint-Cyr, le 6 mai, ne fut qu'une conséquence naturelle de sa brouillerie avec Moreau. N'ayant pas donné la veille, parce qu'il n'avait, disait-il, pas reçu d'ordre, il ne pouvait guère attaquer ce jour-là toute l'armée impériale, sans en demander, au moins, l'autorisation. C'était, en réalité, un acte de déférence, destiné à effacer un acte de mauvais vouloir. Ainsi, deux fois, en deux jours, l'ennemi échappa à un échec décisif, pour une raison n'ayant rien de commun avec les combinaisons militaires, pour une misérable question de personnes !

Quand les impériaux se furent retirés à Ulm, Moreau avait à prendre sans retard un parti décisif, au lieu de tâtonner, de temporiser et de faire, pendant plus d'un mois, des démonstrations vaines et pourtant dangereuses (1). Toutes ses demi-mesures ne pouvaient aboutir à rien, qu'à faire écraser le corps de Sainte-Suzanne, pour peu que Kray déployât de résolution et de vigueur. Il fallait, ou bien attaquer de vive force le camp retranché, comme le voulaient Saint-Cyr, Lecourbe, Richepanse, etc., ou bien

_____

(1) Vérité auxiliaire ?

marcher franchement sur le Lech et sur l'Iser, avec
toute l'armée. La préférence à donner à l'un ou à
l'autre de ces projets dépendait uniquement de la
force des retranchemens ennemis. Quoi qu'il en soit,
si l'on adoptait le second, on n'avait pas lieu de s'inquiéter pour les derrières; parce que 80,000 hommes
de troupes solides ne peuvent pas être coupés par un
nombre moindre de soldats démoralisés (1). D'ailleurs, il ne fallait pas, dans l'adoption de ce projet,
s'aventurer trop loin. Si les Autrichiens s'obstinaient
à rester dans leur camp, quand on serait arrivé sur
le Lech, on passerait le Danube au-dessous d'Ulm,
et on ferait alors, ce qui fut fait un mois plus tard.

Lorsque Moreau eut enfin exécuté, les 19 et 20
juin, la manœuvre décisive dont nous parlons ici, et
qui l'établissait sur les communications de l'ennemi,
il observa si mal les mouvemens de ce dernier, qu'il
le laissa s'échapper par un détour (2). Ce fut là, il
faut bien le dire, une faute impardonnable, une négligence indigne d'un général circonspect et sage.

Dans la deuxième période de la campagne, quand,
après la dénonciation de l'armistice de Parsdorf, Moreau s'avança sur l'Inn, pour reconnaître la position
des impériaux, il eut le tort de ne pas s'éclairer convenablement, et d'ignorer le mouvement de ceux-ci
sur Landshut. Après le combat malheureux de sa
gauche contre le gros de l'armée autrichienne, il eut

(1) Vérité auxiliaire 2.
(2) Vérité auxiliaire 10.

le tort, bien plus grave encore, de ne pas enjoindre
immédiatement à Lecourbe et à Sainte-Suzanne de se
rapprocher, à marches forcées, de manière à assister
à l'engagement décisif(1). Ce manque de prévoyance
le força à combattre, à Hohenlinden, avec moins des
deux tiers de ses forces.

Quant à l'honneur de cette importante et glorieuse
bataille, la plus grande part en revient incontestablement à Moreau. Toutefois, pour être juste, il convient d'en attribuer aussi une part au général Richepanse. Le premier eut le mérite de l'idée, et le second
celui de l'exécution. Or, ce dernier mérite fut bien
grand, dans les circonstances réelles de la bataille. Il
fallait toute la détermination, disons plus, toute l'audace obstinée de Richepanse, pour se conduire comme
il le fit, pour tomber sur les derrières des Autrichiens,
à travers tous les obstacles, tous les dangers qui se
présentèrent.

Si l'on en vient maintenant à examiner la conduite
des impériaux, il est permis d'affirmer que, dans la
première période de la campagne, elle fut, dans son
ensemble, très digne d'éloges. Nous ne voyons guère
qu'une faute sérieuse qui puisse être reprochée au
maréchal Kray ; celle de n'avoir pas profité du long
isolement de Sainte-Suzanne près d'Ulm, pour écraser totalement son corps. Encore, faut-il tenir compte,
dans ce reproche, d'un fait qui doit en atténuer la
rigueur, savoir : l'infériorité morale de l'armée au-

_____

(1) Vérité capitale 3, et vérité auxiliaire 9.

trichienne, conséquence des échecs qu'elle venait de subir. On peut critiquer encore, si l'on veut, le choix fait de Stockach pour l'établissement de magasins considérables ; car ces magasins étaient fort aventurés, sans doute, eu égard au voisinage et à la forme de la base d'opérations des Français, maîtres de la Suisse. Mais, outre que c'est là, un peu, une critique de détail, elle revient plutôt au conseil aulique qu'au chef de l'armé impériale.

Au début de la campagne, il était bien difficile que Kray ne fût pas trompé sur le passage du Rhin par l'armée française. Dès que celle-ci eut démasqué ses projets, il agit en conséquence, et agit bien. A la bataille d'Engen, ses troupes, en effet, étaient déjà plus concentrées que celles de Moreau. Le lendemain, à celle de Mœskirch, il combattit avec toute son armée, et le fit avec autant de résolution que de talent. Il y déploya, sans contredit, beaucoup plus d'habileté que son adversaire, et s'il fut battu, cela tint uniquement à la vigueur incomparable de nos soldats et de nos généraux divisionnaires.

Plus tard, s'il commit à Ulm la faute que nous venons de mentionner, il y montra aussi beaucoup de sang-froid et de jugement, en restant impassible dans ses retranchemens, devant toutes les fausses démonstrations des Français. Enfin, quand le moment de partir fut venu, il le saisit, à point nommé, et joua complètement Moreau, en lui échappant.

En somme, la première partie de la campagne fit, au moins, autant d'honneur aux qualités du général

autrichien qu'à celles du général français, et si le premier avait eu d'aussi bonnes troupes que le second,
celui-ci aurait eu, sans contredit, beaucoup de peine
à le battre. L'Autriche eut grand tort d'ôter au maréchal Kray le commandement de son armée, pour le
donner à un autre qu'à l'archiduc Charles ; car c'était
après ce prince, le général le plus habile qu'elle
possédât.

Le jeune archiduc Jean, qui dirigea les impériaux
dans la seconde période de la campagne, n'eut guère
que le temps de commettre deux fautes; mais ces
fautes, résultat de son inexpérience des hommes et
des choses et d'une grande présomption, furent capitales et occasionnèrent sa perte.

Il voulut d'abord, avec des moyens insuffisans,
entreprendre une opération gigantesque, de nature à
causer la destruction de son armée, après lui avoir fait
perdre ses communications (1). Arrêté dans l'exécution de son projet, par des difficultés qu'il n'avait pas
prévues, il se décida à y renoncer; mais par un de
ces caprices de la fortune, assez fréquents à la guerre,
la reconnaissance d'une déception lui amena fortuite-
ment un succès partiel. La leçon de l'expérience fut
ainsi perdue. Enhardi par le hasard, au lieu d'être
rendu circonspect par un bon enseignement, il marcha
témérairement à la rencontre des Français, sans précautions, sans ordre, et perdit une bataille décisive.

Les événemens que nous venons de rapporter,

_____

(1) Vérité capitale !

donnent une nouvelle confirmation à nos vérités directrices. Ils font ressortir les difficultés de l'art de
la guerre et principalement celles qui se rapportent
au choix des meilleurs objectifs. En outre, si on les
compare à ceux des guerres d'Italie, relatés précédemment, ils accusent, d'une manière frappante, la
différence qui existe entre un général de génie tel que
Bonaparte, et un général de deuxième ordre tel que
Moreau.

On vient de voir, en effet, celui-ci, quoique doué
d'un esprit et d'un talent plus qu'ordinaires, hésiter,
tâtonner, perdre du temps dans l'exécution de ses
projets; comprendre difficilement, lentement ceux de
l'ennemi; ne pas les prévoir et négliger les moyens
matériels de les reconnaître; combattre dans des ren-
contres fortuites; manier mal ses forces; ne pas savoir
les faire concourir à un même but et les utiliser toutes
ensemble; donner des ordres vagues, sans clarté ni
précision, et arrivant souvent trop tard; manquer
enfin, de caractère dans le commandement, et ne pas
imposer à ses lieutenans une obéissance prompte et
passive.

En général, rien de semblable ne se rencontre chez
Bonaparte. Embrassant d'un coup-d'œil juste et
prompt les opérations les plus compliquées, il saisit et
apprécie, avec la rapidité de l'éclair, tout ce qui est
apparent, prévoit ou devine tout ce qui ne l'est pas.
Il conduit et domine les événemens au lieu de se
laisser dominer par eux; il donne ses ordres, avec
une précision, une clarté, une autorité, qui n'admet-

tent ni les objections, ni les excuses, ni les retards.
Presque toujours, il marche droit au but sans hésiter,
sans tâtonner et par les moyens les plus rapides. Sûr
de lui-même, il est naturellement entreprenant; mais sa
résolution n'exclut pas la prudence. Il manie ses masses
comme s'il s'agissait de quelques hommes, et excelle
dans l'art de les faire arriver ensemble et à point
nommé, là, où se décide le sort des campagnes. Enfin,
les jours de bataille, il communique aux soldats son
ardeur, sa confiance sans bornes, et leur fait faire
des prodiges.

Entre ces hommes de guerre, si différens, il existe
pourtant des qualités communes. Tous deux ont un
courage personnel à toute épreuve, une fermeté d'âme
inébranlable dans les dangers et dans les revers ; tous
deux possèdent, au plus haut degré, la confiance du
soldat, et savent, suivant les circonstances, maintenir
ou exalter son moral, l'entraîner par leur exemple et
lui faire exécuter de grands exploits. Tous deux, en
un mot, ont le talent de former d'excellentes troupes,
et il ne faut pas oublier que ce talent est la source
principale des succès à la guerre.

Sans les qualités que nous venons d'énumérer, il
ne saurait y avoir de chefs militaires de quelque valeur. Avec elles, on rencontre des généraux recom-
mandables qui, suivant la nature de leur caractère,
l'étendue de leurs capacités, occupent parmi les hommes de guerre, le deuxième ou le troisième rang ;
mais il faut qu'à ces qualités s'en joignent d'autres,
plus rares encore, sinon plus utiles, surtout des fa-

cultés d'esprit transcendantes, pour former des génies exceptionnels tels qu'Alexandre, Annibal, César ou Napoléon.

FIN DE LA DEUXIÈME PARTIE.

TABLE DES MATIÈRES DE LA DEUXIÈME PARTIE.

CHAPITRE III.

CHAPITRE IV.

CAMPAGNE DE 1800, EN ALLEMAGNE.

Première période.

Deuxième période.

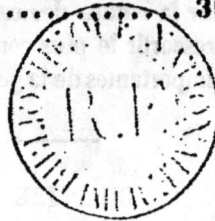

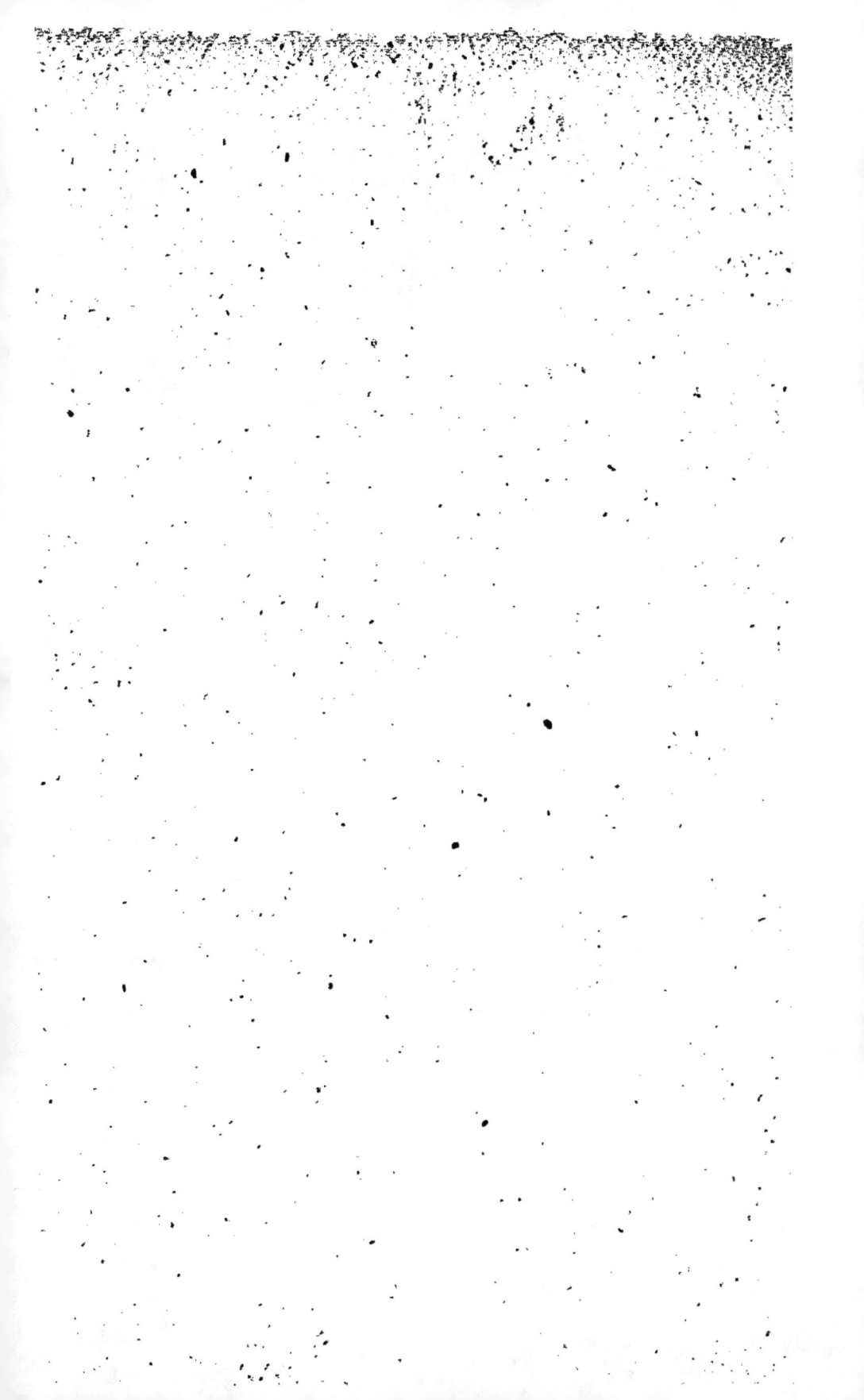

www.ingramcontent.com/pod-product-compliance
Lightning Source LLC
Chambersburg PA
CBHW071623270326
41928CB00010B/1748